ANTOINE D'AGATA
*1961
DAYANITA SINGH
*1961
GREGORY CREWDSON
*1962
NICK BRANDT
*1964
PAOLO PELLEGRIN
*1964
JUERGEN TELLER
*1964
MARTIN SCHOELLER
*1968
WOLFGANG TILLMANS
*1968
ALEC SOTH
*1969

1960er

RINKO KAWAUCHI
*1972
ZANELE MUHOLI
*1972
VIVIANE SASSEN
*1972
PIETER HUGO
*1976
RYAN MCGINLEY
*1977

1970er

RICHARD MOSSE
*1980

1980er

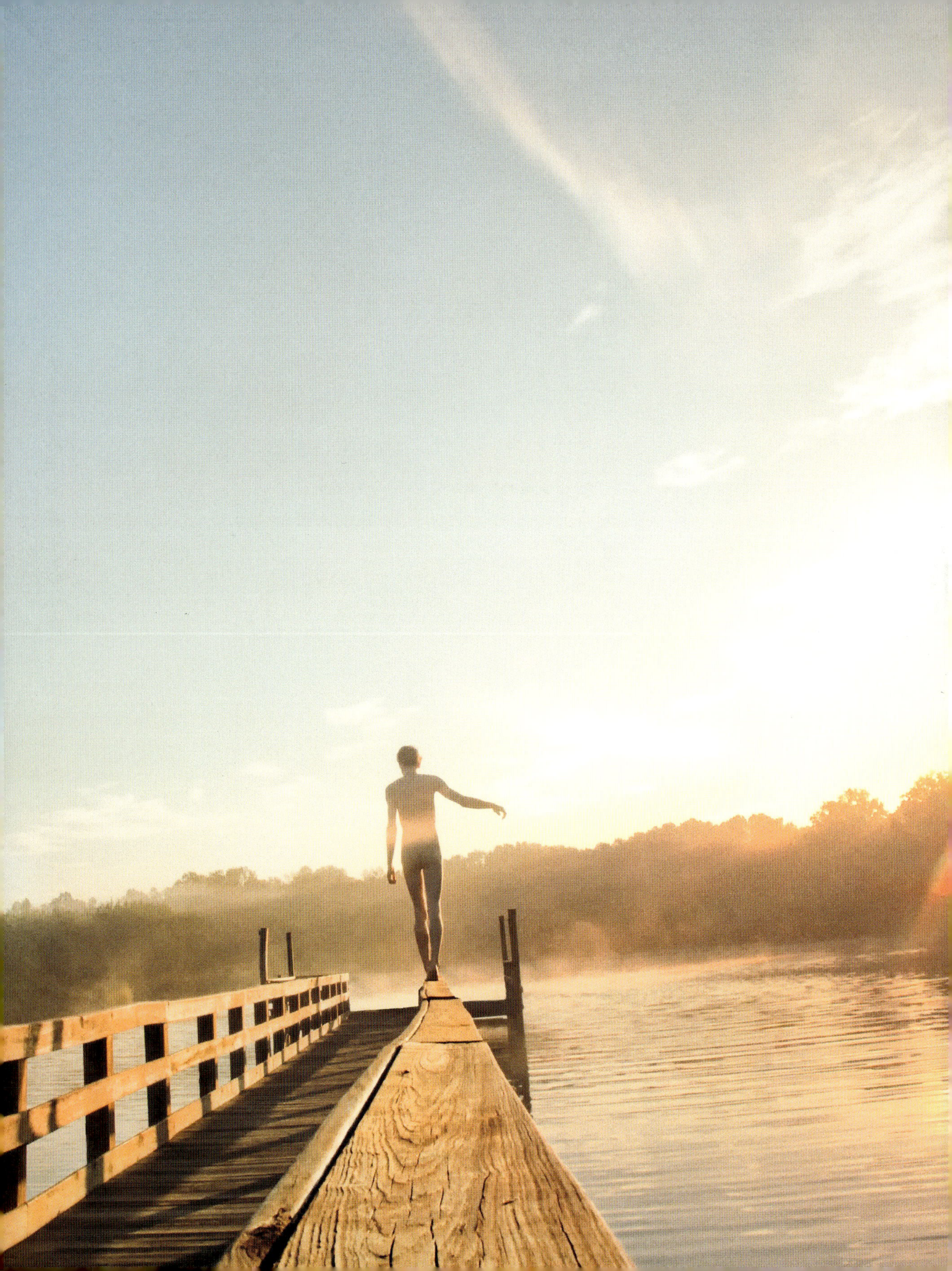

50 ZEITGENÖSSISCHE FOTOGRAFEN

DIE MAN KENNEN SOLLTE

Florian Heine
Brad Finger

PRESTEL
München · London · New York

INHALT

01

DAVID BAILEY

»Who do you think you are – David Bailey?« Mit Werbespots für den Kamerahersteller Olympus in den späten 1970er Jahren wurde der ohnehin schon unglaublich bekannte Porträt- und Modefotograf in Großbritannien auch noch zum geflügelten Wort.

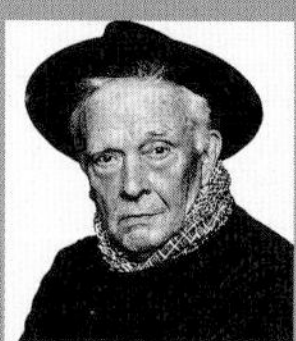

DAVID BAILEY

1938 Geboren in London; frühe Kindheit während des »London Blitz«.

1956 Wird in die Royal Air Force eingezogen, ist in Singapur stationiert.

1960 Beginn der Tätigkeit als Porträt- und Modefotograf für *Vogue*.

1965 *Box of Pin-Ups* (erste Publikation). Regisseur für Werbe-, Dokumentar- und Spielfilme.

1971 Erste Ausstellung in England mit David Hockney und Gerald Scarfe, National Portrait Gallery, London.

1976 Gründet mit David Litchfield das Magazin *Ritz Newspaper*.

2001 Commander des Order of the British Empire.

2014 *Bailey's Stardust*, Ausstellung in London, Edinburgh, Mailand und Arles.

David Bailey fotografierte bislang über 350 Cover für *Condé Nast* und publizierte über 30 Bücher.

Er war der bekannteste Fotograf seiner Zeit und das Vorbild für Michelangelo Antonionis Film *Blow Up* (1966), bei dem David Bailey eigentlich selbst die Hauptrolle übernehmen sollte. Neben der Modefotografie machen Porträts einen wichtigen und bedeutenden Teil seines Werkes aus. Mit ihnen dokumentierte er das London der 1960er Jahre, den neuen Zeitgeist, der die Szene prägte. »Ich habe mich nie als Modefotograf gesehen. Mode hat mich nie wirklich interessiert. Ich fotografierte Mode, weil mir gefiel, was in den Klamotten drinnen war.« Bailey wurde als Fotograf ebenso populär wie die Größen aus Musik, Film und Mode, die er vor der Kamera hatte. 1965 veröffentlichte er seine *Box of Pin-Ups*, eine Serie von 36 Fotos, nicht als Buch, sondern als Mappe mit einzelnen Tiefdrucken, die Musiker, Schauspieler und Künstler zeigen, die im damaligen London die Popkultur bestimmten – die so genannte »Popokratie«. Gleichzeitig war es eine Art fotografisches Manifest: »Mein Stil besteht aus nichts. Es hört sich vielleicht etwas überheblich an – aber es ist meine Art, alles minimalistisch zu gestalten, mich auf die Menschen zu konzentrieren und alles andere wegzulassen. Ich will nur den Menschen und nichts anderes, alles andere interessiert mich nicht.« Dabei hatte er auch keine Angst, kopiert zu werden: »Du kannst meine Porträts nicht nachmachen, weil ich die Hälfte der Zeit meine eigene Persönlichkeit fotografiere.«

In den 1960er Jahren war der Stil seiner Modefotografie geprägt von Schwarzweißbildern mit Models in den Straßen von London und New York. In den 1970er Jahren gab er der Modefotografie einen neuen Schub, indem er an exotischen Orten wie der Türkei, Südamerika und Indien fotografierte. Auf diesen Reisen begann er auch, die Länder selbst für sich zu entdecken, und veröffentlichte über die Jahre immer wieder Bildbände unter anderem über Papua-Neuguinea, Afghanistan, Sudan und Australien sowie über die Städte Havanna und Delhi, zuletzt über das Londoner East End (2014) und die Naga-Berge in Indien und Burma (2016).

»Fotografie ist für mich – wie die Malerei – nichts als Schauen. Man muss so lange schauen, bis man sieht.« Und David Bailey scheint sich glücklicherweise bis heute nicht sattgesehen zu haben. Das Neue, das er in seinem Genre, der Mode- und der Porträtfotografie, sowie in seinen Filmen und TV-Dokumentationen entwickelte und anschob, und die sensationelle Bekanntheit, die er als Fotograf lange Zeit hatte, kann man heute kaum mehr nachvollziehen. 1976 gründete er seine eigene Zeitschrift, *Ritz*. Eigentlich nur übergangsweise und zum Spaß konzipiert, existierte das Blatt bis 1992 und begründete mit seinen »Celebrity-Seiten« den Paparazzi-Kult, der heute so selbstverständlich erscheint.

Die ehemalige Studiomanagerin des Fotografen, Di James, stellte fest: »Bailey hört nie auf, Fotos zu machen. Seine Kamera ist eine Erweiterung seines rechten Armes, und sein rechter Arm wird von seinem Auge regiert. Er kann einfach nicht aufhören.«

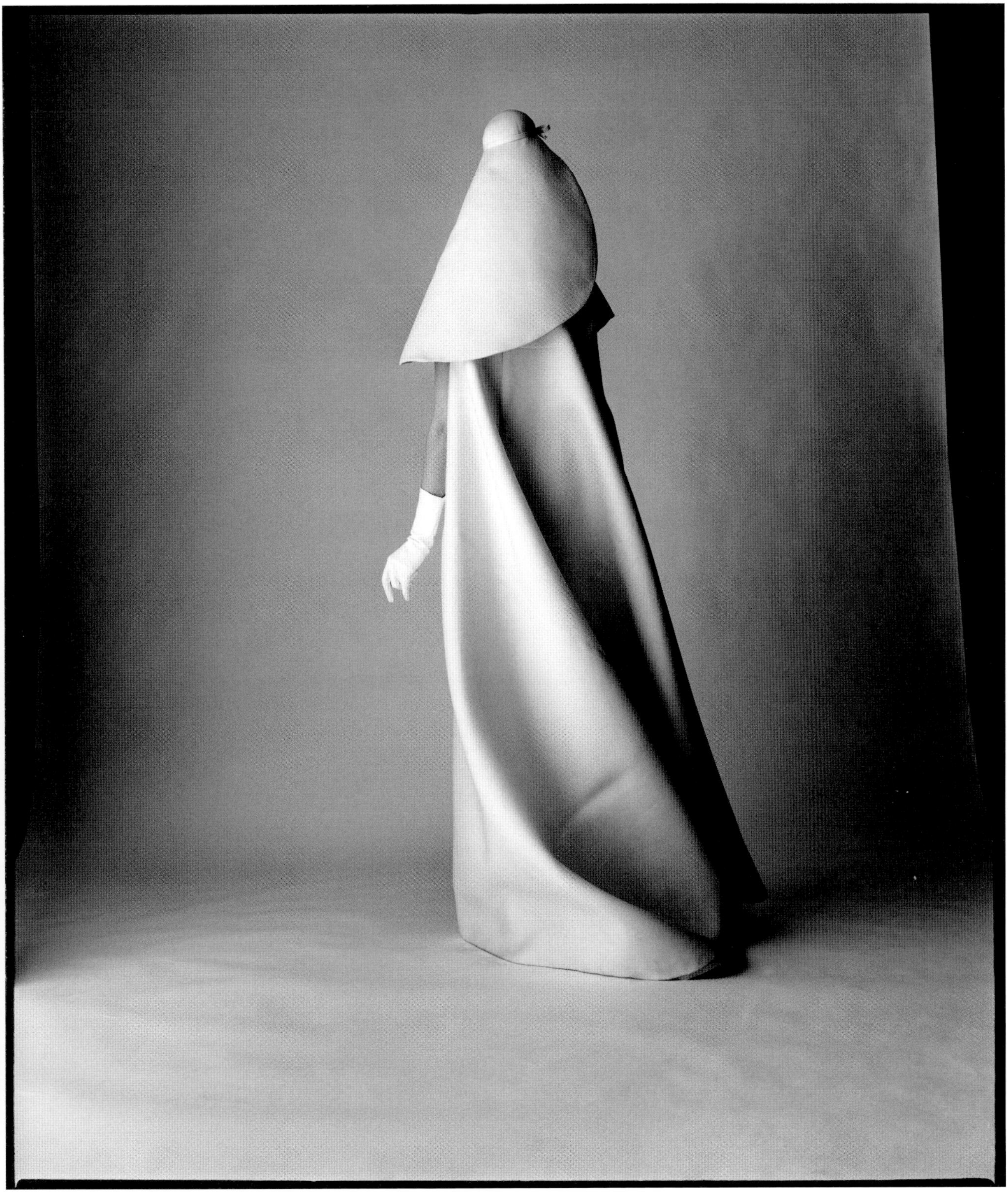

Balenciaga, American *Vogue*, 1967

02

JOSEF KOUDELKA

Bekannt wurde Josef Koudelka in der ehemaligen Tschechoslowakei als Theaterfotograf mit ausdrucksstarken Aufnahmen. Während des Prager Frühlings 1968 fotografierte er den Einmarsch der russischen Truppen. Es gelang ihm, die Bilder außer Landes zu schmuggeln und Elliott Erwitt, dem damaligen Präsidenten der Agentur Magnum, zukommen zu lassen. Sie wurden 1969 zum Jahrestag der Invasion veröffentlicht und berühmt. Wohlgemerkt: die Fotos, nicht der Fotograf; der wurde im selben Jahr anonym mit der Robert Capa Gold Medal geehrt. Denn um ihn zu schützen, verschwieg man Koudelkas Autorschaft und setzte stattdessen »P.P.«,
»Photograph Prag« – ein Pseudonym, das Koudelka auch noch nach seiner Emigration 1970 nach England beibehielt. Erst 1984 bekannte er sich zu seinen Fotos.

In der Zwischenzeit wurde Koudelka mit seinen anderen Bildern berühmt. 1975 erschien sein Buch *Gypsies*, das mit der Kitsch-Romantik der Zigeuner aufräumte und das Leben der Sinti und Roma in ihrer eigenen Realität zeigt, die Armut, aber auch die Traditionen und die Kultur des über ganz Europa verstreuten Volkes. Koudelka lebte selbst ein Nomadenleben. Die längste Zeit ohne festen Wohnsitz – das Magnum-Büro in Paris und die Wohnung des Kollegen David Hurn in London einmal ausgenommen –, zog er über den Kontinent und fotografierte, was ihn interessierte. Dabei entstanden Bilder von dunkler Poesie und von einer Kraft und Fantasie, die in ihrer Konsequenz ihresgleichen suchen. Koudelka ist der wahre Poet der Fotografie und sozusagen das Ideal der Street Photography, die wie kein anderes Genre der Fotografie alle ihre wesentlichen Elemente zusammenführt: Beobachtungsgabe, Fantasie, ein aufmerksames Auge und ein Gefühl für Menschen und Orte.

»Ich sage nichts zu meinen Bildern. Die Bilder sollen zum Betrachter sprechen, nicht umgekehrt«, so der Fotograf. Anders als in der abstrakten Kunst gibt es in der Fotografie immer einen realen Bezugspunkt, das Motiv. Was aber sagt das Motiv? Was sagt es dem Fotografen, der es für wert erachtet, aufgenommen zu werden, und was sagt es dem Betrachter, der es sieht? Fotografie ist für manche vielleicht weniger ein Medium des Ausdrucks als vielmehr des Eindrucks. Koudelka sammelt die Eindrücke, die auf ihn wirken, und bringt sie in fotografische Form. Was aber sagen die Bilder? Sie sprechen von einem melancholischen, schwermütigen Auge. Die Mutter eines der Kinder des Fotografen drückte es folgendermaßen aus: »Josef, du gehst durchs Leben und bekommst all die positive Energie mit, und all die Traurigkeit. Du wirfst sie einfach hinter dich, und sie verschwinden in dem Rucksack, den du trägst. Dann, wenn du fotografierst, kommt das alles raus.« Vielleicht, so meint Koudelka, könnte da etwas Wahres dran sein.

Da der Fotograf selbst zu seinen Bildern schweigt, sei hier ein anderer Poet der Kamera, André Kertész (1894–1985), zitiert, der mit seiner Aussage gleichsam das Werk Koudelkas zusammenfasst und auf einen Punkt bringt, passend dazu, dass einer der wichtigsten Ratschläge Koudelkas an junge Fotografen ist, sich geeignetes Schuhwerk zuzulegen – denn »bei jedem Schritt im Realen kann sich ein Abgrund von Poesie auftun«.

»Ich fotografiere nur das, was mit mir zu tun hat, und ich habe nie etwas gemacht, das ich nicht tun wollte. Ich mache nichts Redaktionelles, und ich mache nie Werbung. Nein, meine Freiheit gebe ich nicht so einfach auf.« So Josef Koudelka, einer der beeindruckendsten Fotografen unserer Zeit, der die Kunst der Fotografie im 20. Jahrhundert entscheidend mitgeprägt hat.

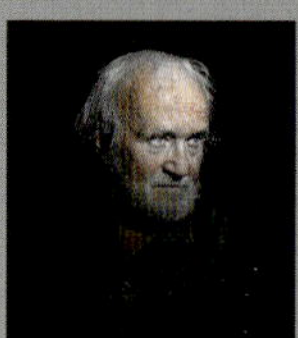

JOSEF KOUDELKA

1938 Geboren in Boskovice, ČSSR.
Ingenieurstudium in Prag; arbeitet bis 1967 als Luftfahrtingenieur.

1961 Beginnt, Zigeuner in der ČSSR und Theater in Prag zu fotografieren.

1970 Politisches Asyl in London.

1971 Mitglied bei Magnum Photos.

1978 Prix Nadar.

1987 Wird französischer Staatsbürger.

1988 *Exiles.*

1989 Grand Prix national de la photographie.

1999 *Chaos.*

2014 *Josef Koudelka: Nationality Doubtful.*

www.magnumphotos.com

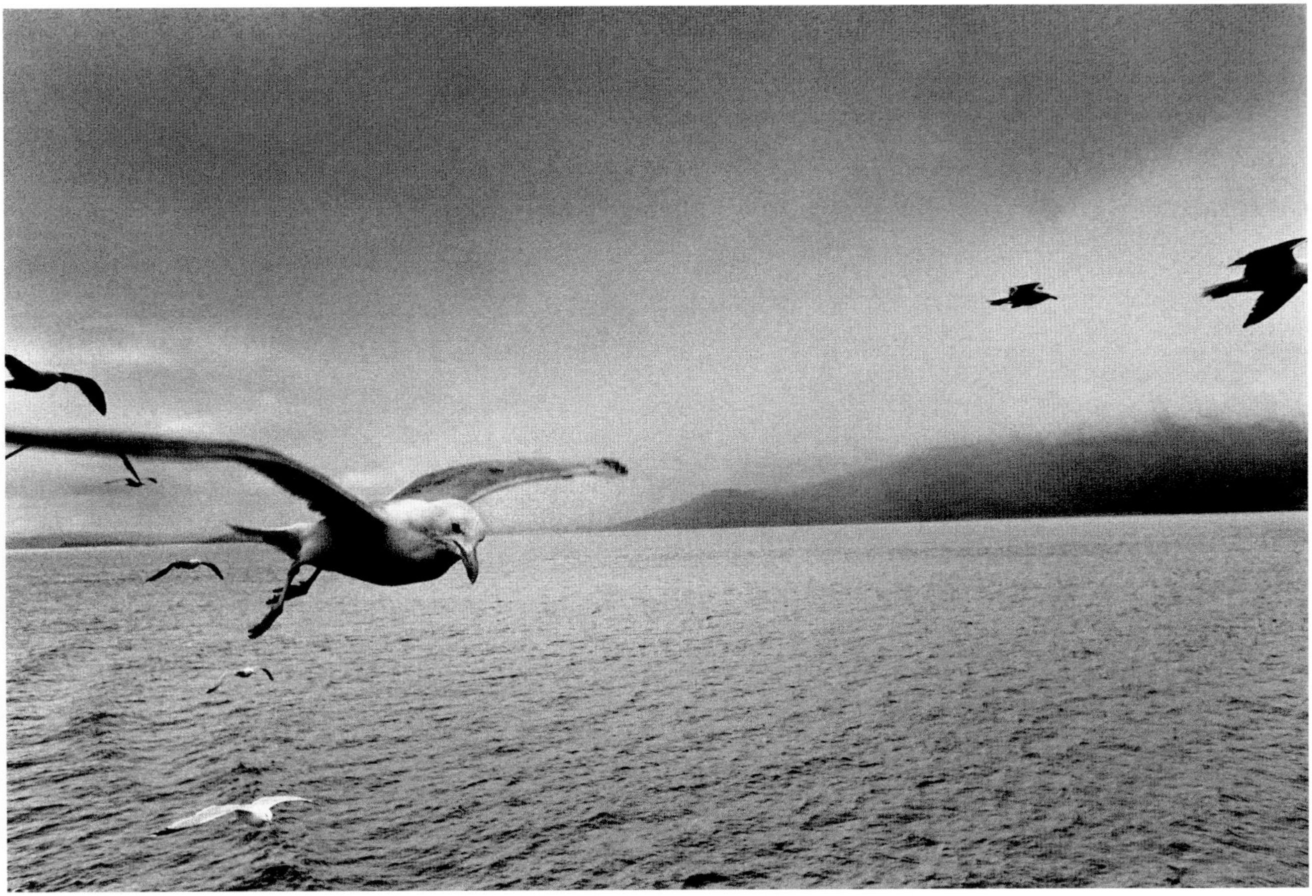

United Kingdom, Scotland, 1977

03

JOEL MEYEROWITZ

Wie in der Street Photography der Zufall eine wichtige Rolle spielt, hat der amerikanische Fotograf Joel Meyerowitz oft genug erlebt. Vielleicht standen auch am Anfang seiner Karriere der Zufall oder das Schicksal Pate, als er auf den Schweizer Fotografen Robert Frank traf, daraufhin seinen Job kündigte und Fotograf wurde.

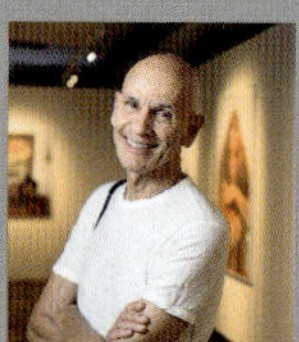

JOEL MEYEROWITZ

1938 Geboren in New York City, USA.

1956–59 Studium der Grafik und Kunstgeschichte.

Arbeitet als Artdirector.

1962 Kündigt und wird Fotograf.

1966 Europa-Reise.

1968 Erste Einzelausstellung *(My European Trip)*, Museum of Modern Art, New York.

1970 Guggenheim-Stipendium.

1978 *Cape Light.*

1991 *Redheads.*

2002 Amerikanischer Beitrag zur Architekturbiennale in Venedig.

2009 *Legacy: The Preservation of Wilderness in New York City Parks.*

2015 Serie *Morandi's Objects.*

www.joelmeyerowitz.com

Joel Meyerowitz ist einer der bekanntesten Vertreter der Street Photography, die, begonnen mit Paul Strand über Henri Cartier-Bresson, Robert Frank und Josef Koudelka bis zu Daido Moriyama, schon immer eine der direktesten Arten war, Fotografie zu betreiben. Es ist ein einzigartiges Genre, denn nirgends sonst als in der Fotografie kann man ein Bild im Bruchteil einer Sekunde machen und damit das Leben in einem ganz bestimmten Moment einfangen und bewahren. Street Photography ist sozusagen die künstlerische Schwester der Reportage; sie ist in gewissem Sinne absichtslos, wobei die Grenzen selbstverständlich fließend sind. Es ist die Kunst, einen besonderen, lyrischen Moment aus dem Fluss der Zeit herauszugreifen. »Fotografie ist eine Reaktion, die mit dem flüchtigen Erkennen von Dingen zu tun hat. Du schaust einen Moment, und da ist alles. Im nächsten Moment ist es weg. Fotografie ist sehr philosophisch«, so Meyerowitz.

Wie in den meisten Bereichen der Fotografie spielte auch in der Street Photography die Farbe lange Zeit keine Rolle. Zum einen, weil sich viele an das Diktum von Robert Frank hielten, Schwarz und Weiß seien die Farben der Fotografie, und zum anderen natürlich auch aus wirtschaftlichen Gründen, denn zu Zeiten der analogen Fotografie und der hohen Preise für Farbentwicklung und -prints war Schwarzweiß bei diesem materialintensiven Genre schlicht erschwinglicher. Ernst Haas (1921–86), einer der Vorreiter der Farbfotografie, formulierte es vorausblickend so: »Das Dilemma mit der Farbe ist immer die Unmöglichkeit, Abzüge so frei und einfach herzustellen wie in Schwarzweiß. Wenn das möglich wird, wird sich der ganze so genannte Kunstmarkt mit seiner unverständlichen Feindschaft gegenüber der Farbe drastisch ändern.« Und genau das ist eingetreten – heute mehr denn je –, und Joel Meyerowitz wurde mit Stephen Shore und William Eggleston einer der wichtigsten Protagonisten der »New Color Photography«, denn für ihn ist die Farbe »einen halben Schritt näher an der Wirklichkeit«. Sein erstes Buch, *Cape Light* (1978), wurde zu einem Klassiker der Farbfotografie. Es entstand am Cape Cod, wo Meyerowitz nicht wie in der pulsierenden Großstadt mit der Leica fotografierte, sondern mit einer 8x10-Inch-Kamera das sanfte Licht und die zarten Farben der Küste einfing.

Im Laufe seiner nun schon 50 Jahre währenden Karriere entwickelte sich Meyerowitz zu einem Chronisten seiner Geburtsstadt New York. Schon in den 1980er Jahren hoffte er, ein Werk zu schaffen, das, wie er selbst erklärte, »etwas darüber aussagt, wie es sich anfühlt, in New York zu leben«. Auch die für diese Stadt wohl schwierigste Zeit, die Zeit nach den Anschlägen vom 11. September 2001, dokumentierte er – in seinem Buch *Aftermath.* Gleich nach den Anschlägen suchte Meyerowitz immer wieder illegal Ground Zero auf – es war für ihn eine schlichte Notwendigkeit, dies alles fotografisch festzuhalten. Schließlich war er es, der als einziger Fotograf eine offizielle Genehmigung dafür erhielt und so über Monate sämtliche Arbeiten im abgesperrten Bereich sowie alle weiteren Veränderungen bis 2010 dokumentieren konnte.

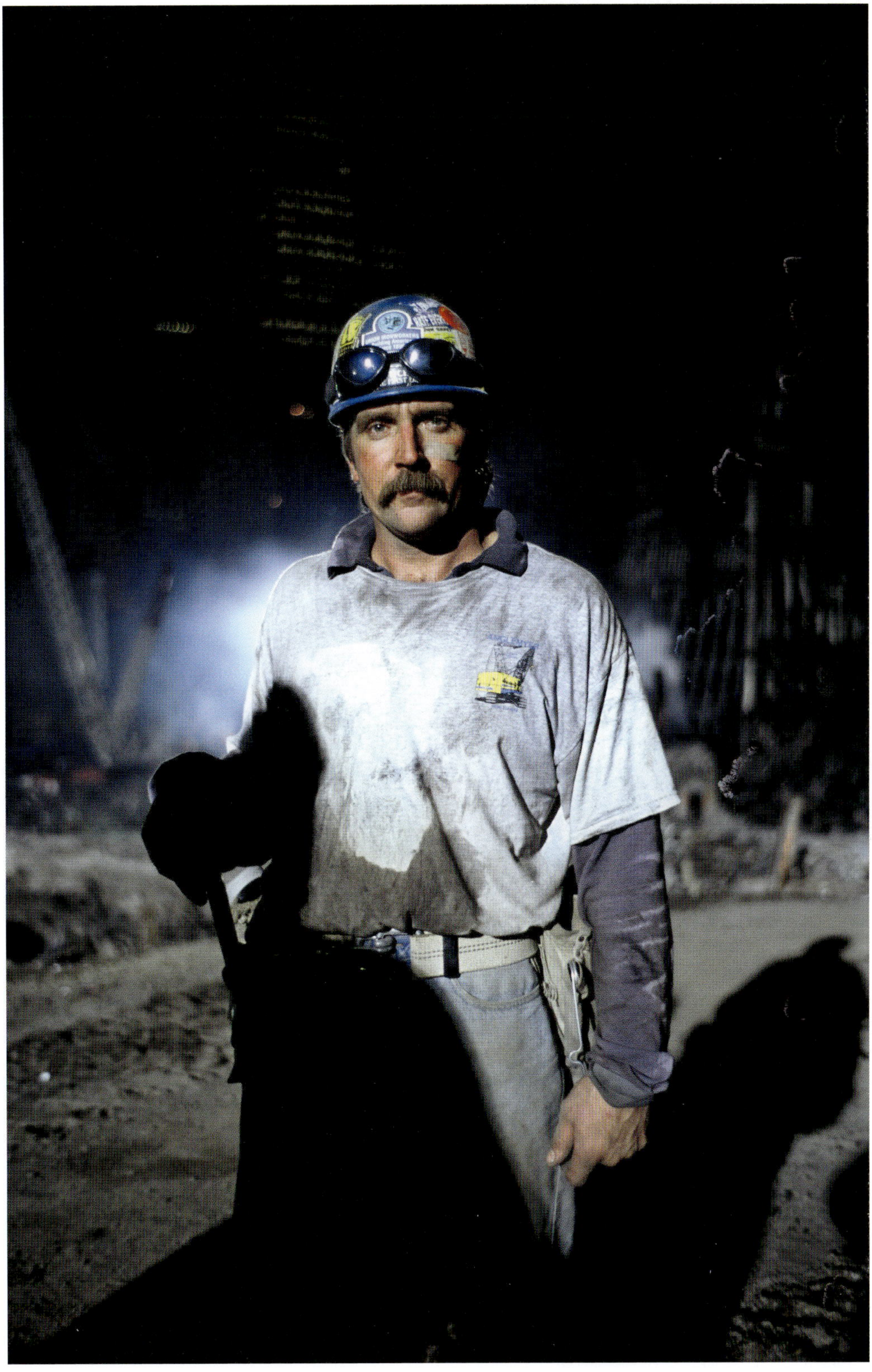

Ein Schweißer, der bei einer Explosion verschütteter Munition im US-Customshouse verletzt wurde, New York City, 2001

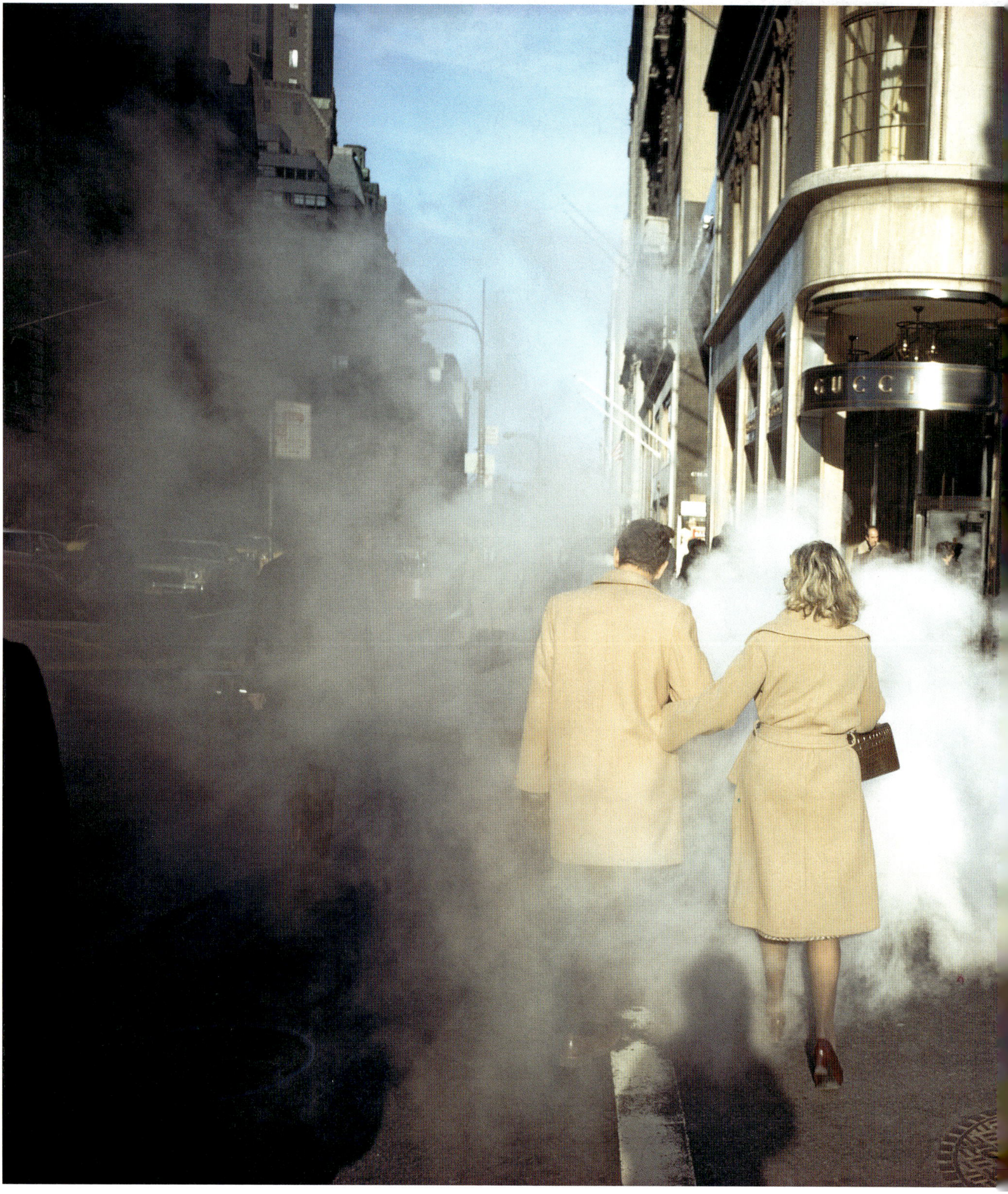

New York City, 1975

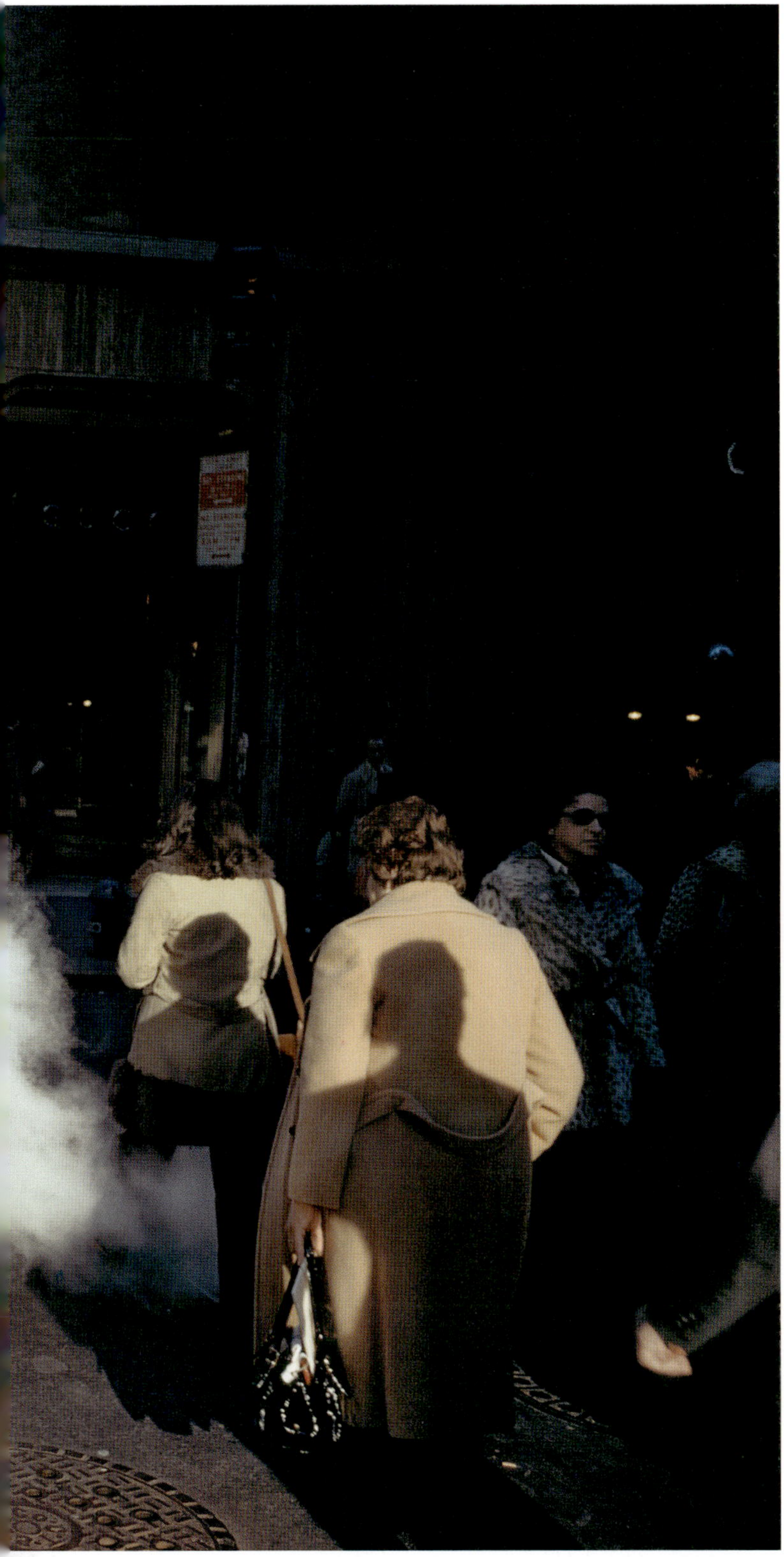

04

BORIS MIKHAILOV

Man sieht mehr, je mehr man weiß. Diese Regel gilt vor allem für Kunstwerke, die aus einer Zeit und einem politischen System stammen, in das man über lange Zeit nur wenig Einblick hatte. Boris Mikhailov ist der bedeutendste Fotograf der ehemaligen Sowjetunion und gilt mit seinen Fotos als ihr Chronist.

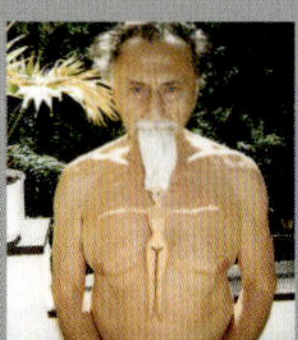

BORIS MIKHAILOV

1938 Geboren in Charkow, Ukraine.

1962 Nach dem Studium der Elektrotechnik Arbeit in den Kamerawerken Charkow.

1971–85 *Luriki* (handkolorierte Familienfotos).

1975–86 *Sots Art* (Alltagsszenen zu politischen Themen).

1982 *Krimsnobismus.*

1985 *Unvollendete Dissertation.*

1994 *Wenn ich ein Deutscher wäre.*

1997 DAAD-Stipendium; zieht nach Berlin.

2000 Hasselblad Foundation Award.

2015 Goslarer Kaiserring.

»Es war nicht einfach. Aber heute ist es zu einfach, das ist auch nicht gut. Verbote treiben an, neue Wege zu finden« – so der ukrainische Fotograf Boris Mikhailov, der heute zwischen seiner Heimatstadt Charkow und Berlin pendelt. Die ehemalige Sowjetunion hatte, wie alle anderen restriktiven Systeme, strenge Regeln, die das politische, gesellschaftliche und kulturelle Leben prägten und kontrollieren sollten. Für Fotografen gab es besondere Regeln, wie beispielsweise das Verbot, Bahnanlagen und Ähnliches aus einer Höhe über dem zweiten Stock zu fotografieren, Fotos zu machen, die die UdSSR und ihre Errungenschaften in Misskredit bringen konnten, und Akte zu fotografieren. Mikhailov arbeitete in den 1960er Jahren in Charkow als Ingenieur und verlor seinen Job, als der KGB bei ihm private Aktfotos seiner Frau entdeckte. Später reflektierte er: »Der Kommunismus hatte keine Religion, mit der man Menschen Angst machen konnte, so hat er uns die Nacktheit verboten, nicht aus irgendeiner Moral heraus, sondern einfach, damit wir uns unserer selbst schämten.«

Zu dieser Zeit noch engagierter Amateur, begann Mikhailov nun, die Fotografie ernst zu nehmen und die Restriktionen nicht zu umgehen, sondern sie – ganz im Gegenteil – genau zu befolgen. Die Vorschrift, keine Bilder zu machen, welche die sowjetische Lebensweise in Misskredit bringen könnten, befolgte Mikhailov insofern, als er von den ständigen Paraden und landwirtschaftlichen Leistungsschauen des Regimes einen Bilderzyklus erstellte: die *Rote Serie* (1968–75). Dafür fotografierte er die immer gleichen Abläufe und die gelangweilten Gesichter derjenigen, die zum Jubeln bestellt waren. Durch sein genaues Hinsehen gelang es ihm, den Apparat zu entlarven, indem er ihn in seinen starren Formen sozusagen sich selbst ad absurdum führen ließ. Durch den »konformen« Umgang mit den Regeln gab er sie subversiv der Kritik und Lächerlichkeit preis.

In seiner Serie *Am Boden* (1991) hält Mikhailov die Kamera meist in Richtung Boden gerichtet, um die Regel des erhöhten Standpunkts zu persiflieren und gleichzeitig den gesenkten Blick der Sowjetbürger zu kommentieren. Als gegen Ende der Sowjetunion Mangelwirtschaft herrschte, suchte er dies »sichtbar« zu machen, indem er auf einen Bogen vier Bilder gleichzeitig kopierte, um Papier zu sparen; dadurch sollten auch unbewusste Verbindungen zwischen den einzelnen Bildern entstehen. So fand er die verschiedensten Möglichkeiten, fintenreich mit den Restriktionen umzugehen. Als außenstehender Betrachter allerdings muss man darum wissen, denn sonst verfehlen diese Bilder ihre Wirkung. Dass dem Regime das alles dennoch nicht gefiel, zeigt sich an der Tatsache, dass Mikhailov trotz seiner vielen Bilderzyklen vor 1990 keine offizielle Ausstellung in der UdSSR hatte.

Nach dem Zusammenbruch der Sowjetunion änderte sich das Leben grundlegend, und auch darauf reagierte Mikhailov: mit seiner erschreckend-beeindruckenden Serie *Case History* (1997/98), in der er in über 400 Bildern aus der Ukraine die Folgen des radikal Einzug haltenden Kapitalismus dokumentierte. »Der Zusammenbruch des Staates war auch ein Zusammenbruch der Zivilisation«, konstatierte er. Obdachlose, Prostituierte, Alkoholiker, Straßenkinder – Menschen, die von der Gesellschaft oft ausgeblendet werden – macht er zum Zentrum seiner Arbeit und gibt ihnen damit Gesicht und Raum.

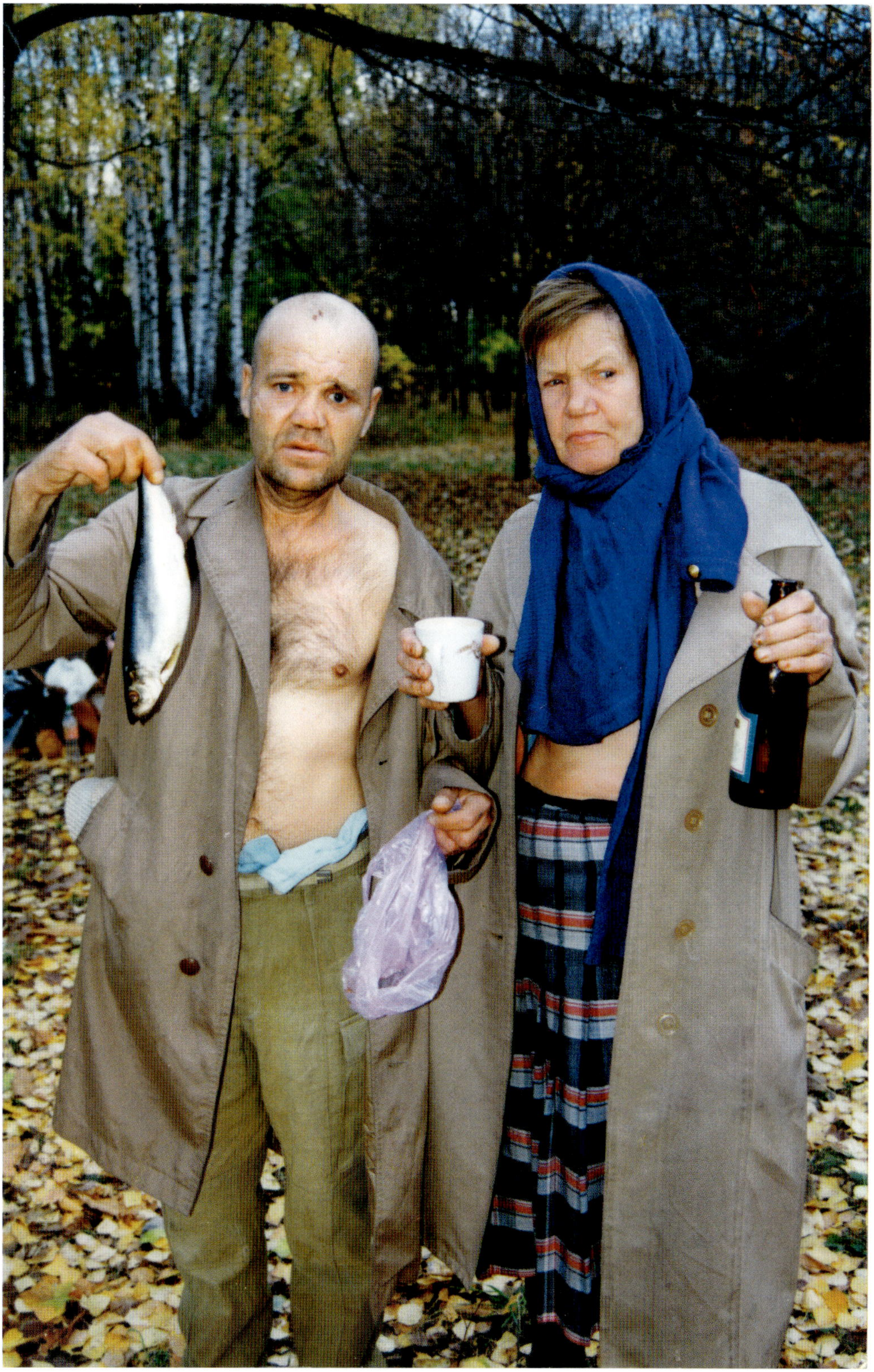

Aus »Case History«, 1997/98

05

DAIDO MORIYAMA

Daido Moriyamas berühmtestes Foto zeigt einen streunenden Hund; als solcher sieht sich der Fotograf bisweilen auch selbst. Seine Arbeit besteht aus Gehen, Schauen und Fotografieren. Ausgerüstet mit einer Hosentaschenkamera streift er durch die Städte und wurde so zu einem der bedeutendsten Fotografen Japans.

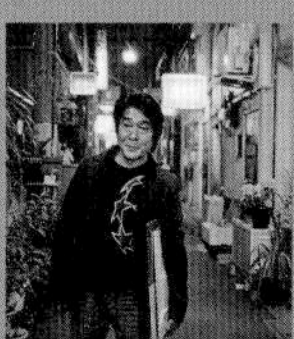

DAIDO MORIYAMA

1938 Geboren in Ikeda, Osaka, Japan. Häufige Umzüge mit der Familie.

1955–58 Studiert Grafikdesign in Osaka.

1965 Erste Veröffentlichungen in der Zeitschrift *Camera Mainichi.*

1968 *Japan: A Photo Theater.*

1972 *Farewell Photography* und *Hunter* erscheinen. Krise mit Drogen- und Alkoholproblemen.

1975 Dozent an der Tokyo Vocational School of Photography.

1984 *Memories of a Dog.*

2012 Infinity Award: Lifetime Achievement, International Center of Photography, New York.

www.moriyamadaido.com

Japan stand in den 1960er Jahren zwischen jahrhundertealter Tradition und den Einflüssen der modernen westlichen, vor allem amerikanischen Welt. In solchen Umbruchzeiten sind es meist die Künstler, die auf den Wandel reagieren und ihm ein Gesicht geben. Daido Moriyama gehörte einer Gruppe an, die einen neuen Aufbruch wagte. Mit Avantgardekünstlern um den berühmten Fotografen Shomei Tomatsu (1930–2012) gründete er 1968 mit der Zeitschrift *Provoke* ein Forum, das alternativen Künstlern eine Stimme geben sollte. Obwohl nur drei Ausgaben erschienen, hatte die Zeitschrift einen enormen Einfluss und das Manifest der Künstler weitreichende Folgen. Die Fotografie sollte nicht nur als visuelles Zeichen, das die Existenz der vor der Kamera befindlichen Objekte bezeugte, fungieren, sondern das Erlebnis des Augenblicks vermitteln. Die Konventionen der Fotografie wurden in Frage gestellt; alles sollte den gelebten Moment und die »Innerlichkeit« unseres eigenen Lebens einfangen.

Aus diesen Grundsätzen entwickelte Moriyama seinen persönlichen Stil. Er erklärte: »Für mich ist es wichtiger, das einzufangen, was ich mit meinem Körper spüre, als die Formalien einzuhalten. Wenn das Bild verwackelt ist, ist es o.k. Wenn es unscharf ist, ist es o.k. Um Reinheit geht es nicht in der Fotografie.« Auch heftige Kontraste und Grobkörnigkeit stellten kein Problem dar, ganz im Gegenteil.

Gerade in Zeiten digitaltechnischer Perfektion wirken Moriyamas Bilder so packend und ungewöhnlich, wie sie es auch zu *Provoke*-Zeiten taten, wenn auch auf unterschiedliche Weise. Damals wie heute war technische Präzision in der Fotografie ein wichtiges Kriterium. Moriyamas Kollege Nobuyoshi Araki meinte, die Fotografen seien früher Sklaven der Kamera gewesen und Moriyama hätte sie befreit. »Die Kamera spielt keine Rolle«, so seine These. Moriyama arbeitet fast ausschließlich mit kleinen Kompaktkameras, früher analog, heute digital. Natürlich hat das auch Auswirkungen auf das Ergebnis: Mit einer Kompaktkamera agiert man freier, spontaner und unbeobachteter. Gleichzeitig ist die technische Bildqualität etwas geringer, was jedoch gerade für Moriyama keine Rolle spielt, ganz im Gegenteil. Man sieht in vielen fotografischen Werken anderer Künstler technische Perfektion und digitale Präzision – nur die Gefühle scheinen dadurch mitunter verstellt. Körnigkeit, Kontraste, Schärfe, Unschärfe, Spontaneität aber gehören zu den spezifischen Ausdrucksmitteln der Fotografie. Und wie in der Malerei oftmals eine Skizze direkter und ausdrucksstärker ist als das vollendete Gemälde, so sind auch in der Fotografie oft die krassen, unsauberen und technisch nicht »glattgebügelten« Fotos diejenigen, die den Betrachter nachhaltig beeindrucken. Es ist der direkte Blick und der spontane Zugriff Moriyamas, seine emotionale Nähe zu den Bildern, die sich in seinen rauen Fotos ausdrückt.

Nicht umsonst wird das Werk von Daido Moriyama seit den 2000er Jahren in Europa und den USA wiederentdeckt und gefeiert. Joel Meyerowitz hatte 1994 ein wichtiges Buch über Street Photography veröffentlicht, in dem die japanische Fotografie um Moriyama noch mit keinem Wort erwähnt wurde. Gut, dass diese Fotografie nun auch bei uns endlich entdeckt wird.

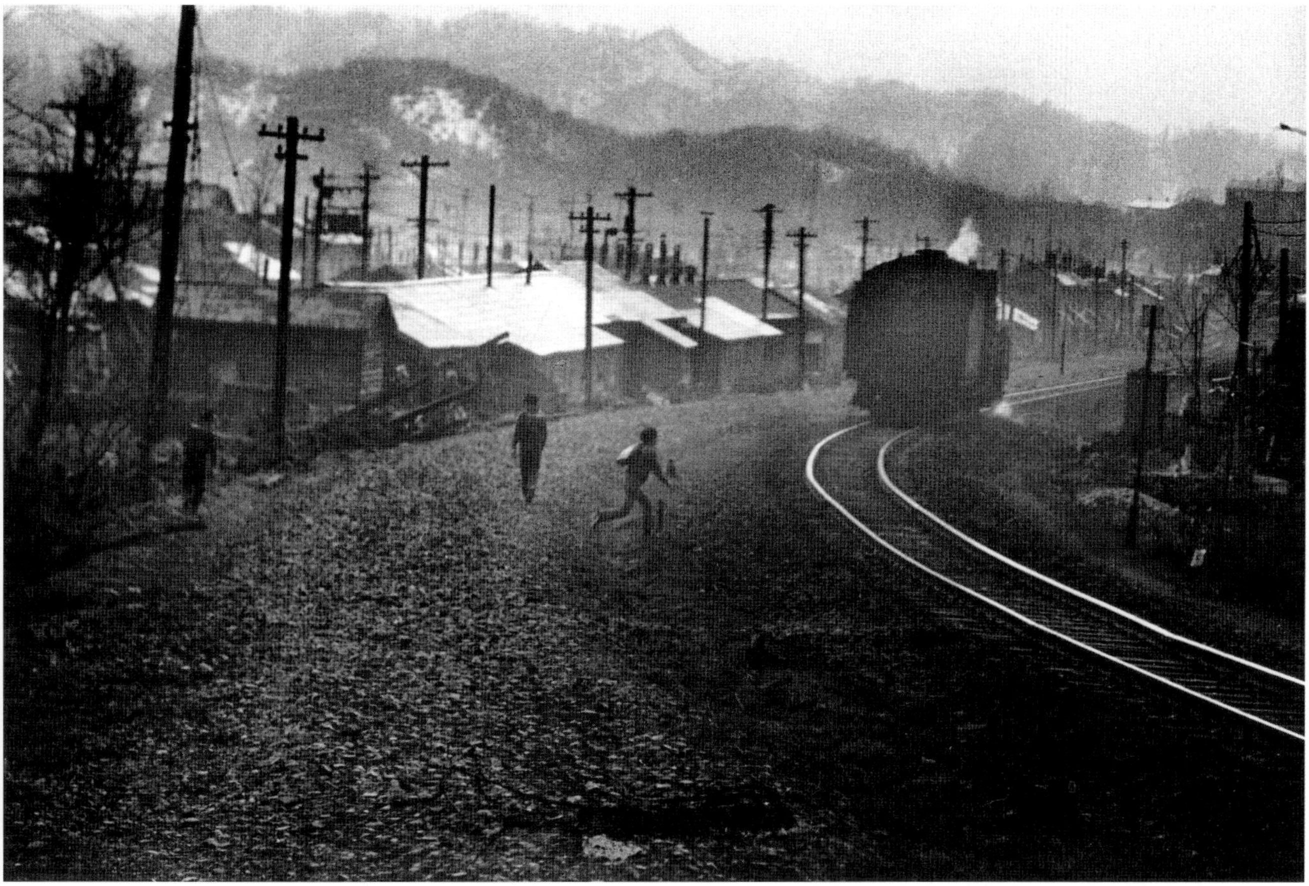

Grand Level, Yubari, 1973

06

WILLIAM EGGLESTON

Der amerikanische Fotograf William Eggleston brachte mit seinem heiter-ironischen Sinn für das Eigenwillige, Alltäglich-Sonderbare frischen Wind in die Dokumentarfotografie. Mit seinen frühen Bildern des ländlichen Südens aus den 1960er und 1970er Jahren wurde er zu einem der Wegbereiter der Farbe in der künstlerischen Fotografie.

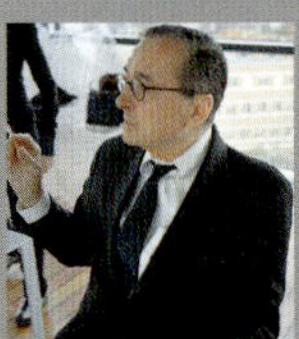

WILLIAM EGGLESTON

1939 Geboren in Memphis, Tennessee, USA.

1965 Beginn der Arbeit mit Farbnegativfilmen und chromogenen Farbabzügen.

1974 Veröffentlichung des ersten Portfolios: *14 Pictures* (mit Abzügen im Dye-Transfer-Verfahren).

1976 Einzelausstellung im Museum of Modern Art, New York.

1982 Setfotograf bei dem Film *Annie*; es folgen weitere Aufträge verschiedener Regisseure.

2004 Getty Images Lifetime Achievement Award.

William Eggleston machte in den Vereinigten Staaten erstmals in den späten 1960er Jahren von sich reden. Kritiker zeigten sich überwältigt von der Neuartigkeit seiner Bilder, die wie aus dem Nichts auftauchten. Eggleston wurde im Süden der USA geboren; seine künstlerische Entwicklung fand weitgehend im Verborgenen statt. Seine ersten Schritte als Fotograf machte er als Teenager Mitte der 1950er Jahre, angeregt von den dokumentarischen Aufnahmen Henri Cartier-Bressons, der in dynamischen, asymmetrischen Kompositionen die Schönheit des vergänglichen Moments einfing. Mitte der 1960er Jahre experimentierte Eggleston mit der Farbfotografie, die von früheren Fotografen zumeist als »vulgäres« Medium abgelehnt worden war. Kurz darauf entstanden erste Aufnahmen, die von Kunstkritikern als »missglückte Schnappschüsse« bezeichnet wurden und auf denen die Personen oftmals nur schräg und angeschnitten zu sehen sind. Doch bei genauerem Hinsehen offenbart sich der genau durchdachte Aufbau der Fotos.

1967 zeigte Eggleston seine Arbeit dem Kurator John Szarkowski vom Museum of Modern Art in New York. Szarkowski war ein Förderer der Arbeit junger Fotografen, und was er hier zu sehen bekam, verblüffte ihn. Eggleston erinnerte sich später: »Ich machte einen Termin aus. Ich hatte ziemlich viele Abzüge mit, zum größten Teil in Schwarzweiß, aber einige auch in Farbe. Ich ließ ihm meine Bilder da, und als ich ein paar Tage später noch einmal hinging, meinte er, so etwas hätte er noch nie gesehen.« Das Museum kaufte einige Arbeiten an und katapultierte den jungen Fotografen damit ins Rampenlicht.

Gegen Ende der 1960er Jahre sowie in den 1970er Jahren experimentierte Eggleston mit verschiedenen Möglichkeiten des Farbabzugs, darunter das chromogene Verfahren, bei dem die Abzüge direkt vom Farbnegativ gemacht werden, und das Dye-Transfer-Verfahren, bei dem die Farbstoffe per Hand auf das Fotopapier übertragen werden. Beide Verfahren ermöglichten ihm Farben, die wesentlich satter und leuchtender waren als in seinen früheren Arbeiten. Die hier abgebildete, um 1970 entstandene Aufnahme verkörpert beispielhaft die wesentlichen Merkmale von Egglestons Kunst. Der sorgfältig komponierten Szene verleihen leuchtende, klare Farbpartien Kraft. Gleichzeitig besitzt das Bild eine ironische, merkwürdig jenseitige Anmutung; der Fotograf scheint hier etwas Irritierendes, Sonderbares offenzulegen, das im Alltag des amerikanischen Lebens verborgen ist. In gewisser Weise erinnert das Foto auch an eine Traumszene. Eggleston selbst schildert solche Traumbilder: »Doch wenn ich schlafe, befinde ich mich in einer Welt, die nichts mit mir zu tun zu haben scheint, mit sich bewegenden Lichtern und klar umrissenen Formen.« Egglestons eigenwilliger, farbgesättigter Blick auf die Vereinigten Staaten sollte zum Vorbild für unzählige Künstler nach ihm werden.

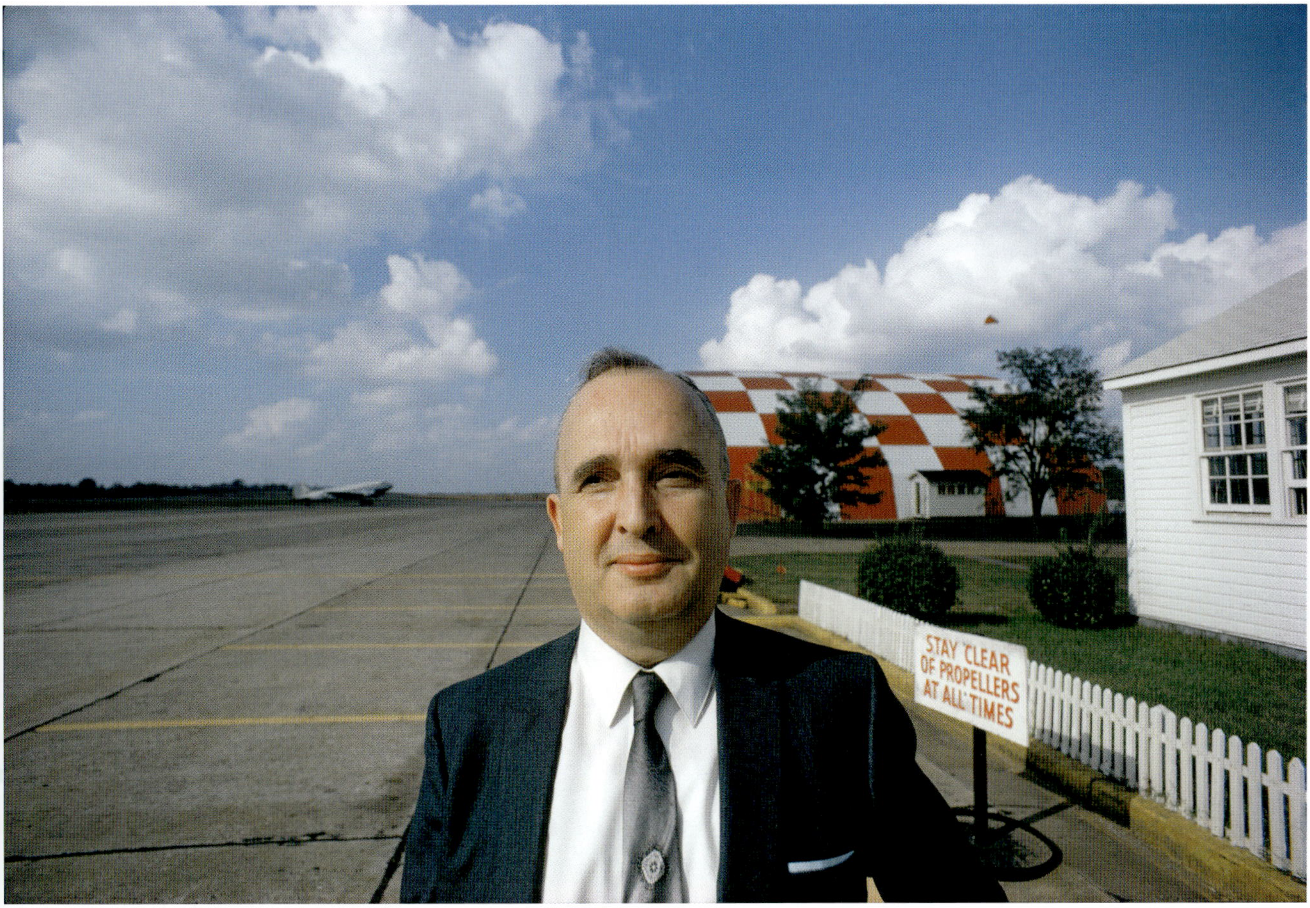

Untitled (Huntsville, Alabama), circa 1970

07

NOBUYOSHI ARAKI

»Man muss die Augenblicke des Lebens fortwährend fotografieren. So wie man weiterleben muss – für mich heißt fotografieren so viel wie leben.« Dass Nobuyoshi Araki sehr intensiv lebt, bezeugen allein schon die über 450 Bücher, die er bisher veröffentlicht hat. In Japan ist er sowohl Enfant terrible als auch Popstar.

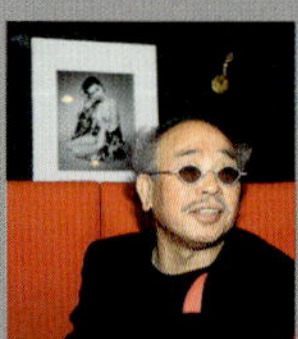

NOBUYOSHI ARAKI

1940 Geboren in Tokio, Japan.

1959–63 Studiert Fotografie und Film an der Chiba-Universität in Tokio.

1965 Erste Einzelausstellung in Tokio.

1974 Gründet mit Daido Moriyama u.a. die Photo Workshop School (bis 1976).

1990 Gewinnt Preise der Photographic Society of Japan und des 2nd Photography Circle.

1992 Erste Einzelausstellung in Europa (Graz); diese wird bis 1995 in zehn europäischen Städten gezeigt.

1994 Erste Einzelausstellung in den USA.

2008 Österreichisches Ehrenzeichen für Wissenschaft und Kunst.

www.arakinobuyoshi.com

Nobuyoshi Araki fotografiert so gut wie alles, was ihm vor die Kamera kommt: Stillleben, Blumen, Architektur, Sex, Plastikdinosaurier, Landschaft, Tiere, Alltägliches, Besonderes, Öffentliches, Privates und sehr Privates. Bekannt, »berüchtigt« wurde er 1970 mit Großaufnahmen diverser Vaginen, die er als per Kopie vervielfältigte Fotobücher *(Xeroxed Photo Albums)* an Freunde, zufällig ausgewählte Fremde und Kunstkritiker verschickte. Damit war ein Grundthema seiner Arbeit gesetzt: die Frau als sein wichtigstes Motiv und die Provokation, die er jedoch gar nicht so sehr als solche sieht – im Gegensatz zur Polizei, die ihn wegen Unzüchtigkeit seiner Fotos mehrmals belangte. Wie sein Kollege Daido Moriyama fotografierte Araki meist in Shinjuku, dem Vergnügungsviertel Tokios, und beschäftigte sich dabei intensiv mit allen möglichen Spielarten der Sexualität, der privaten wie der öffentlichen, wie sie seinerzeit in Shinjuku praktiziert wurden. International bekannt wurde Araki mit Fotos verschnürter Frauen, die in Japan anders wahrgenommen werden als in Europa oder gar in den USA. Kinbaku, das traditionelle erotische Fesseln, gilt in Japan als eine Kunstform, die, so Araki, nichts mit Erniedrigung der Frau zu tun habe: »Ich kann den Körper einer Frau fesseln, aber nicht ihren Geist. Die Frau zu umschnüren läuft in einem gewissen Sinne darauf hinaus, sie zu umarmen, sie zu liebkosen.«

Aber Araki hat auch eine andere, auch melancholische Seite: Mehrere Serien sind seiner Ehefrau Yoko gewidmet. 1971 veröffentlichte er in *Sentimental Journey* das fotografische Tagebuch der gemeinsamen Hochzeitsreise mit intimen, zärtlich-privaten Fotos. In *Winter Journey* (1991) begleitete er seine Frau in ihrer Krankheit bis zum Tod und darüber hinaus. Es sind berührende Fotos eines traurigen Abschieds. Seit Yoko im Jahr 1990 starb, schwingt der Tod als Grundton seiner Arbeit mit, so etwa auch in seinen Blumenstillleben, gleichsam als Memento mori. Eros und Tod sind in seinen Bildern immer verbunden und treten zusammen auf, wobei, im Gegensatz zum Sex, der Tod für Araki den eigentlichen Tabubruch ausmacht: »Heutzutage von wirklichen Tabus sprechen heißt: vom Tod sprechen.« Trotzdem oder gerade deswegen fotografiert Araki obsessiv weiter, scheinbar ohne allzu große Ansprüche an Komposition oder technische Qualität. Er fotografiert alles, zu dem er »in Beziehung steht«, als wäre er nur so lange lebendig, wie er den Auslöser betätigt. Für ihn ist Fotografie »Vergegenwärtigung«, wobei er sich selbst nicht allzu ernst nimmt: »Ich habe in meinen Fotografien nichts mitzuteilen, keine besondere Aussage zu machen [...] Ich fotografiere nicht, um aller Welt alles offenzulegen. Ich habe keine besondere Weltanschauung und auch keine besondere Ansicht von der Kunst, vom Denken oder der Philosophie. Man könnte sagen, ich bin ein kleiner Schlingel, der verbotenen Unfug treibt.« Dieser »Schlingel« wünscht sich als Grabinschrift den durchaus ernst gemeinten Satz: »Fotografie ist Liebe und Tod.«

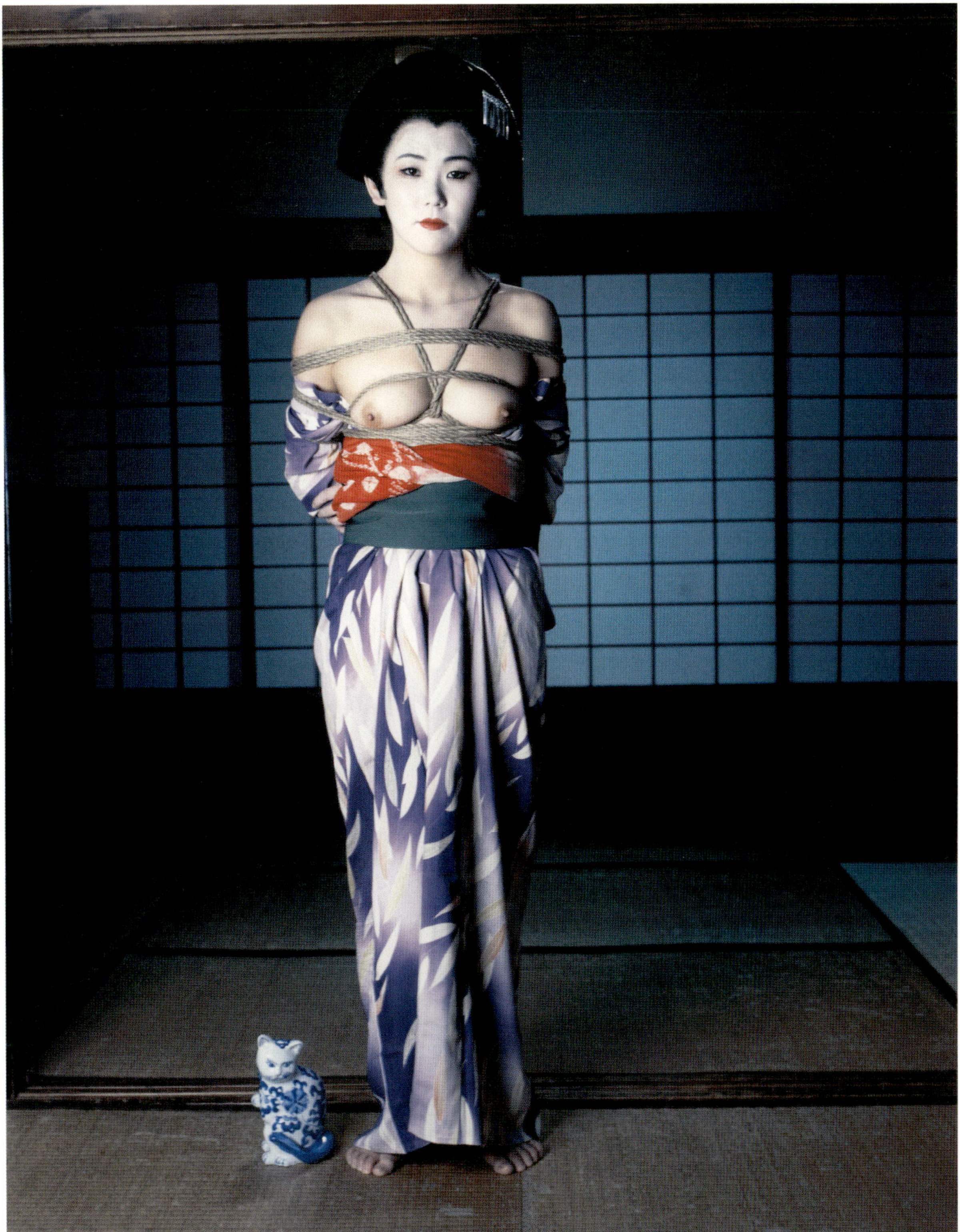

67 Shooting Back (GDN125), 2007

08

SARAH MOON

Es gibt einige ehemalige weibliche Fotomodelle, die die Seiten gewechselt haben und das Leben vor der Kamera mit dem dahinter tauschten. Im Genre der Reportage war die bekannteste wohl Lee Miller (1907–77) – in der Modefotografie ist es Sarah Moon.

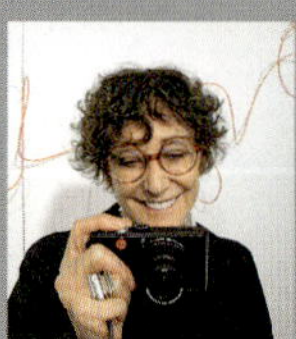

SARAH MOON

1941 Geboren in Vernon, Frankreich, als Marielle Warin.

1960–66 Arbeitet in London und Paris als Mannequin unter dem Namen Marielle Hadengue und beginnt, eigene Fotos zu machen.

1970 Beschließt, sich ganz der Fotografie zu widmen, und nennt sich Sarah Moon.

Foto- und Werbefilmaufträge wichtiger Modehäuser und Zeitschriften.

1979, 1986, 1987 Goldener Löwe für Werbefilme, Cannes Lions International Advertising Festival.

1991 Erster Spielfilm: *Mississippi One*.

1995 Grand Prix national de la photographie.

2008 Prix Nadar für *1 2 3 4 5* als bestes Fotobuch.

Sarah Moon revolutionierte die Modefotografie in den 1970er Jahren so nachhaltig, dass es bei den vielen Kopien, die es von ihren Ideen gibt, schwierig ist, sie als die eigentliche Innovatorin festzumachen. Ähnlich wie bei Nan Goldins Bildern ihres privaten Umfelds, die eine wahre Flutwelle an Nachahmern zur Folge hatten, war es auch in der Modefotografie nach Moon. Im Gegensatz zu den herben, kühlen Schönheiten eines Helmut Newton zeigte Moon in ihren Bildern für bekannte Modemarken wie Cacharel oder Chanel eine neue Feminität, etwas Verspieltes, Fragiles. In den 1980er Jahren arbeitete sie für japanische Designer wie Issey Miyake oder Yoji Yamamoto und wechselte ihren Stil. Die Bilder wurden minimalistisch, fast abstrakt; sie zeigte mehr den Schnitt, die Konstruktion der Kleider ohne jeglichen »Model-Kult«, der zu dieser Zeit von Fotografen wie Peter Lindbergh und Supermodels wie Naomi Campbell praktiziert wurde.

Sarah Moon beschäftigte sich neben der Modefotografie zunehmend mit ihren eigenen künstlerischen Projekten und begann auch Filme zu machen. So drehte sie einen Dokumentarfilm zur Fotografie, einen Spielfilm (*Mississippi One*, 1991) sowie fünf Kurzfilme, die auf Märchen basieren. Ihre Fotografien wirken zuweilen verträumt, aber auch bedrückend und melancholisch: »Ich bin weitergegangen auf der Straße – und die Straße ist dunkler geworden.« Dabei nutzt sie vor allem die Schwarzweißfotografie und hier besonders die Polaroid-Fotografie, solange noch entsprechendes Material vorhanden ist. Manche ihrer Bilder wirken wie Erinnerungen, deren Konturen sich auflösen. Dazu trägt auch die Imperfektion des Polaroid-Prozesses bei, der mit den für ihn typischen Fehlern und ausgefransten Rändern einen Anschein von Vergänglichkeit evoziert. Gerade in Zeiten der digitalen Perfektion wirken ihre Bilder dadurch umso malerischer, was auch an ihren Motiven liegt: Architekturen, Blumen und Tiere, die wie aus einer manchmal beunruhigenden, bedrückenden Traumwelt zu stammen scheinen. Sie selbst sagt dazu: »Meine Fotos sind Fiktion, das ist nicht die Realität. Aber es ist die Realität, die mich beeinflusst. Also kann ich die Fiktion nicht süßer oder harmloser zeigen, als ich sie empfinde.«

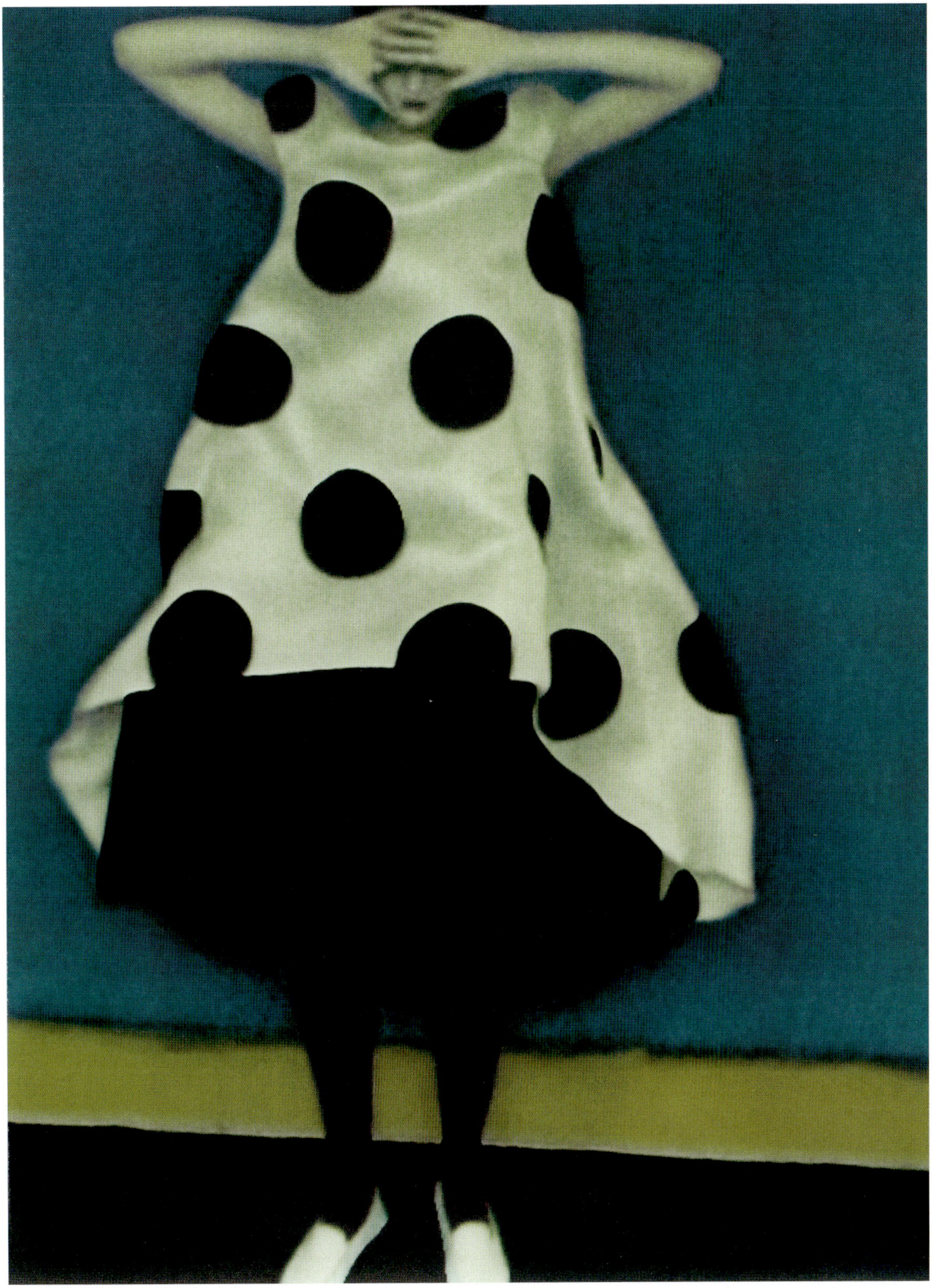

La Robe à Pois, 1996

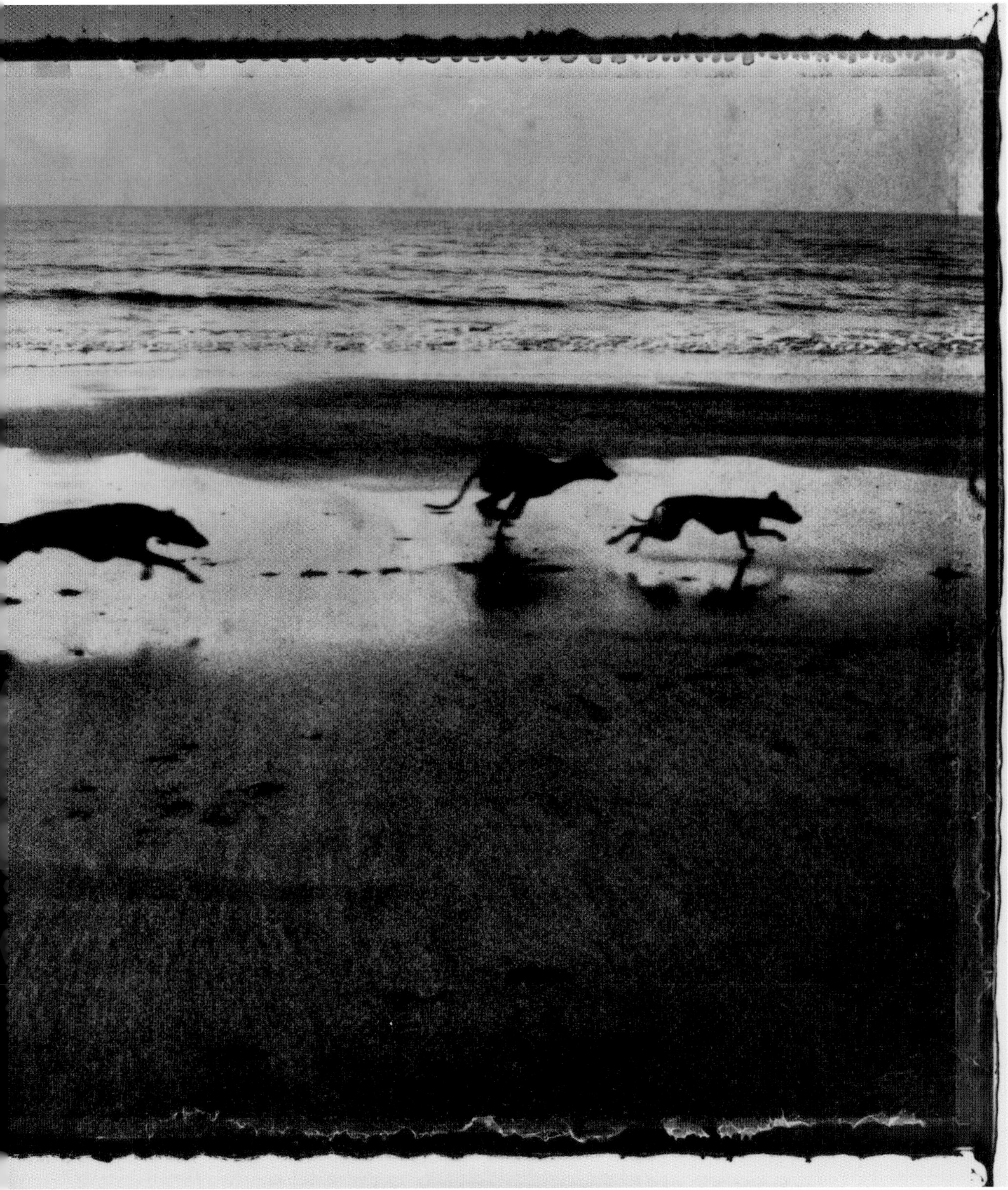

Maria's Dogs, 2000

09

CANDIDA HÖFER

Candida Höfer nutzt Innenräume als ein Medium, um immaterielle Vorstellungen sichtbar zu machen. Ihre technisch ausgefeilten Bilder zeigen bekannte Räume auf neue Weise. Oftmals menschenleer, eröffnen sie dem Betrachter die Möglichkeit, sich mit dem emotionalen und kulturellen Gehalt des jeweiligen Raumes auseinanderzusetzen.

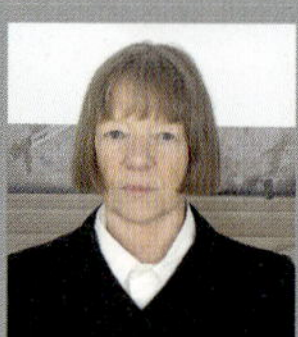

CANDIDA HÖFER

1944 Geboren in Eberswalde.

1964–68 Studium der Fotografie an den Kölner Werkschulen.

1973–82 Studium Film und Fotografie an der Kunstakademie Düsseldorf.

1997–2000 Professur an der Staatlichen Hochschule für Gestaltung Karlsruhe.

2002 Teilnahme an der Documenta11.

2003 Beteiligt sich mit Martin Kippenberger an der Biennale von Venedig.

2005 Werkschau *Architecture of Absence* (USA).

2006 Einzelausstellung im Louvre, Paris.

Candida Höfer, die bereits als Jugendliche ihre erste Kamera erhielt, widmet sich in ihrem künstlerischen Œuvre der Frage, wie sich der Raum mit seinen Bedeutungsschichten in der Fotografie darstellen lässt. In den 1960er Jahren studierte Höfer Fotografie an den Kölner Werkschulen. Doch erst als sie 1973 ihr Studium an der Kunstakademie Düsseldorf aufnahm, begann sie ihren persönlichen Stil zu entwickeln. Ihr Interesse galt zu jener Zeit der Situation türkischer Gastarbeiter in Deutschland, und so machte sie in verschiedenen deutschen Städten Aufnahmen vom Leben türkischer Familien. Im Lauf der Zeit verlagerte sich ihr Augenmerk dabei zunehmend von den Menschen selbst auf ihre Wohnungen. Die Fotos dieser Serie zeigen Küchen- und Wohnräume mit den Requisiten des alltäglichen Lebens, etwa leeren Teegläsern und Postern an der Wand, die viel über die Bewohner dieser Räume verraten.

Von 1976 bis 1982 studierte Höfer bei Bernd Becher, der gemeinsam mit seiner Frau Hilla eindrucksvolle Fotosequenzen der architektonischen »Landschaft« Deutschlands schuf, die historische Gebäude ebenso wie Industriebauten umfassen. Eine ganze Reihe dieser Fotos zeigt Türme, denen die Art der Aufnahme eine beeindruckende, beinahe anthropomorphe Präsenz verleiht. Inspiriert durch diese Bilder, aber auch die eigenen Erfahrungen bei ihrem Projekt *Türken in Deutschland*, machte Höfer bald Innenräume zum zentralen Thema ihrer Arbeit. Diesen Räumen selbst gilt das Augenmerk ihrer Architekturaufnahmen, nicht dem Gebäude an sich. Sie erklärte dazu: »Ich will Dinge in dem Raum herausbringen: Licht, Farbe, bestimmte Strukturen.« Nicht zuletzt interessiert sich Höfer dafür, wie ein menschenleerer (oder nahezu menschenleerer) Raum dennoch auf den Menschen und seine Tätigkeit verweist. So ist auf der Fotografie *Deichmanske Bibliothek Oslo II 2000* eine Handvoll Personen zu sehen, doch hebt die Künstlerin insbesondere den imposanten Raum hervor, der sich über jenen erhebt und der umschlossen wird von strengen, eckigen Pfeilern und einem idealistischen Wandbild, das sinnbildlich die Werte von Wissen, Ordnung und industriellem Fortschritt zeigt. In Höfers Darstellung wird zwischen diesen und der klassischen Symmetrie des eigentlichen Raumes eine subtile Verbindung spürbar.

Für ihre in den frühen 1990er Jahren entstandene Serie *Zoologische Gärten* fotografierte Höfer Zootiere in ihren unterschiedlichen Gehegen. Auch diese Arbeiten untersuchen das Verhältnis der »ausgestellten« Tiere zu den speziell für sie geschaffenen künstlichen Räumen.

Über ihre künstlerische Arbeit hinaus nahm Candida Höfer auch Lehraufträge an und war von 1997 bis 2000 Professorin an der Hochschule für Gestaltung in Karlsruhe.

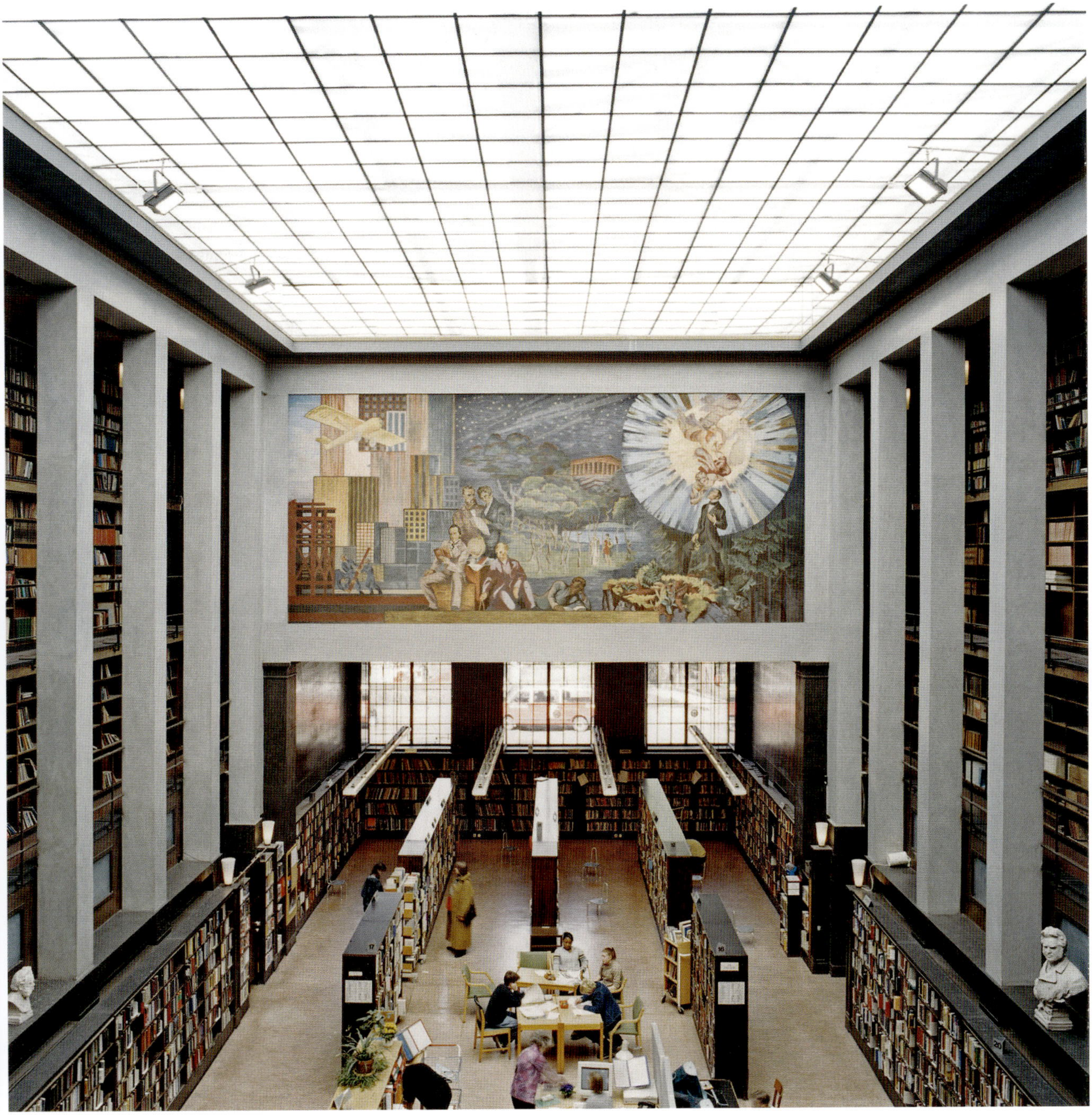

Deichmanske Bibliothek Oslo II 2000

10

SEBASTIÃO SALGADO

Sebastião Salgado ist der große Epiker unter den zeitgenössischen Fotografen. Wie kaum ein anderer macht er nicht nur beeindruckende und bewegende Schwarzweißfotografien, sondern schuf große Fotozyklen, die die Komplexität wichtiger globaler Themen wie Hunger, Arbeit, Krieg und Migration umfassend darstellen.

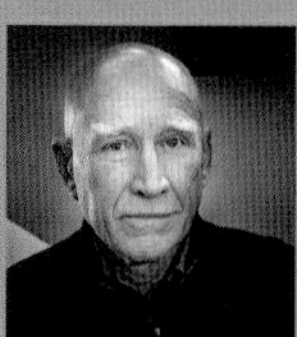

SEBASTIÃO SALGADO

1944 Geboren in Aimorés, Minas Gerais, Brasilien.

1963–67 Studiert Wirtschaftswissenschaft in São Paulo.

1969 Emigration nach Paris.

1979–94 Mitglied von Magnum Photos.

1993 *Workers* (Buch).

1994 Gründung von Amazonas images.

1998 Gründung der Umweltorganisation Instituto Terra.

2000 *Migrations* (Buch).

2007 *Africa* (Buch).

2013 *Genesis* (Buch).

2014 *Das Salz der Erde*, Regie: Wim Wenders.

2015 *Duft der Träume* (Buch).

www.amazonasimages.com

Schon als studierter Ökonom war Sebastião Salgado für internationale Organisationen in der Welt unterwegs und an den größeren gesellschaftlichen und wirtschaftlichen Zusammenhängen interessiert. Er entschied sich im Jahr 1971, Fotograf zu werden, und tat das mit allen Konsequenzen: »Ich machte die Fotografie zu meinem Leben. Ich lebte total in der Fotografie.«

Salgado zeigt in seinen Bildern, was Menschen Menschen antun können, und die Auswirkungen, die Hass, Krieg, Umweltzerstörung und Hunger haben. Robert Capa forderte, möglichst nah am Geschehen zu sein – Salgado ist extrem nah dran an seinen Motiven, an Menschen in Not, physisch wie psychisch. Der oft wiederholte Vorwurf, das Leid der Menschen zu ästhetisieren und daraus Profit zu schlagen, greift bei ihm viel zu kurz. Denn um mit Bildern etwas zu bewegen, müssen sie veröffentlicht und gesehen werden. Und wie könnte man das besser als mit Fotos? Die Kunst Salgados ist es, Bilder zu schaffen, die eine über den Moment hinausgehende Allgemeingültigkeit erreichen. Seine Fotografien sind im besten Sinne nachhaltig und haben sich ins kollektive Gedächtnis geschoben. Salgado fotografierte die Menschen Lateinamerikas (1977–84), die Hungerkatastrophe in der Sahelzone (1984/85), Goldgräber in Brasilien (1986), die brennenden Ölfelder in Kuwait (1991) und den Genozid in Ruanda (1994).

Salgado arbeitet nicht von Auftrag zu Auftrag, sondern in großen Zyklen, in denen er brisante Themen aufgreift, die die Welt bewegen. *Workers* (1986–93) zeigt die Veränderungen der Arbeitswelt auf der Schwelle des postindustriellen Zeitalters in 26 Ländern. In *Migrations* (1994–2000) beschäftigte er sich mit der weltweiten Flüchtlingsproblematik, die heute, mehr als 20 Jahre nachdem er damit begann, brisanter ist denn je. Nachdem Salgado buchstäblich alles Leid der Welt dokumentiert hatte und darüber schwer krank wurde, entschloss er sich zu einem weiteren Zyklus, *Genesis* (2004–12). Darin zeigt er die Natur vor der Zerstörung durch den Menschen, an Orten, die noch weitgehend unberührt von den Auswirkungen der globalisierten Welt sind: »In Genesis erlaubte meine Kamera der Natur, zu mir zu sprechen. Und ich hatte das Privileg, zuzuhören.« Hatte er sich bisher nur mit einer Spezies dieser Welt beschäftigt, dem Menschen, so dokumentierte er jetzt alle anderen in epischen Landschaftsbildern und eindringlichen Tierfotos, in der Hoffnung, die letzten unberührten Regionen der Erde für künftige Generationen zu bewahren.

Dabei ging Salgado nicht nur inhaltlich, sondern auch fototechnisch neue Wege: Er gab die analoge Fotografie zugunsten der digitalen auf. Zu schwierig wurde es für ihn, mit Hunderten Filmrollen zu reisen, und zu unsicher war es für die Filme, nicht durch die verstärkten Röntgenkontrollen an den Flughäfen zerstört zu werden. Allerdings wechselte er erst, als es gelang, die von ihm so geschätzte Körnigkeit des Kodak-Tri-X-Films digital nachzuahmen, denn digitale Fotos sind ihm generell zu »flach«. »Fotografie ist eine Sprache«, so Salgado, der sich der ästhetischen Wirkung seiner »Sprache« sehr bewusst ist, und es wäre schade, wenn diese verflachen würde, bloß weil sich die Technik ändert.

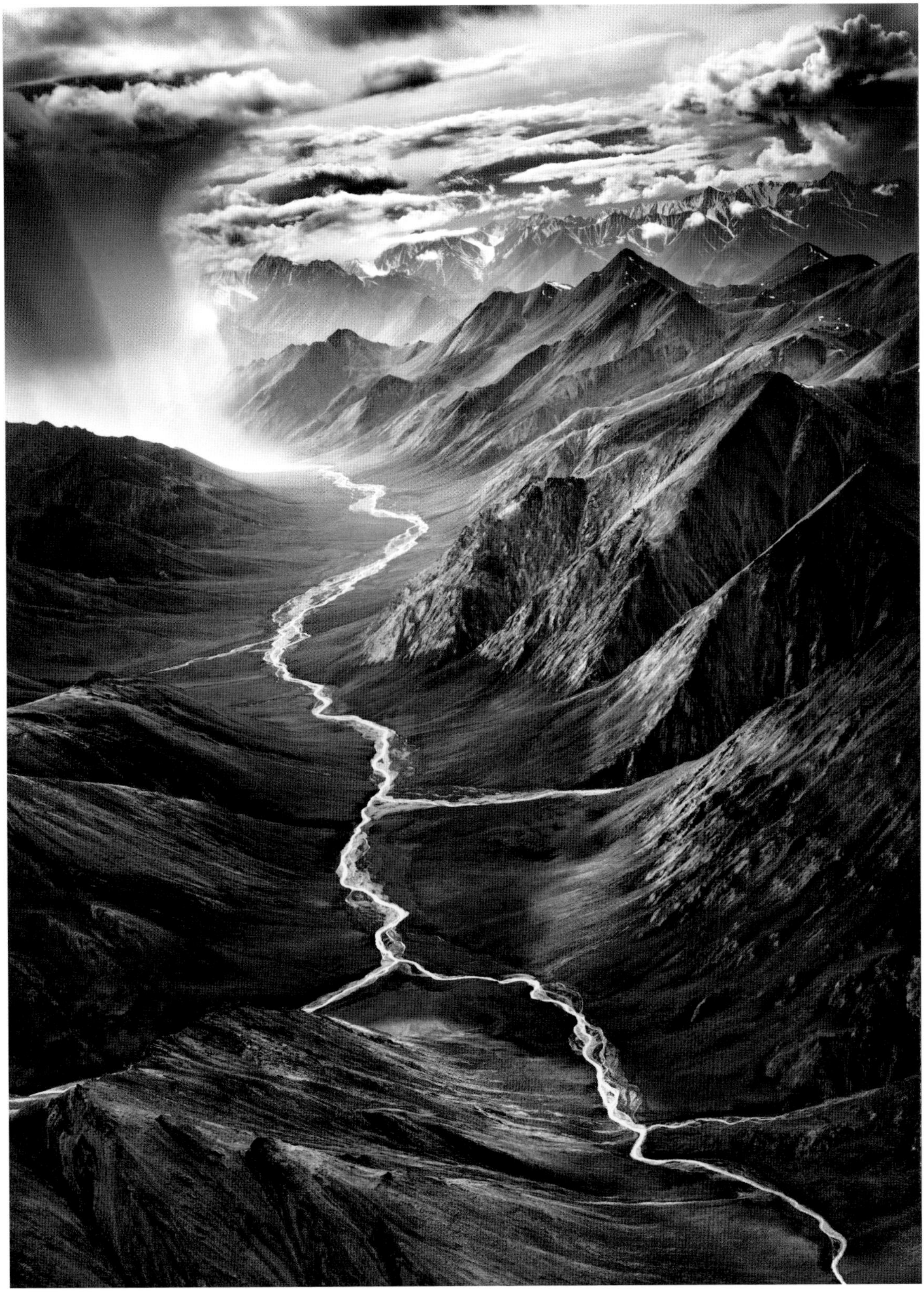

The Eastern Part of the Brooks Range, Arctic National Wildlife Refuge, Alaska, USA, 2009

11

TINA BARNEY

Tina Barney konzentriert sich mit ihrer Kamera auf die abgeschottete Welt der Privilegierten. Durch oftmals aufwendige Inszenierungen gelingt es ihr, dem Betrachter einen Blick in das Milieu ihrer wohlhabenden Modelle zu eröffnen, wie es nur einem »Insider« möglich ist.

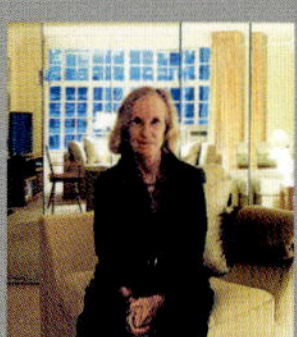

TINA BARNEY

1945 Geboren in New York City, USA.

Mitte der 1970er Jahre
Erste großformatige Fotos von Familie und Freunden.

1976–79
Studium der Fotografie am Sun Valley Center for Arts and Humanities in Ketchum, Idaho.

1985 Erste Einzelausstellung in New York.

1988 Mitarbeit an dem Dokumentarfilm *Horst P. Horst.*

1991 Guggenheim-Stipendium.

2010 Lucie Award for Achievement in Portraiture.

www.tinabarney.com

Porträts der Reichen sind seit Jahrhunderten eines der wichtigsten Sujets der Kunst. Doch nur wenige Künstler verfügten über einen derart persönlichen Einblick in deren Leben wie Tina Barney. Die Fotografin stammt aus der Gründerfamilie der Investmentbank Lehman Brothers und wuchs in der gesellschaftlichen Oberschicht New Yorks auf. Wie viele wohlhabende Amerikaner ihrer Generation studierte sie Kunstgeschichte, ging auf Europa-Reise und heiratete mit Anfang 20. Doch erst als sie in den 1970er Jahren mit ihrer Familie nach Sun City, Idaho, zog, dachte sie über eine eigene künstlerische Laufbahn nach. Es schien ihr, als sei ihr Leben auf »Autopilot« eingestellt, und so begann sie Fotokurse am Sun Valley Center for Arts and Humanities zu belegen. Es entstanden erste Aufnahmen von ihr selbst, ihrer Familie und ihren Freunden, wobei die Bilder zunächst eher zufälligen Schnappschüssen glichen. Zu Beginn der 1980er Jahre begann sie dann, ihre Modelle sorgfältig und gelegentlich bewusst künstlich zu inszenieren und in bestimmten Posen zu arrangieren. Statt in einem Studio arbeitete Barney bevorzugt in ihrem eigenen Haus oder den Häusern ihrer Freunde. Dort vermochte sie ihre Modelle in ihrer eigenen Umgebung aufzunehmen und die jeweiligen Möbel und Einrichtungen als »Akteure« in die Szene einzubeziehen.

Die so entstandenen Bilder beeindrucken durch ihre Mischung aus Spontaneität und formaler Strenge und geben nicht nur über die Welt der jeweils Porträtierten, sondern auch über deren Persönlichkeit Aufschluss. Barney stieß mit ihren Bildern rasch auf große Resonanz und erhielt schon bald auch Porträtaufträge, die über das Umfeld ihres näheren Freundeskreises hinausgingen. Eine ihrer fotografischen Kompositionen, die oft regelrecht theaterhaft inszeniert sind, zeigt den Galeristen Leo Castelli mit seiner jungen Frau. Auf der 1998 entstandenen Aufnahme posiert das Paar, leicht außerhalb der Mittelachse des Bildes platziert, in seinem Wohnzimmer. Die beiden scheinen in ihrer jeweiligen Haltung auf die zwei gleichfalls im Bild befindlichen Kunstwerke Bezug zu nehmen: er auf das Gemälde oberhalb des Kamins, sie auf die Skulptur eines Frauenkopfes rechts. Das tableauhafte Arrangement, das Barney hier präsentiert, verrät einiges über die Ambitionen ihrer beiden Modelle.

Barney war auch als Filmemacherin tätig: Ihrem Interesse an der Geschichte der Fotografie folgend, wirkte sie als Regisseurin beziehungsweise Produzentin an Filmen über die Fotografen Horst P. Horst und Jan Groover mit. Vor allem aber ist sie für ihre Fotografien bekannt, die einen exquisiten Einblick in eine Welt gestatten, die den meisten Menschen verschlossen bleibt.

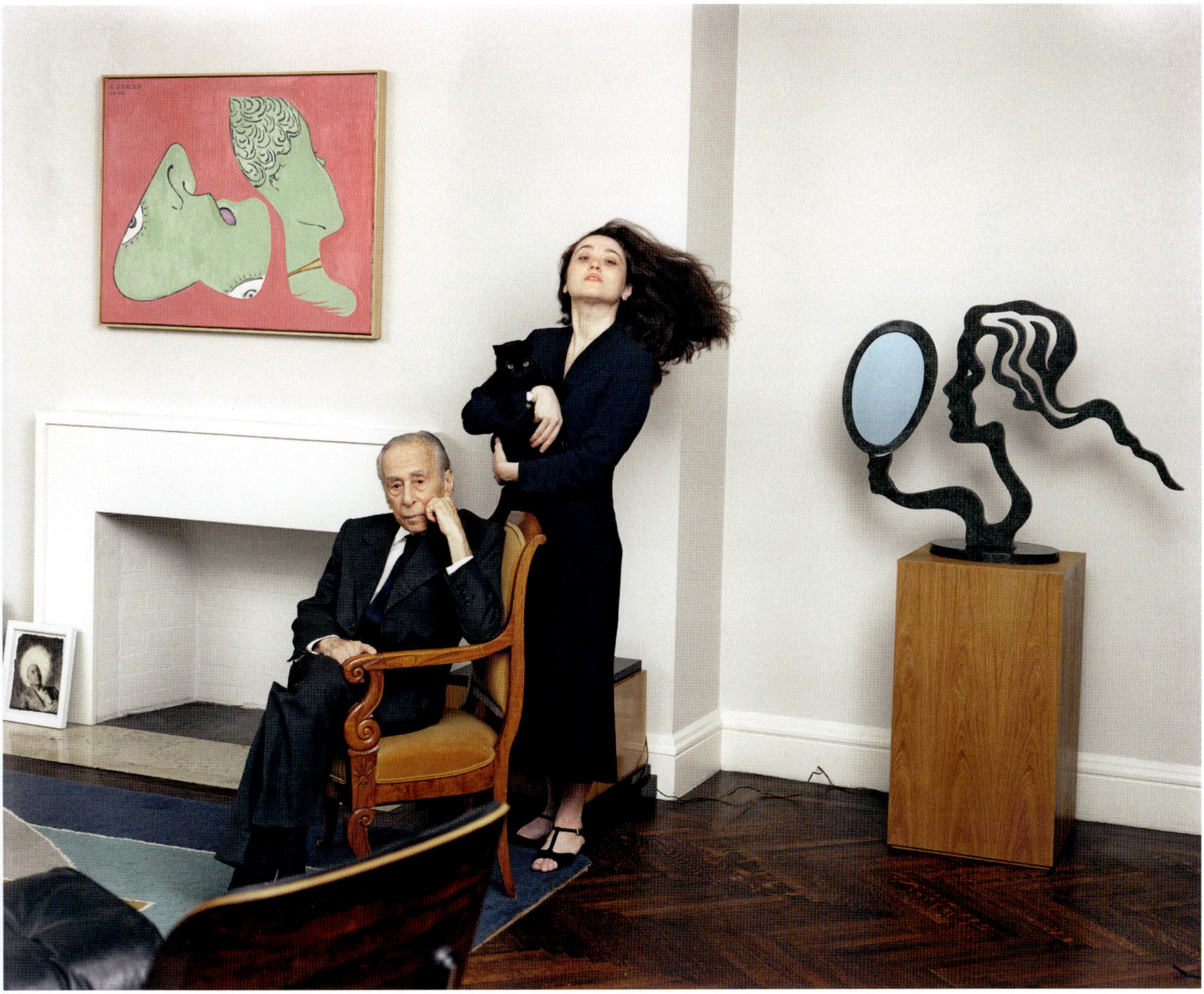

Mr. and Mrs. Leo Castelli, 1998

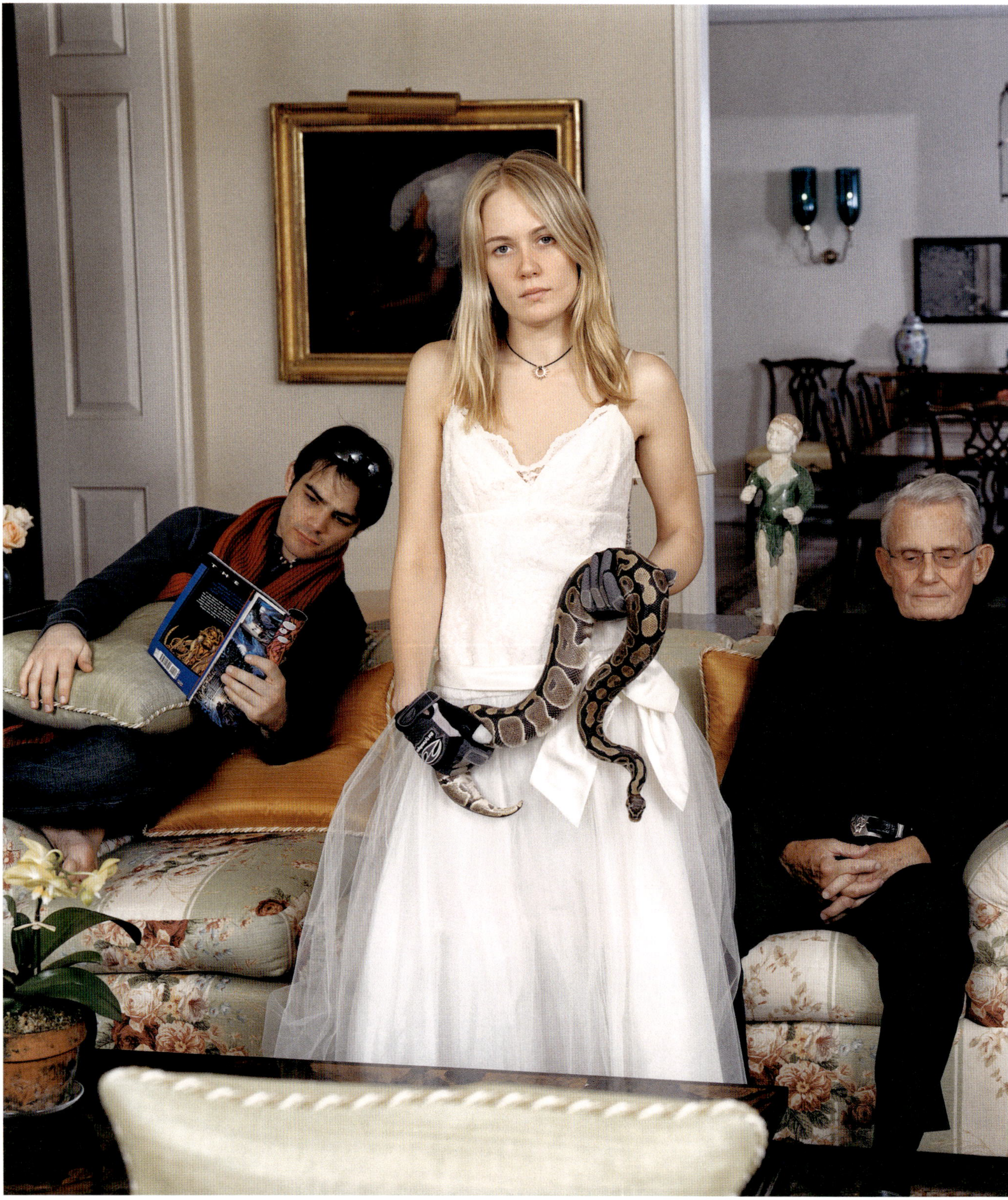

Family Commission with Snake (The Waterfalls), 2007

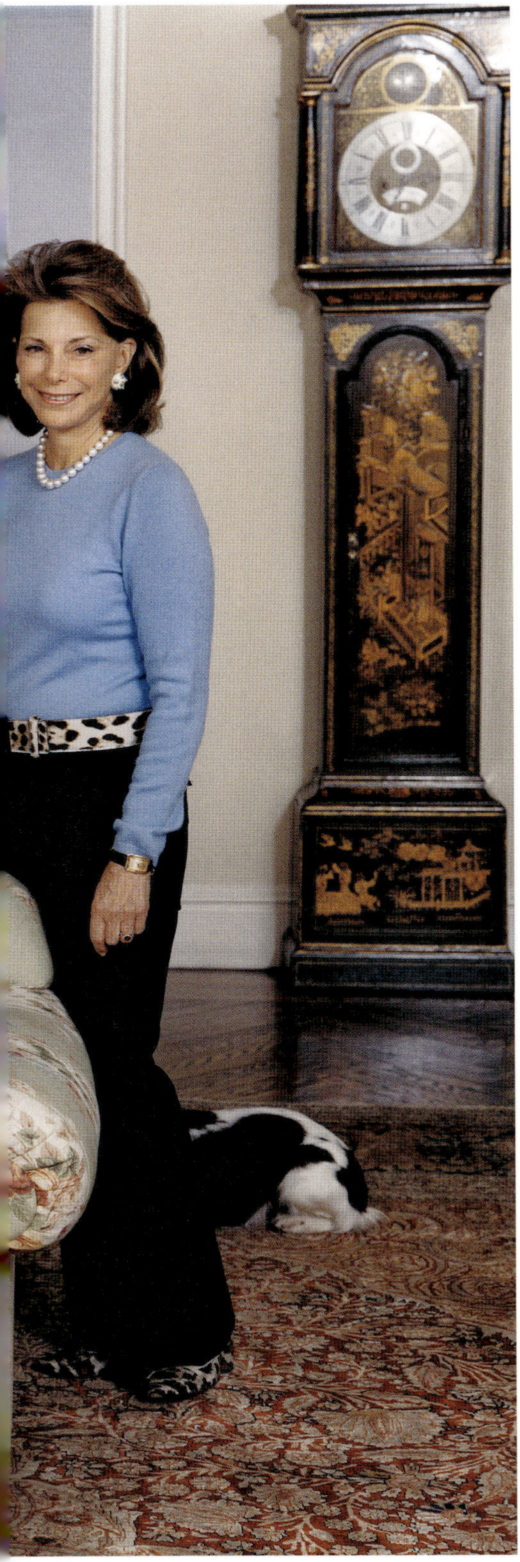

12

ELI REED

»Ich hatte Lust, die Welt zu sehen und zu verstehen, wie Menschen ertragen, was sie ertragen. Ich wollte hinter das Offensichtliche blicken.« Diese Neugier war und ist eine der wichtigsten Voraussetzungen, die der amerikanische Fotograf Eli Reed in seinen Beruf eingebracht hat.

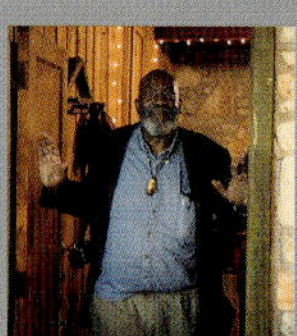

ELI REED

1946 Geboren in Linden, New Jersey, USA.

Bis 1969 Studiert Grafik und Illustration an der Newark School of Fine and Industrial Arts.

1982/83 Nieman Fellow an der Kennedy School of Government, Harvard.

1988 Vollmitglied bei Magnum Photos; World Press Photo Award.

1988 *Beirut: City of Regrets.*

1992 Kodak World Image Award for Fine Art Photography.

1997 *Black in America.*

Seit 2005 Professor für Fotojournalismus an der University of Texas at Austin.

2015 *A Long Walk Home* (Retrospektive).

www.magnumphotos.com

Eli Reed ist einer der vielen berühmten und geachteten Fotografen, die auf Umwegen zur Fotografie kamen. Eigentlich hatte er eine Ausbildung als Grafiker absolviert, doch schon bald wandte er sich der Fotografie zu. Als Ende der 1960er Jahre in den USA Rassenunruhen und die Civil-Rigth-Bewegung herrschten, wurden Martin Luther King und Malcom X zu den Vorbildern Reeds – nicht explizit auf dem Gebiet der Fotografie, sondern allgemein: »Sie haben mich angespornt, in dem, was immer ich werden wollte, der Beste zu sein.« Das Rassenthema begleitet Reed durch sein gesamtes Berufsleben. In seinem beeindruckenden Buch *Black in America* dokumentiert er das Leben der schwarzen Amerikaner von den 1970er bis zu den 1990er Jahren. Mit Erscheinen des Buches 1997 hörte er damit jedoch keineswegs auf: »Jedes Bild, das ich mache, ist ein Plädoyer gegen Rassenvorurteile. Wir sitzen alle im selben Boot. Natürlich streite ich nicht ab, dass es Rassenunterschiede gibt. Aber ich kämpfe gegen jede Diskriminierung, so gut ich kann.«

Reed sah in Zeitschriften wie *LOOK* und *LIFE* Fotografien, die das Rassenthema behandelten, und die besten stammten jeweils von Fotografen der Agentur Magnum. Reed selbst fotografierte für den *San Francisco Examiner* und machte sich 1981/82 mit seinen Reportagen über Mittelamerika einen Namen – und war immerhin für den Pulitzer-Preis nominiert. 1983 rief ihn der berühmte Fotograf Philip Jones Griffiths an, der damalige Präsident von Magnum, und fragte, wie er ihn überzeugen könne, Magnum beizutreten. So wurde Eli Reed nicht nur der erste Fotograf, der direkt von einer Zeitung zu Magnum kam, sondern auch der erste Schwarze, der für die renommierte Agentur arbeitete.

Von da an war Reed, wie alle seine Kollegen bei Magnum, an den wichtigen und gefährlichen Brennpunkten mit seiner Kamera unterwegs. In Beirut, das er immer wieder besuchte, fotografierte er von 1983 bis 1987 eine beeindruckende Langzeitstudie, die 1988 unter dem Titel *Beirut: City of Regrets* als sein erstes Buch erschien. 1986 war er während des Sturzes des Diktators »Baby Doc« Duvalier auf Haiti; 1989 dokumentierte er die Aktivitäten der US-amerikanischen Armee in Panama. Die Armut zu zeigen und was sie den Menschen antut, war immer eines seiner wichtigsten Anliegen. 1995 war er an einem Buchprojekt von Magnum zum Thema Flüchtlinge beteiligt, das ihn in ein Lager in Tansania brachte, wo viele Flüchtlinge aus Ruanda strandeten. Die Bilder dieses Aufenthaltes gehören zu seinen intensivsten und anrührendsten.

Natürlich ist auch Eli Reed klar, dass Bilder keine schnelle Veränderung bringen, doch er hegt immer die Hoffnung, dass sie auf längere Sicht etwas in Bewegung bringen können: »Ich glaube, wenn man ein Problem anspricht, ist das der erste Schritt, etwas dagegen zu tun. Meine Fotos sind mein Weg, das zu tun.«

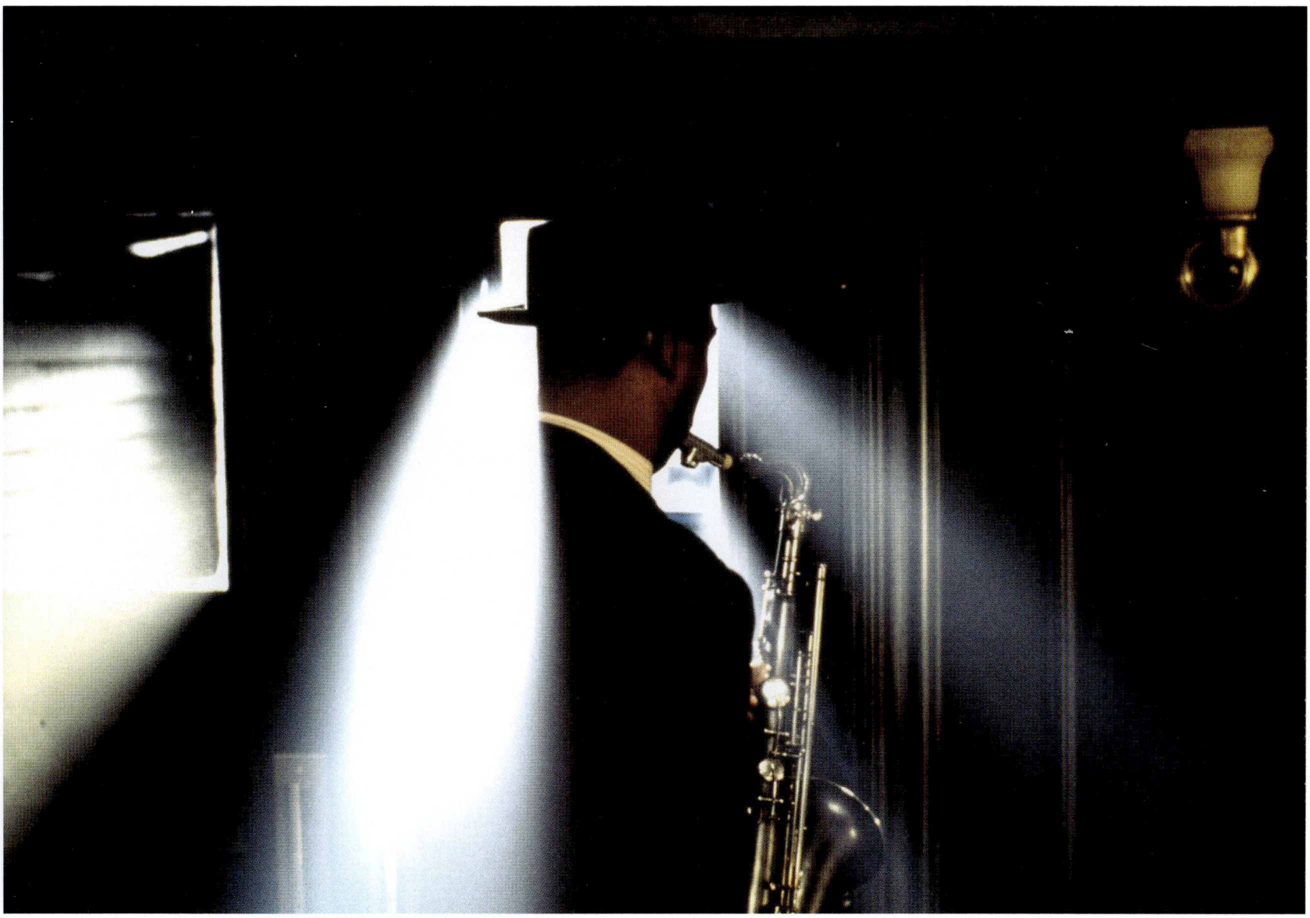

James Carter spielt während der Dreharbeiten zu *Kansas City* auf dem Tenorsaxophon, Kansas City, Missouri, USA, 1995

13

JEFF WALL

Die großformatigen Fotoleuchtkästen des Kanadiers Jeff Wall lassen die Grenzen zwischen Fotografie, Film, Werbung und Malerei verschwimmen. Sie wurden zum Vorbild für eine bedeutende regionale Kunstbewegung, die unter dem Namen »Vancouver School« bekannt wurde.

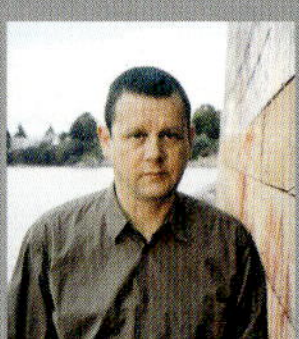

JEFF WALL

1946 Geboren in Vancouver, Kanada.

1964–73 Studium der Kunstgeschichte an der University of British Columbia, Vancouver, und am Courtauld Institute of Art, London.

1976–87 Professur an der Simon Fraser University, British Columbia.

1977 Beginn der Arbeit mit Fotoleuchtkästen.

1978 Erste Einzelausstellung in Vancouver mit *The Destroyed Room* als einzigem Bild.

2002 Hasselblad Foundation Award.

2007/08 Retrospektiven in New York (anschließend in Chicago und San Francisco) und Vancouver.

»Ich weiß noch, dass ich mich damals in einer Art Krise befand und mich fragte, wie es mit mir weitergehen sollte. Genau zu diesem Zeitpunkt fiel mein Blick irgendwo auf eine Leuchttafel, und auf einmal ließ mich das Gefühl nicht mehr los, dass dies die perfekte synthetische Bildtechnik für mich sei. Es war keine Fotografie, es war kein Film, es war keine Malerei, es war keine Reklame, aber zu allen diesen Darstellungsformen bestehen Assoziationen. Es war etwas extrem Ungebundenes.«

Nachdem Jeff Wall sich mehrere Jahre praktisch und theoretisch mit Konzeptkunst beschäftigt hatte, beschloss er zu Beginn der 1970er Jahre, keine Kunstwerke mehr zu schaffen. Sein Ziel war es, zunächst ein Medium zu finden, in dem er sein Interesse an Populärkultur, Film und der Kunst der Alten Meister zusammenbringen konnte. Um 1977 begann er, sich mit den Möglichkeiten von Leuchtkästen zu befassen, also mit der Technik, Fotografien auf eine transparente Oberfläche zu montieren und von hinten zu beleuchten. Diese Form einer illuminierten Kunst erschien Wall als ein geeignetes Ausdrucksmittel in der modernen Welt. Er erklärte: »Bei einer Wiedergabe mit Hilfe gesonderter Lichtquellen hingegen bleibt der Bildursprung versteckt [...]. Das Bild entsteht immer woanders. [...] Für mich ist das gleichzeitige Erlebnis von zwei Räumen, zwei Welten, ein zentrales Erlebnis der Moderne. Es ist das Erlebnis der Loslösung, der Entfremdung.«

Walls erste große Leuchtkastenarbeit, *The Destroyed Room*, wurde 1978 in der Nova Gallery in Vancouver präsentiert. Der Künstler installierte die Arbeit im Schaufenster der Galerie, so dass die Betrachter darin gleichzeitig ein Kunstwerk wie auch eine Parodie auf die Leuchttafeln der Werbung sehen konnten. Das Bild zeigt ein vollständig verwüstetes Schlafzimmer mit einem umgekippten Bett mit aufgeschlitzter Matratze, herumliegenden Kleidungsstücken und einem zerstörten Türrahmen. Das sorgfältig arrangierte Tableau lässt an Themen wie Niedergang und urbanen Zerfall denken; in seiner bewussten Gestaltung erinnert es hingegen an ein wohlkomponiertes Gemälde. *The Destroyed Room* sollte die erste von zahlreichen Leuchtarbeiten sein, in denen auf neuartige Weise die Welt der Kunst und der Reklame verschmolzen.

Bei der hier abgebildeten Arbeit von 1999/2000 bezog sich Jeff Wall auf die Beschreibung eines Raumes im Prolog des Romans *Der unsichtbare Mann* (1952) des afroamerikanischen Autors Ralph Ellison. Der Erzähler des Romans sitzt im Keller seines Hauses, in dem sich »exakt 1369 Lampen befinden«. Walls Bild verweist auf soziale Fragen wie Entfremdung und Rassismus, die in Amerika seit Generationen aktuell sind. Darüber hinaus zeigt es mit seiner aufwendigen, filmisch wirkenden Szenerie auch das kompositorische Können des Künstlers und seinen Sinn für visuelle Dramatik. Walls bahnbrechende Arbeiten beeinflussten in seiner Heimatstadt zahlreiche nachfolgende Künstler, die sich in der »Vancouver School« zusammenfanden.

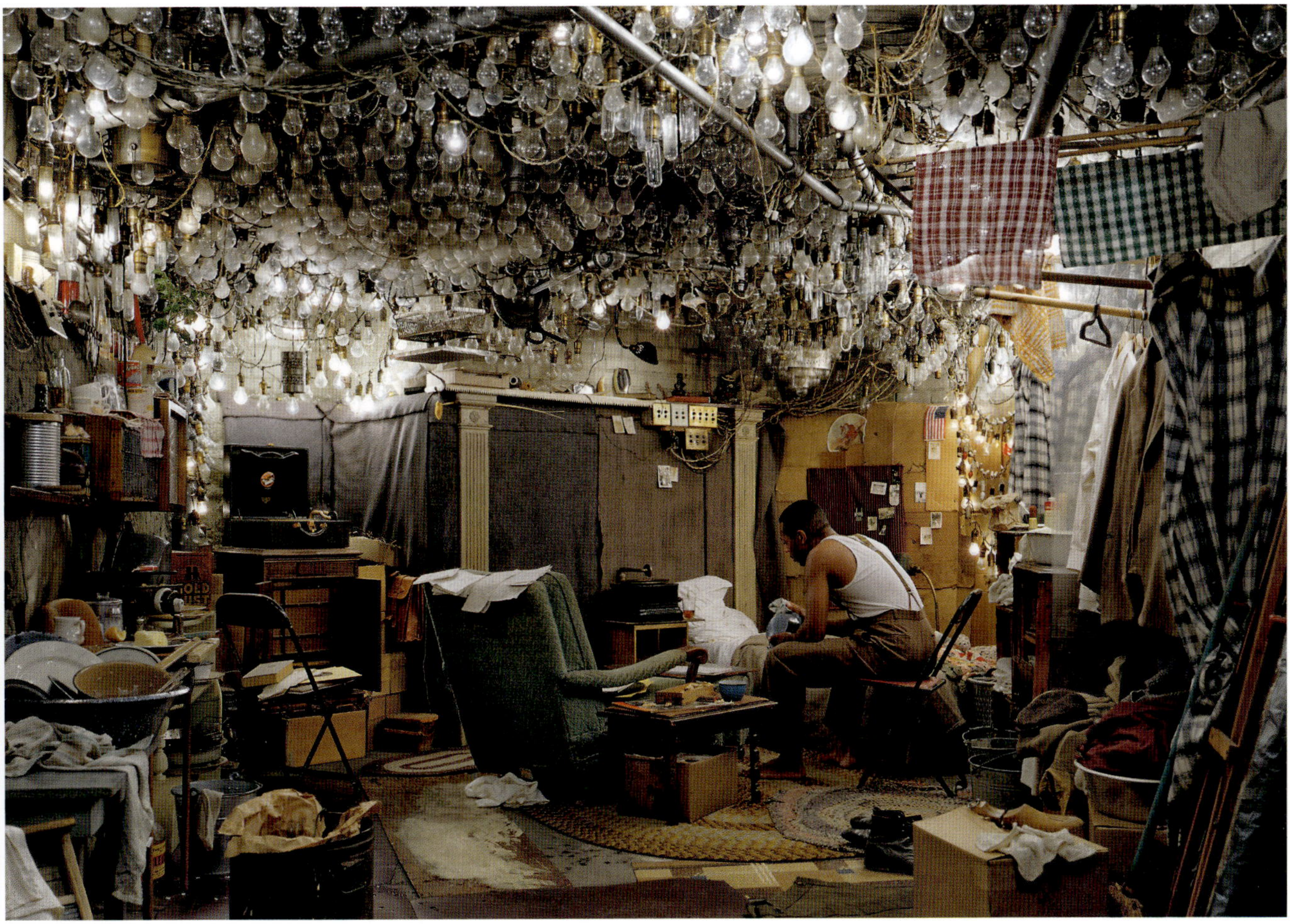

After *Invisible Man* by Ralph Ellison, the Prologue, 1999/2000

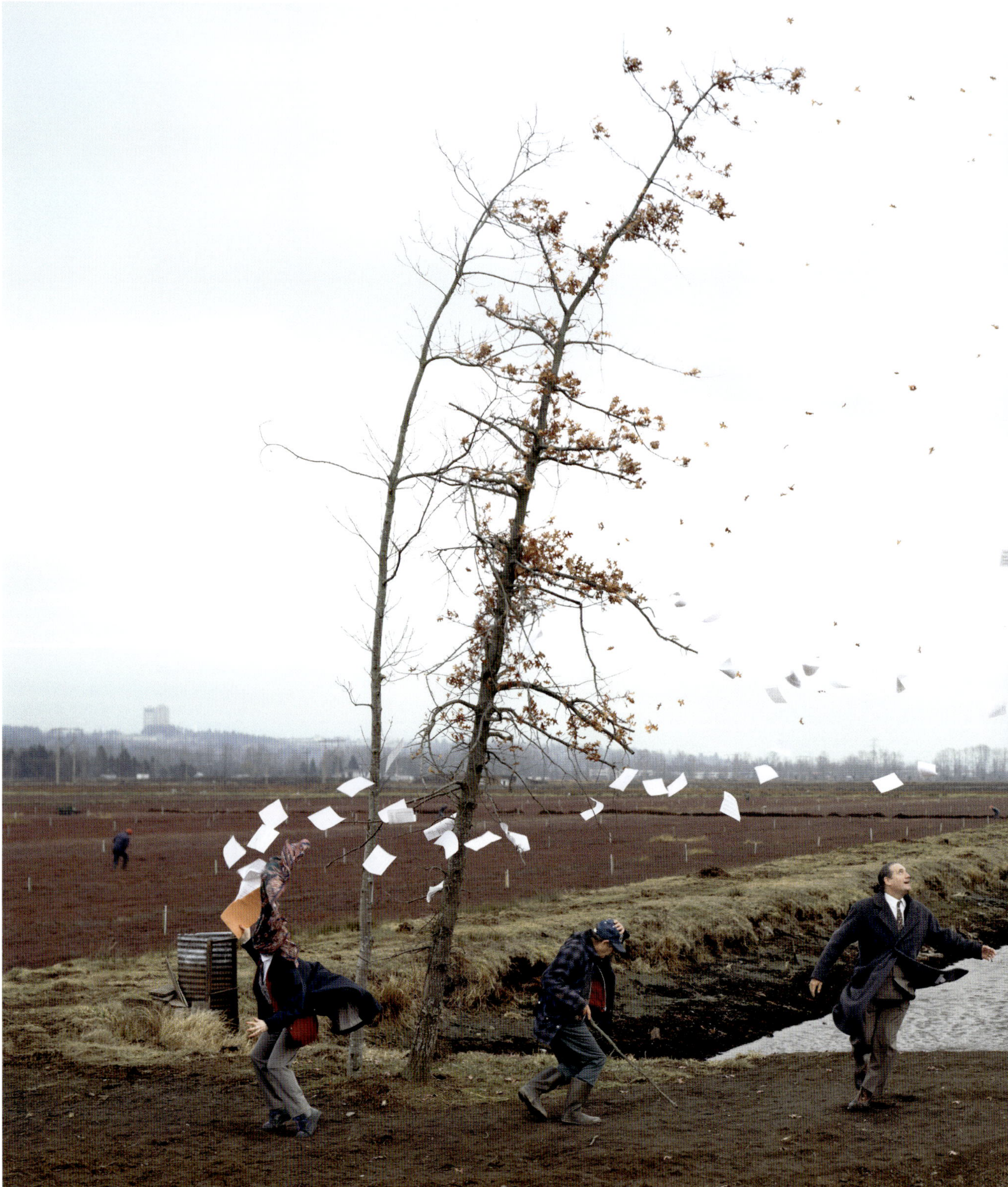

A Sudden Gust of Wind (after Hokusai), 1993

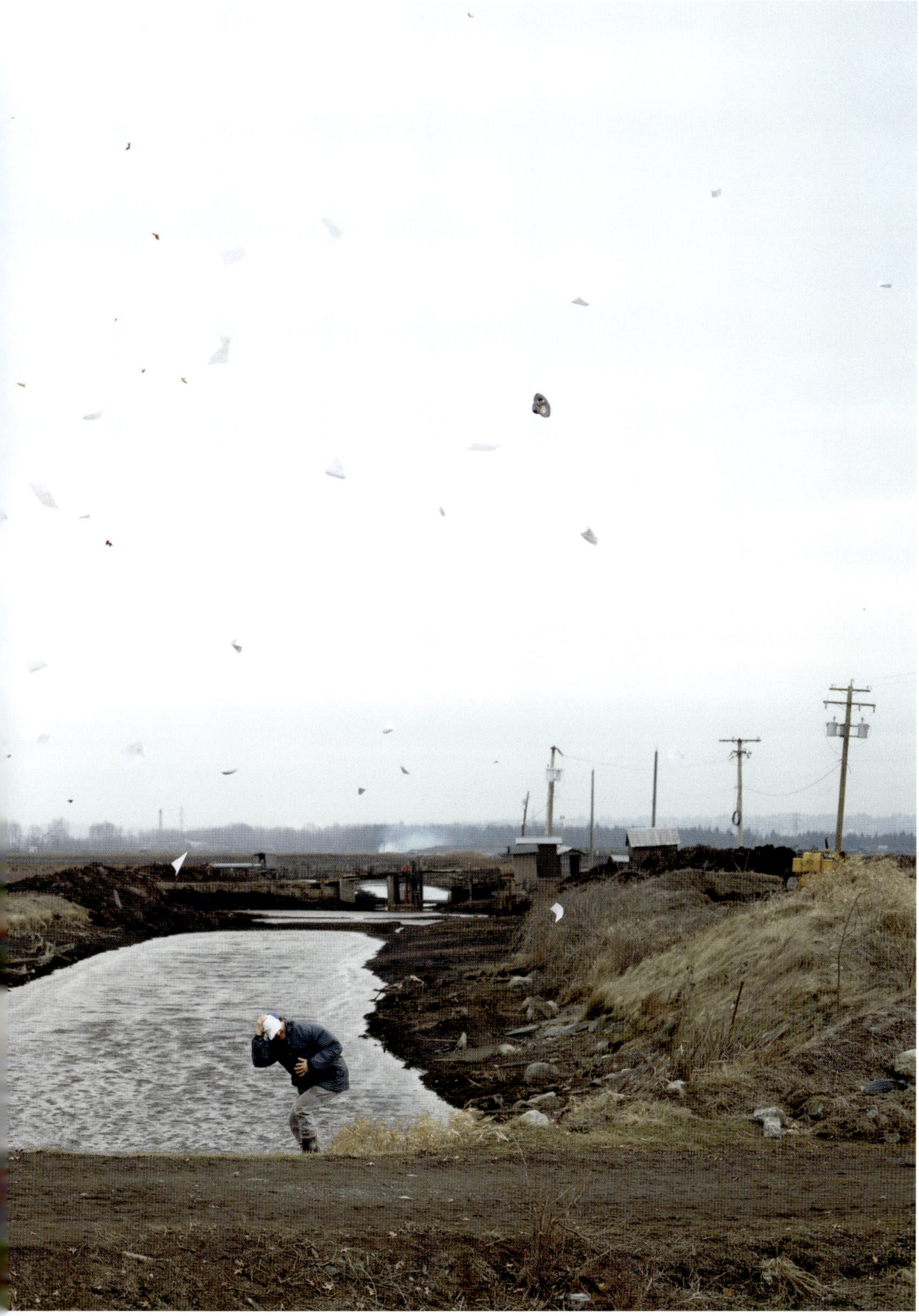

14

STEPHEN SHORE

Stephen Shore wurde bereits als Teenager berühmt, während er als Fotograf in Andy Warhols »Factory« lebte. Schon bald jedoch ging er auf Reisen quer durch Nordamerika. Unterwegs entstanden die lebendigen, farbsatten und detailreichen Bilder seines bahnbrechenden Fotobandes *Uncommon Places*.

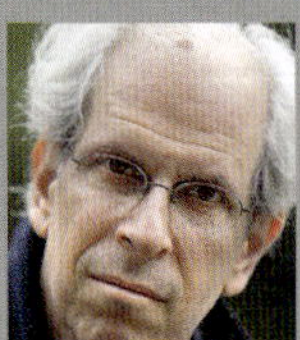

STEPHEN SHORE

1947 Geboren in New York City, USA.

1965–67 Lebt und arbeitet in Andy Warhols »Factory«.

1971 Einzelausstellung im Metropolitan Museum of Art, New York.

1972 Erste Fotos von Straßenszenen in der amerikanischen Provinz.

1982 *Uncommon Places*; Ernennung zum Leiter des Fachbereichs Fotografie am Bard College, New York.

2010 Ehrenmitglied der Royal Photographic Society.

»Zwischen 1973 und 1979 bin ich mehrmals quer durch Nordamerika gereist und habe dabei mit einer Großbildkamera fotografiert. Im Wesentlichen waren es Entdeckungsreisen: Ich wollte den Wandel in der Kultur Amerikas untersuchen und ausloten, inwieweit eine Fotografie das zeitliche und räumliche Segment dieser Gesamtkultur darstellen kann. Aus verschiedenen Gründen hatte ich mich für eine Großbildkamera entschieden: Sie beschreibt die Welt mit unvergleichlicher Präzision; die zwangsläufig langsame, wohlüberlegte Arbeitsmethode, die sie erfordert, führt zu einem bewussten Entscheidungsprozess; und sie ist das fotografische Instrument, um zu dokumentieren, wie die Welt in einem Zustand geschärften Bewusstseins aussieht.«

Wie Stephen Shore 2003 in der Neuausgabe seines einflussreichen Buches *Uncommon Places* erklärt, vermag ein Fotograf fesselnde Details der Wirklichkeit zu zeigen, die von einem anderen Betrachter gar nicht bemerkt oder nicht angemessen gewürdigt werden. Im Gegensatz zu anderen Fotografen seiner Generation erlernte Shore seine Kunst in der Praxis, nicht an einer Hochschule. Bereits als Teenager wurde er in Andy Warhols »Factory« aufgenommen und porträtierte die Stars und Sternchen der Szene. Warhol war fasziniert von der Fotografie und anderen mechanischen Verfahren zur Herstellung von Kunstwerken, und seine Arbeitsweise sollte Shore beeinflussen. »Ich beobachtete Andy dabei, wie er ästhetische Entscheidungen traf«, erinnert Shore sich später, »ohne dass er mir etwas erklärt hätte. Ich erlebte ihn einfach immer wieder bei der Entscheidungsfindung. Auf diese Weise entwickelte ich mein eigenes ästhetisches Gespür.«

Shores frühe Erfolge brachten ihm Stipendien des US-amerikanischen National Endowment for the Arts und der John Simon Guggenheim Foundation für ein neues, großangelegtes Projekt ein. Mit einer sperrigen Großbildkamera ging er auf Reisen durch die Vereinigten Staaten und Kanada, wo er das Leben in der Provinz aufnahm. Die Bilder, die er in *Uncommon Places* publizierte, bekunden sein Gespür für Bildaufbau und seinen Blick für Details. Das hier abgebildete Beispiel zeigt eine ruhige Straßenkreuzung in Regina, Saskatchewan, einer Stadt inmitten der kanadischen Prärie. Die Darstellung verbindet die ungezwungene Atmosphäre eines Schnappschusses mit der zeitlosen Anmutung eines Gemäldes. Die geschwungenen, runden Formen des Bordsteins, der Ampel und der Bögen der Gebäude tragen zur Eleganz der Komposition bei. Meisterhaft gelang es Shore auch, mit seiner Kamera die sanften Farben des Spätnachmittags mit dem Blau des Himmels und die intensive Helligkeit der im Sonnenlicht liegenden Häuserwände und Straßenschilder einzufangen. Seine Fotos waren Inspiration für unzählige Fotografen nach ihm, die sich auf die Suche nach Farbe und Form, nach ihren eigenen Vorstellungen von Tradition und Innovation begaben.

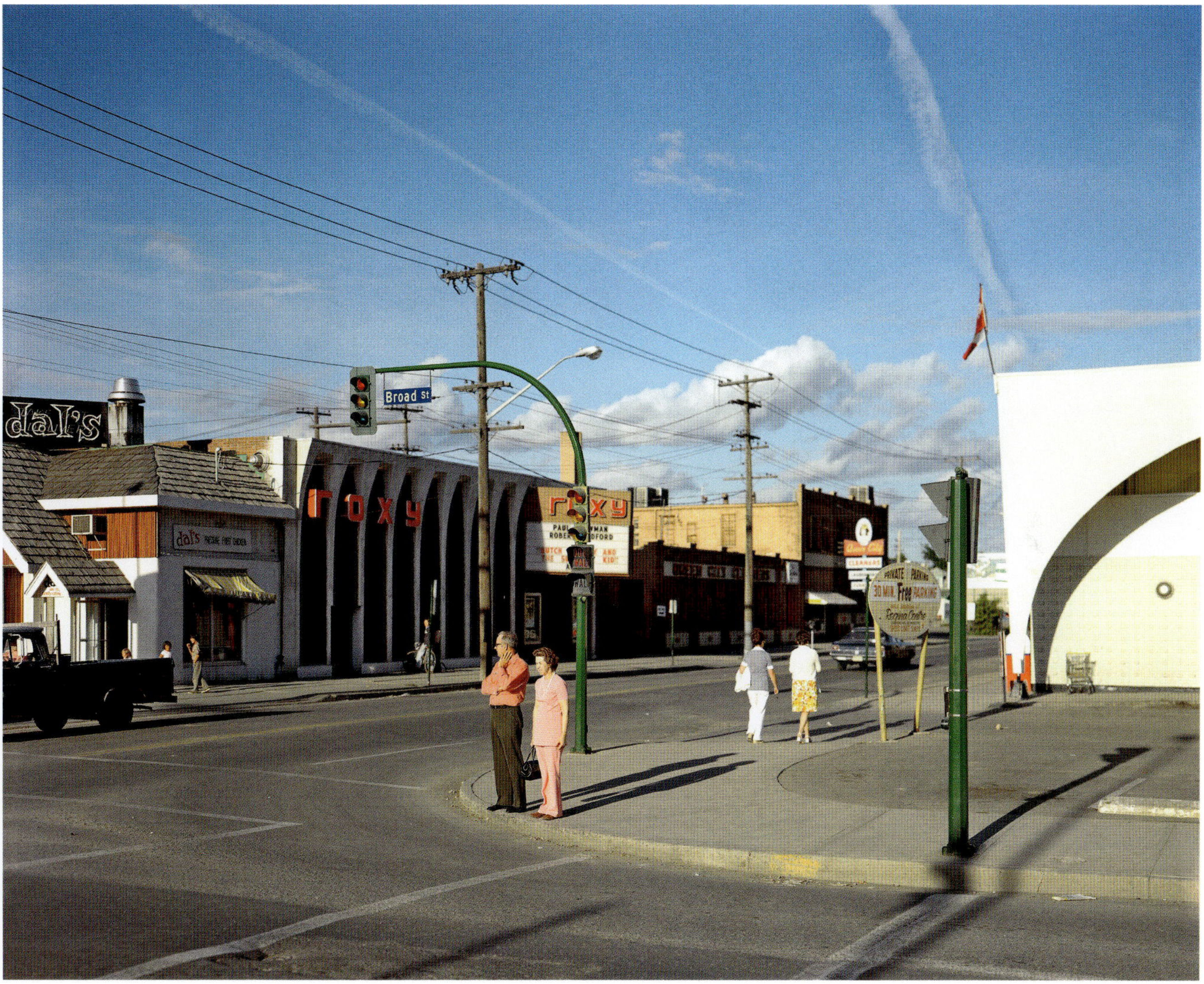

Broad Street, Regina, Saskatchewan, August 17, 1974

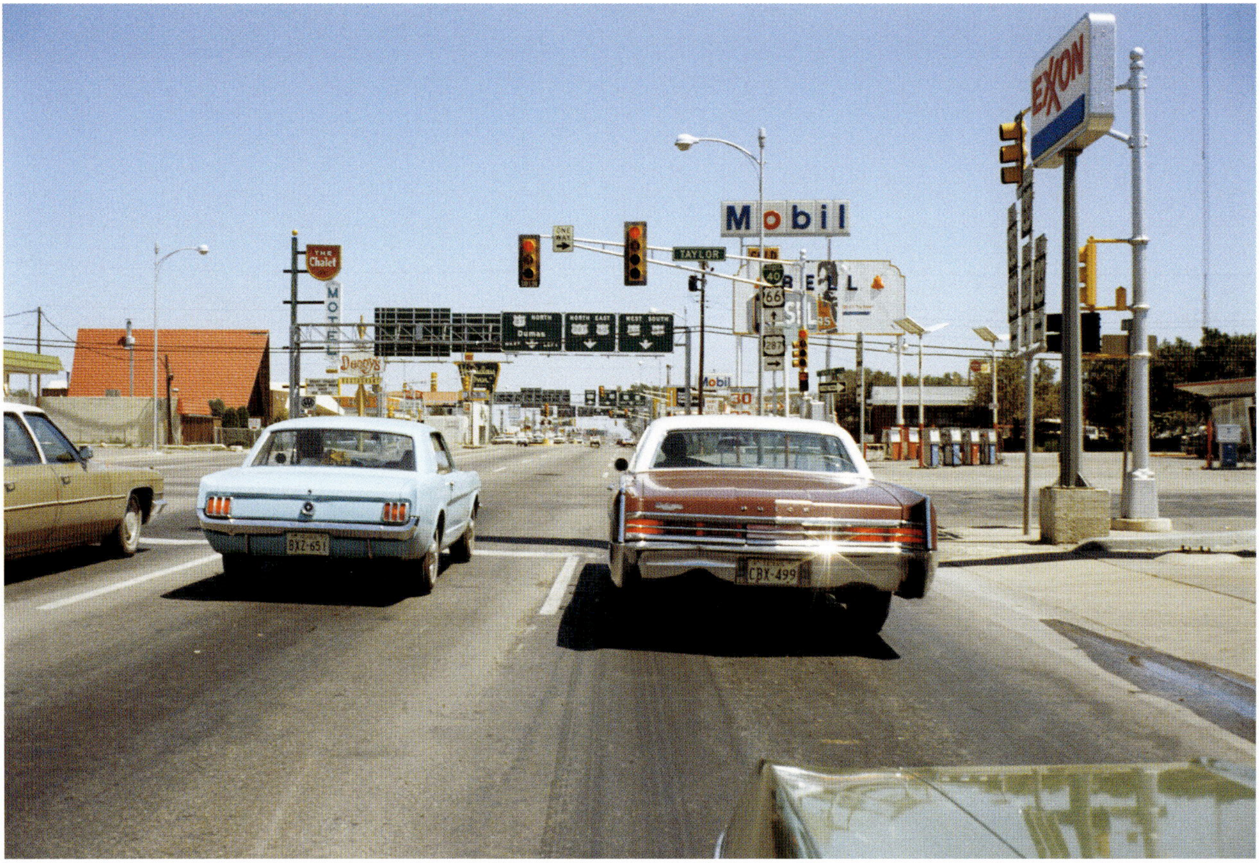

Amarillo, Texas, August 1973

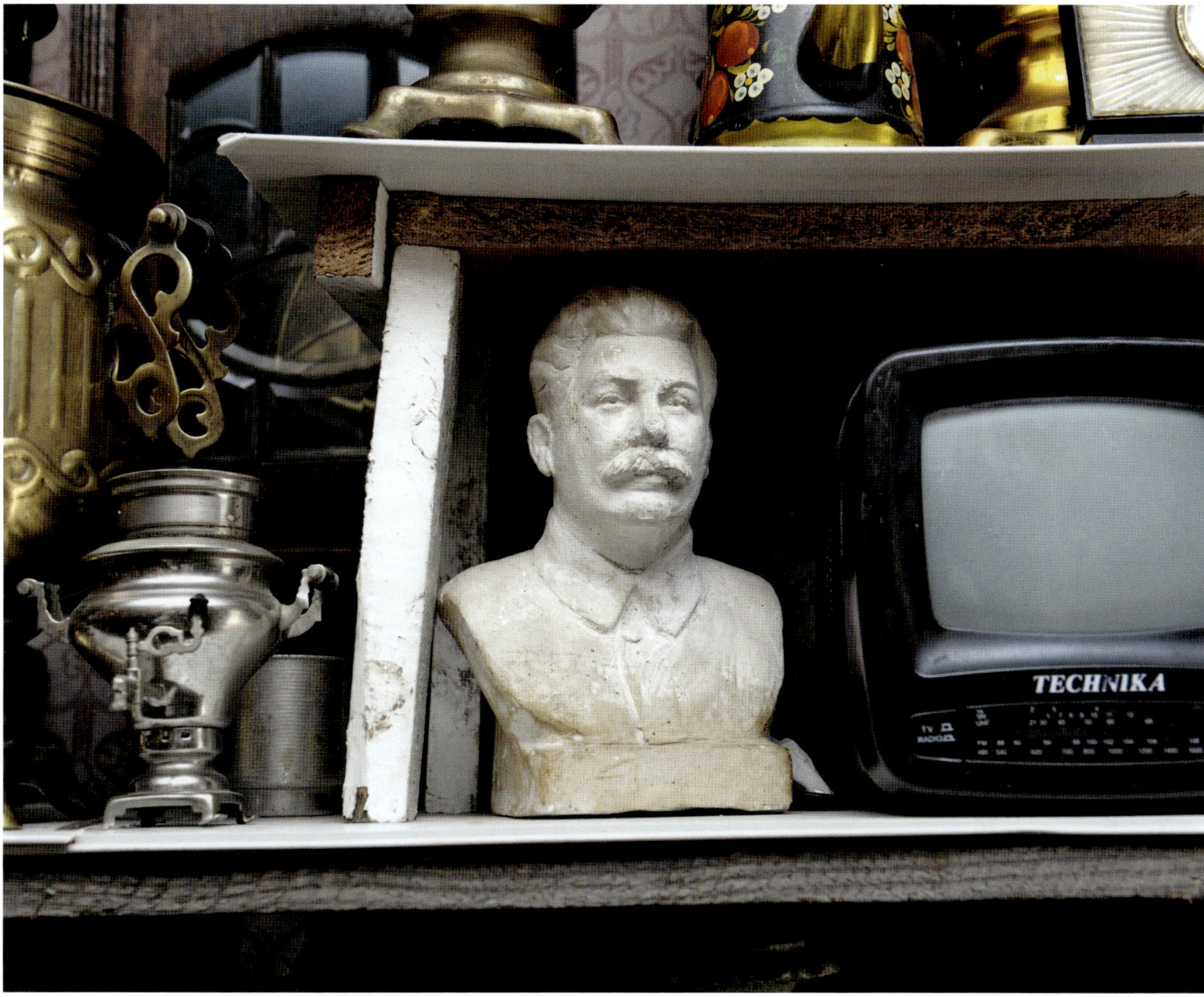

Home of Tsal Groisman, Korsun, Ukraine, July 20, 2012

15

SUSAN MEISELAS

Die Fotoreportage hat viele Gesichter und viele Möglichkeiten, drängende und langanhaltende Themen zu behandeln. Die amerikanische Fotografin Susan Meiselas nutzt die Fotografie zu einer Erinnerungskultur, die sie immer wieder an die Orte zurückführt, an denen sie schon tätig war.

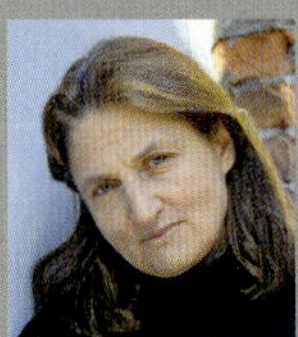

SUSAN MEISELAS

1948 Geboren in Baltimore, USA. Studiert Kunsterziehung am Sarah Lawrence College, Bronxville, und in Harvard.
1976 *Carnival Strippers.*
1979 Robert Capa Gold Medal.
1980 Mitglied bei Magnum Photos.
1981 *Nicaragua: June 1978 – July 1979.*
1982 Leica Award for Excellence.
1983 *El Salvador: Work of Thirty Photographers* (Herausgeberin).
1990 *Chile from Within* (Herausgeberin).
1994 Hasselblad Foundation Award.
1997 *Kurdistan: In the Shadow of History.*
2001 *Pandora's Box.*
2003 *Encounters with the Dani.*
2005 Cornell Capa Infinity Award.

www.susanmeiselas.com
www.magnumphotos.com

Susan Meiselas wurde mit ihren Reportagen aus Mittelamerika in den 1970er Jahren bekannt. Sie dokumentierte den Umsturz in Nicaragua, als der damalige Präsident Somoza mitsamt seiner Machtclique abgesetzt wurde. Es gelangen ihr ikonische Bilder vom Zustand des Landes, vom Widerstand und von den Rebellen. Ein Vierteljahrhundert später kam sie wieder nach Nicaragua, um bei den Feierlichkeiten zum Sieg über das alte Regime dabei zu sein, und ließ ihre Bilder als Plakate drucken, die an den Aufnahmeorten aufgestellt wurden. Das gab den Menschen noch einmal die Gelegenheit, die Geschichte Revue passieren zu lassen, zur Erinnerung und zur Stärkung des geschichtlichen Bewusstseins der Jüngeren. Diese Art der umfassenderen Recherchen prägt die Arbeit von Susan Meiselas. Sie macht nicht nur Fotos, sondern engagiert sich für die Menschen und begleitet deren Weg über längere Zeit immer wieder. Es ist ihre Art und ihr Verantwortungsgefühl, die über das reine Fotografieren hinausgehen. So meint sie: »Die Ethik des Sehens ist die Ethik des Mitfühlens. Es ist nicht nur eine kompositorische Angelegenheit, zu sehen. Es ist Fühlen, es ist Sich-Verbinden, es ist Sich-Engagieren. Das Geschenk der Begegnung und Erschaffung eines Fotos als Fotograf annehmen.«

Bisweilen scheint Susan Meiselas fast mehr eine Historikerin mit einer Kamera zu sein als eine Bildjournalistin. Als sie 1991 von den Massakern an den Kurden im Nordirak erfuhr, reiste sie wiederholt dorthin und schuf mit aufwendigen Recherchen ein Kurdistan-Archiv, das die Geschichte des kurdischen Volkes mit Briefen, historischen Fotos, Erinnerungen und Dokumenten in Ausstellungen, als Buch und im Internet zeigt und weiter fortschreibt. Dabei geht es ihr nicht um die bloße Erinnerung, sondern vielmehr darum, mit den Zeugnissen der Vergangenheit Gegenwart und Zukunft zu gestalten. Ihre Projekte verfolgt sie über Jahre und verbindet sie mit dem Volk, den Menschen auf ganz eigene Weise. Während einer Ausstellung ihrer Werke in Frankfurt am Main im Jahr 2016 veranstaltete sie Workshops mit Flüchtlingen, in denen sie aus den Handybildern und Schilderungen der Menschen Erinnerungsbücher gestaltete und diese dann in die Ausstellung integrierte.

Leider lernt man aus der Geschichte, dass viele Themen sich nie ändern und stetig präsent sind, egal wer an den Hebeln der Macht sitzt. Die mexikanisch-US-amerikanische Grenze ist ein solches Thema, das Susan Meiselas seit ihren ersten Jahren als Fotojournalistin immer wieder behandelt. Außer den technisch immer ausgefeilteren Abschreckungs- und Überwachungsmöglichkeiten ändert sich scheinbar nichts. Der Druck und der Wunsch, über diese Grenze zu gelangen in der Hoffnung auf ein besseres Leben, sind immer noch genauso stark wie der Druck auf der anderen Seite, dies nach Möglichkeit zu verhindern. Es ist ein Katz-und-Maus-Spiel, das von wirtschaftlichen, politischen und sozialen Begebenheiten geprägt wird und sich immer wieder ändert. Susan Meiselas hat das Leid der Migranten lange genug dokumentiert und erkannt: »Wir sehen ihre Augen, aber wir wissen nicht, was ihre Augen gesehen haben oder was sie in uns sehen.«

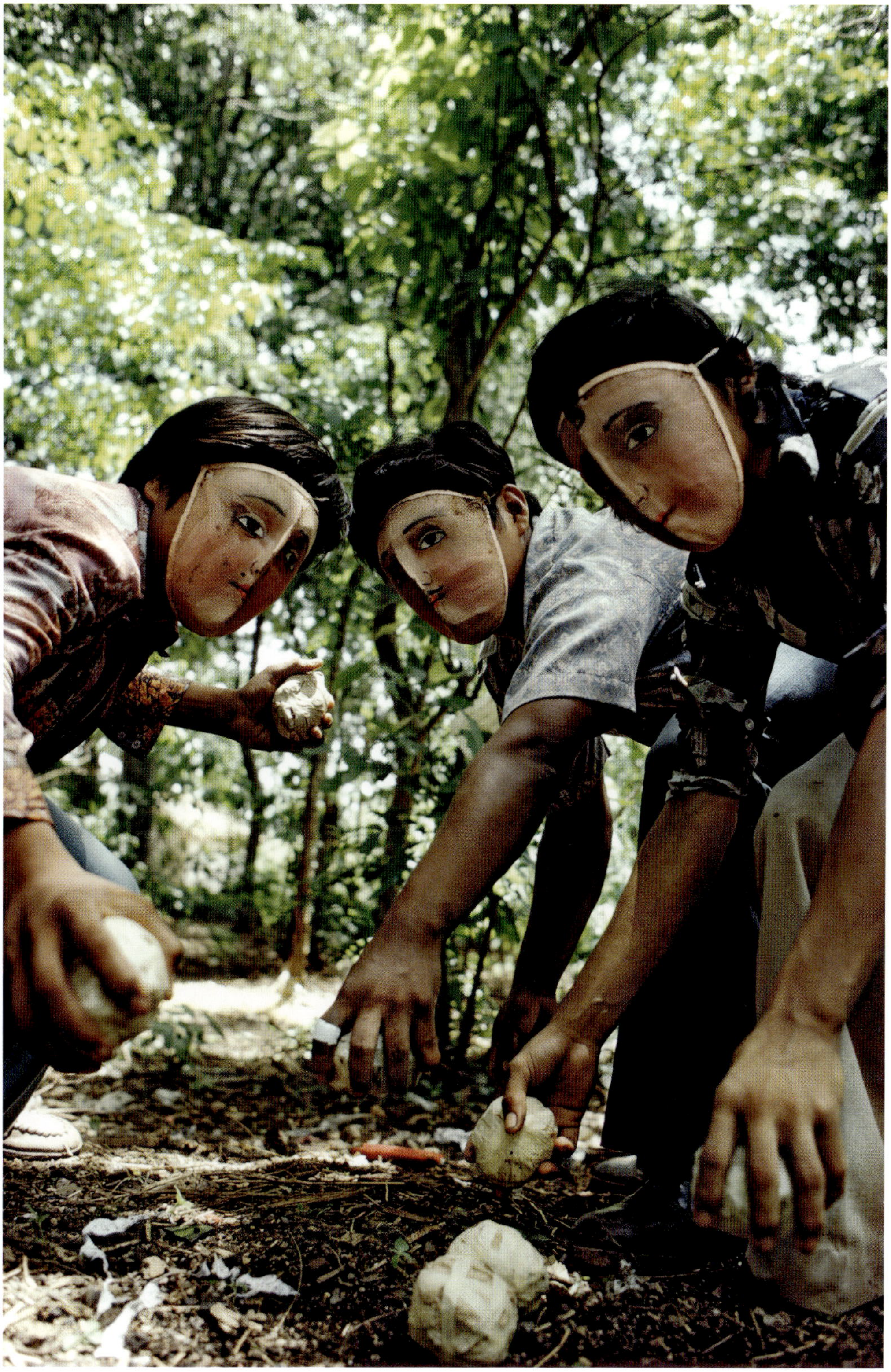

Jugendliche bei Wurfübungen mit Kontaktbomben im Wald, Nicaragua, Juni 1978

16

HIROSHI SUGIMOTO

Fotografien von Zen-hafter Ruhe und meditativer Kraft gepaart mit grafischer Strenge – verglichen mit Daido Moriyama oder Nobuyoshi Araki zeigt das Werk von Hiroshi Sugimoto eine andere kontemplative Seite der japanischen Fotografie.

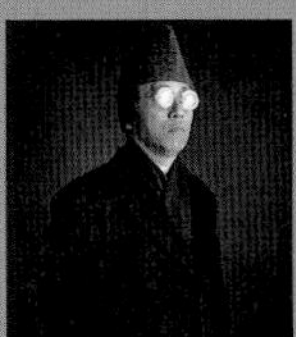

HIROSHI SUGIMOTO

1948 Geboren in Tokio, Japan.

Bis 1970 Studium der Politik und Soziologie in Tokio.

1974 Abschluss am Art Center College of Design, Los Angeles, und Umzug nach New York.

1976 Beginn der Serien *Dioramas* und *Theaters*.

1977 Erste Einzelausstellung in Tokio.

1980 Beginn der Serie *Seascapes*.

1989 Erhält den Mainichi Art Prize in Tokio.

1997 Beginn der Serie *Architecture*, in der er signifikante Gebäude unscharf, aber erkennbar ablichtet.

2001 Hasselblad Foundation Award.

2007/08 *Lightning Fields*.

www.sugimotohiroshi.com

»Als Medium ist die Fotografie interessant, weil sie jung ist und deswegen noch Raum zum Wachsen hat. [...] Ich habe einen Stil kreiert, mit dem ich ganz bewusst Eingang in die zeitgenössische Kunst finden kann, in einem Feld, das bisher unberührt geblieben ist.« Dieses Feld hat Hiroshi Sugimoto sehr erfolgreich bestellt. 2009 wurde er sogar mit dem Praemium Imperiale, interessanterweise in der Kategorie Malerei, geehrt.

Sugimotos Bilder entfalten ihre Kraft, wenn man sie längere Zeit betrachtet, wenn man sich auf sie einlässt, so wie sich Sugimoto selbst auf seine Motive einlässt. So werden seine Fotografien Meditationen über die Zeit, deren stetes Vergehen er sichtbar, vielleicht aber auch nur spürbar macht. Vor allem in seiner berühmten Serie *Theaters* (ab 1976) kommt dies zum Ausdruck, in der er Kinos fotografierte und die Belichtungszeiten so lange dauerten, wie der entsprechende Film lief. Ein ganzer Film auf einem Foto – etwas abstrakt zwar und im Zentrum der Bilder jeweils nur eine weiße Leinwand, aber dennoch ein spannendes gedankliches Experiment. Normalerweise macht die Fotografie die Vergänglichkeit des Augenblicks sichtbar, indem sie den Bruchteil eines Augenblicks aus dem Fluss der Zeit herausgreift und bewahrt. Bei Sugimoto geschieht genau das Gegenteil: Er macht die Dauer zum Thema, indem die Zeit durch seine Bilder fließt.

In vielen seiner Serien beschäftigt sich Sugimoto mit seinen wesentlichen Themen Zeit und Geschichte. Man kann sich natürlich fragen, was denn besonders sei, Wachsfiguren (1999) perfekt zu fotografieren oder die Dioramen (1976–2012) in einem naturhistorischen Museum abzulichten. Sugimoto entnimmt die Dinge jedoch durch seine Fotografien aus ihrem eigentlichen Kontext und konzentriert damit den Blick darauf. Dadurch wird die Betrachtung intensiviert und die Illusion von Realität erzeugt, was durch die Reduzierung auf Schwarzweiß zusätzlich verstärkt wird. Seine Serie *Seascapes* (ab 1980) ist wohl diejenige, die an Bekanntheit alle anderen übertrifft und sie in gewissem Sinne auch auf einen Punkt konzentriert: »Jedes Mal, wenn ich das Meer sehe, bekomme ich ein beruhigendes Gefühl von Sicherheit, als ob ich meine eigentliche Heimat besuchen würde. Ich schiffe mich auf eine Reise des Sehens ein.« Diese Reise führt Sugimoto zu den Horizonten der sieben Weltmeere und anderer großer Gewässer. Licht und Luft verdichten sich zur Atmosphäre und treffen auf das Wasser, getrennt von einem durch die Mitte aller Bilder verlaufenden Horizont, auch wenn dieser manchmal mehr zu ahnen als zu sehen ist. Wenn Geschichte und Zeit Sugimotos Hauptthemen sind, so sind die Bilder der Meere gleichsam die Essenz davon. Denn es sind die einzigen Landschaften, die sich nicht verändert haben und die wir noch genauso sehen wie alle unsere Vorfahren – eine einfache, aber durchaus bedenkenswerte Tatsache.

2007 fotografierte Hiroshi Sugimoto Negative von William Fox Talbot, einem der Erfinder der Fotografie und Erfinder des Negativ-Positiv-Verfahrens, und machte sie das erste Mal seit über 170 Jahren wieder als Positive sichtbar. Es ist dies wieder ein besonderes Umgehen Sugimotos mit Zeit und Geschichte und eine Hommage an die Fotografie.

Ligurian Sea, Saviore, 1993

17

ANNIE LEIBOVITZ

Wohl kaum eine Fotografin hat so viele Fotoikonen der Popkultur geschaffen wie sie, und kaum eine Fotografin hat eine ähnliche Bekanntheit erreicht wie Annie Leibovitz. Sie fotografiert die Größen aus Kultur, Sport und Politik für Magazine wie *Vanity Fair, Rolling Stone* oder *Vogue.*

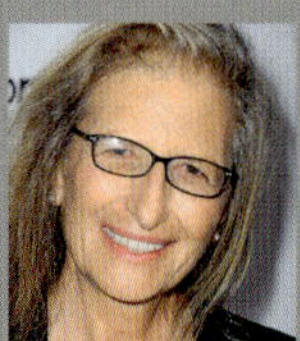

ANNIE LEIBOVITZ

1949 Geboren in Waterbury, Connecticut, USA.

1967–71 Studium der Schönen Künste am San Francisco Art Institute.

1973 Cheffotografin des *Rolling Stone.*

1975 Tournee mit den Rolling Stones.

Ab 1981 Fotografin für *Vanity Fair.*

1983 *Annie Leibovitz: Photographs.*

Ab 1987 Porträts für American Express.

1991 *Photographs 1970–1990.*

Ab 1993 Fotos für *Vogue.*

1999 *Women* (mit Susan Sontag).

2005 Commandeur de l'Ordre des Arts et des Lettres.

2011 *Pilgrimage.*

»She captures everyone who is anyone« – von den Rolling Stones, mit denen sie zu Anfang ihrer Karriere auf Tour ging, über Bill und Hillary Clinton, Donald Trump und Barack Obama bis zu Queen Elizabeth II. und John Lennon, von dem sie sein letztes Porträt am Tag vor seiner Ermordung machte: Die Celebrity-Fotografie des 20. Jahrhunderts ist wesentlich von Annie Leibovitz geprägt. Inzwischen ist sie für Magazine wie *Vogue*, trotz ihres meist immens hohen Budgets, eine Möglichkeit, an die Prominenten heranzukommen, die unbekannteren Fotografen wohl keine Zeit einräumen würden.

Bei der Zeitschrift *Rolling Stone*, für die sie von 1973 bis 1981 als Cheffotografin arbeitete, entwickelte Leibovitz ihr Konzept der erzählenden Porträts, nachdem sie vorher längere Zeit mit weißem Hintergrund im Stile von Richard Avedon gearbeitet hatte. Die Idee dahinter ist eigentlich simpel, aber vielleicht gerade deshalb auch so erfolgreich: Leibovitz nimmt sich für jedes Shooting ein Thema vor, das zu dieser Zeit mit den jeweiligen Stars zu tun hat. Sie beschäftigt sich mit deren Arbeit und entwickelt daraus ihre Bildideen: »Irgendwo in dem Material steckte die Essenz dessen, was das Bild ausmachen würde. Es brauchte gar keine große Idee zu sein, eine ganz schlichte genügte. Man könnte sogar sagen, je schlichter die Idee, desto besser.« So fotografierte sie Bette Midler auf einem Bett aus Rosen für ihren Film *The Rose*, die Blues Brothers mit blau geschminkten Gesichtern oder Whoopi Goldberg, die in ihrer One-Woman-Show ein Mädchen spielte, das glaubte, unter der schwarzen Haut weiß zu sein, nackt in einer Wanne voller Milch. Das wohl überzeugendste Bild entstand in Zusammenarbeit mit Keith Haring, der einen ganzen Raum und sich selbst in seinem Stil bemalte. Leibovitz fotografiert nicht gegen den Strich der Prominenten, sondern bestärkt, betont und schafft mitunter auch ein Image, das zu diesen Menschen und ihrer Arbeit passt. Die scheinbare Schlichtheit überzeugt, weil es eine Facette der jeweiligen Personen zeigt, die man ohnehin schon zu kennen glaubt. Die Bilder sind trotz des Aufwands oft schlicht, aber nicht platt.

1991 machte eines ihrer Titelbilder enorme Schlagzeilen, über die man sich heute nur noch wundern kann: Demi Moore, im achten Monat schwanger, nur mit einem Ohrring und einem schweren Brillantring »bekleidet«. Manche Zeitungsläden in den USA verkauften die Zeitschrift nur in Extrapapier verpackt, andere weigerten sich, sie überhaupt zu verkaufen. Leibovitz selbst hält das Bild nicht einmal für sonderlich gut: »Das Titelbild ist keine Fotografie, es ist Werbung. Es ist tatsächlich dafür gemacht, das Magazin zu verkaufen.« Was nicht heißt, dass Leibovitz sonst keine Werbung macht, ganz im Gegenteil. Neben ihren Arbeiten für Magazine fotografiert sie Werbekampagnen für große Firmen, wobei sie mit ihrem Konzept der erzählenden Fotografie mit immer aufwendigeren Bildinszenierungen große Erfolge feiert.

Seit Jahren verfolgt sie zudem ein Projekt, das sie mit ihrer ehemaligen Partnerin Susan Sontag (1933–2004) entwickelte und dessen erster Teil im Jahr 1999 als Buch unter dem schlichten Titel *Women* veröffentlicht wurde. Dabei fotografiert sie weltweit bedeutende Frauen aus den verschiedensten Bereichen.

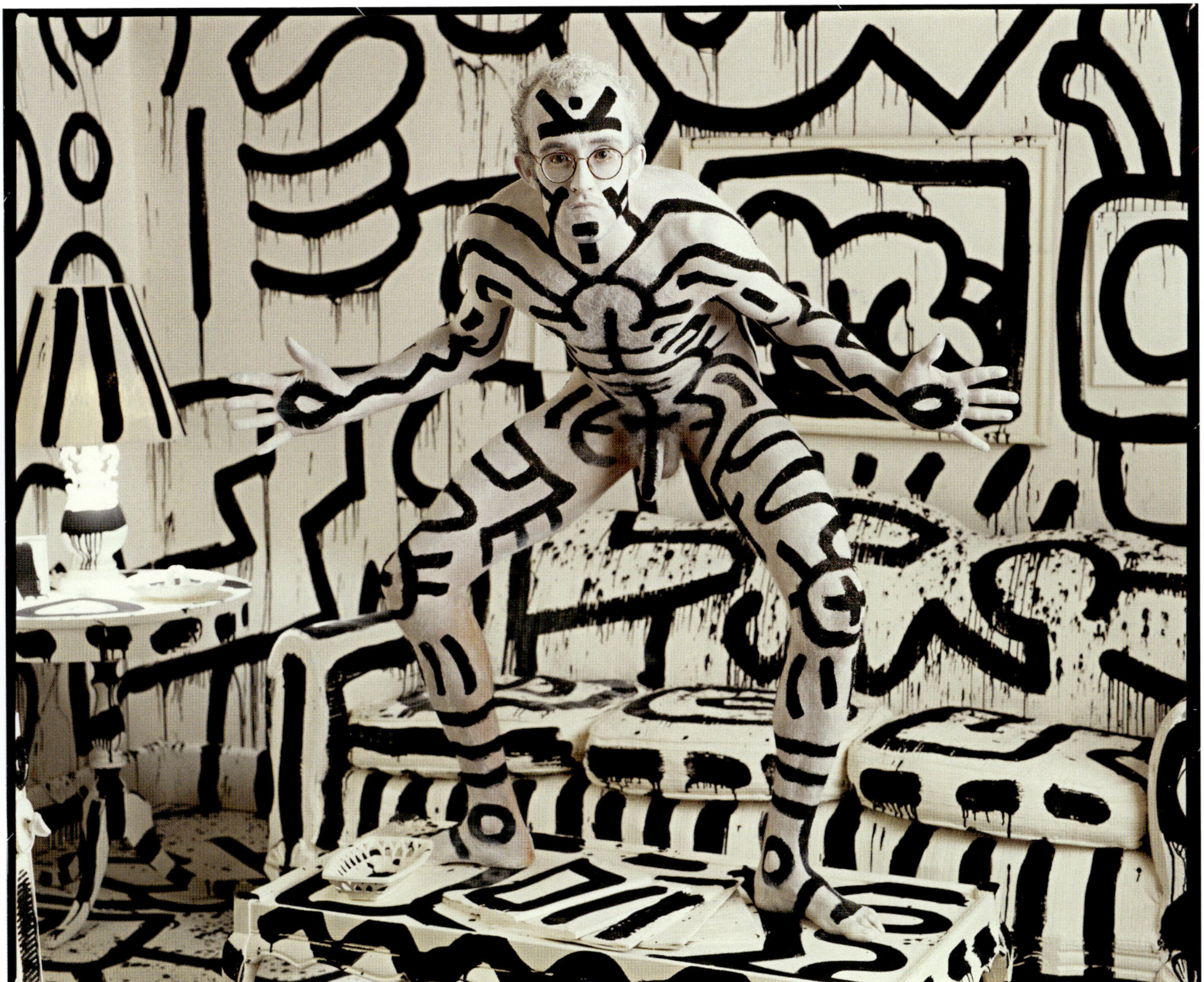

Keith Haring, 1986

18

ROGER BALLEN

Roger Ballen ist ein Solitär in der Fotografie und in der Kunst. Der in Südafrika lebende Amerikaner folgt keinerlei Moden oder Dogmen, sondern entwickelte seinen völlig eigenständigen Stil in einer Unabhängigkeit und Konsequenz, die selten anzutreffen ist.

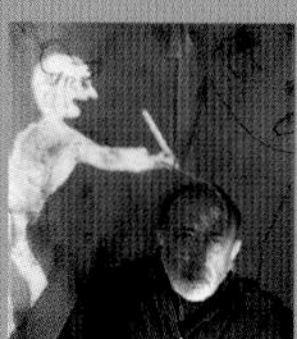

ROGER BALLEN

1950 Geboren in New York City, USA.

1972 Abschluss Psychologie-Studium.

1974–77 Reise durch Europa, Asien und Afrika (18 Monate in Südafrika).

1977 *Boyhood.*

1978–81 Studiert Geologie.

1982 Kauft eine Rolleiflex SLX.

1986 *Dorps: Small Towns of South Africa.*

1994 *Platteland: Images from Rural South Africa.*

2001 *Outland.*

2005 *Shadow Chamber.*

2009 *Boarding House.*

2012 Musikvideo *I Fink U Freeky.*

2014 *Asylum of the Birds.*

Lebt und arbeitet in Johannesburg, Südafrika.

www.rogerballen.com

Als Fotograf im Südafrika des Apartheidregimes fotografierte Roger Ballen nicht die Trennung von Schwarzen und Weißen mit all den absurden Begleiterscheinungen der menschenverachtenden Rassentrennung, sondern porträtierte in einem langjährigen Projekt fast nur Weiße. Damit erregte er umso mehr Aufmerksamkeit und erntete er umso mehr Kritik, als es sich dabei um die weiße Unterschicht handelte, die in der Propaganda der »Herrenrasse« so gut wie möglich verschwiegen worden war: Ungebildete, arme, debile, in dreckigen, heruntergekommenen Häusern vegetierende Weiße waren ein Tabu. Das wohl bekannteste dieser Fotos zeigt die Zwillinge Dresie und Casie, zwei tumb dreinschauende Männer in verdreckter Kleidung, denen Speichel aus den Mundwinkeln auf die Hemdbrust rinnt. 1994 erschien dazu das Buch *Platteland*, das international ein Erfolg wurde. In Südafrika brachte es Ballen jedoch einige Morddrohungen, Verhaftungen und den Ausschluss aus dem Künstlerverband ein.

In den folgenden Jahren wurden Ballens Bilder komplexer. Setzte er die Menschen bisher meist frontal und bildbestimmend in Szene, werden sie in den Serien *Shadow Chamber*, *Boarding House* und *Asylum of the Birds* (als Buch jeweils 2005, 2009 und 2014 publiziert) zu Elementen komplexer Stillleben, in denen malerische und skulpturale Elemente eine immer größere Rolle spielen. Diese unterschiedlichen gestalterischen Ansätze sind durch die fotografische Form miteinander verbunden: das Quadrat und den konsequenten Verzicht auf Farbe. Beides lässt allen Elementen im Bild denselben Raum und dieselbe Bedeutungsmöglichkeit. Die Bilder wirken mitunter wie das Ergebnis der freien Assoziation in der Psychoanalyse. Durch sie kann man auf Verdrängtes, auf das Unbewusste stoßen. Das ist, woran Ballen zunehmend interessiert ist: »Je älter ich werde, desto mehr muss ich zum Ursprung der Psyche gelangen.«

Die Bilder wirken bedrückend und klaustrophobisch und haben laut Ballen durchaus die Aufgabe, den Verstand zu verwirren. Das Unbehagen, das sie hervorrufen, ist beabsichtigt, soll doch etwas Rätselhaftes, Ungeklärtes im Betrachter zurückbleiben und sich in ihm einnisten, so dass er sich auf eine Reise in die eigene Psyche machen kann. »Wenn ich meine Fotografien gestalte, reise ich oft tief in mein Innerstes. Ein Ort, woher Träume und viele meiner Ideen stammen. Ich sehe meine Fotografien als Spiegel, als Reflexionen, als Verbindungsglieder, die den Geist herausfordern.«

Durch die Einbeziehung von Malerei und Skulptur werden Ballens Bilder vielschichtiger, aber auch schwerer lesbar. Anders als in den früheren Fotos geht es nicht mehr um die Menschen als Personen, vielmehr haben sie jetzt zunehmend symbolische Bedeutung, ebenso wie alle anderen Bildelemente der komplexen Kompositionen: »Das Foto ist eine Abstraktion der Wirklichkeit, die man nicht mit der Realität verwechseln sollte.« Was allerdings durchaus beabsichtigt ist, ist die albtraumhafte Wirkung – denn der Albtraum, so der Künstler, »konfrontiert uns mit der Wahrheit, er spielt kein Spiel mit uns, sondern teilt uns eine Botschaft mit, die bedeutsam sein kann. Schon möglich, dass wir die Botschaft nicht immer gut finden, aber sie kann von großer Wichtigkeit sein.«

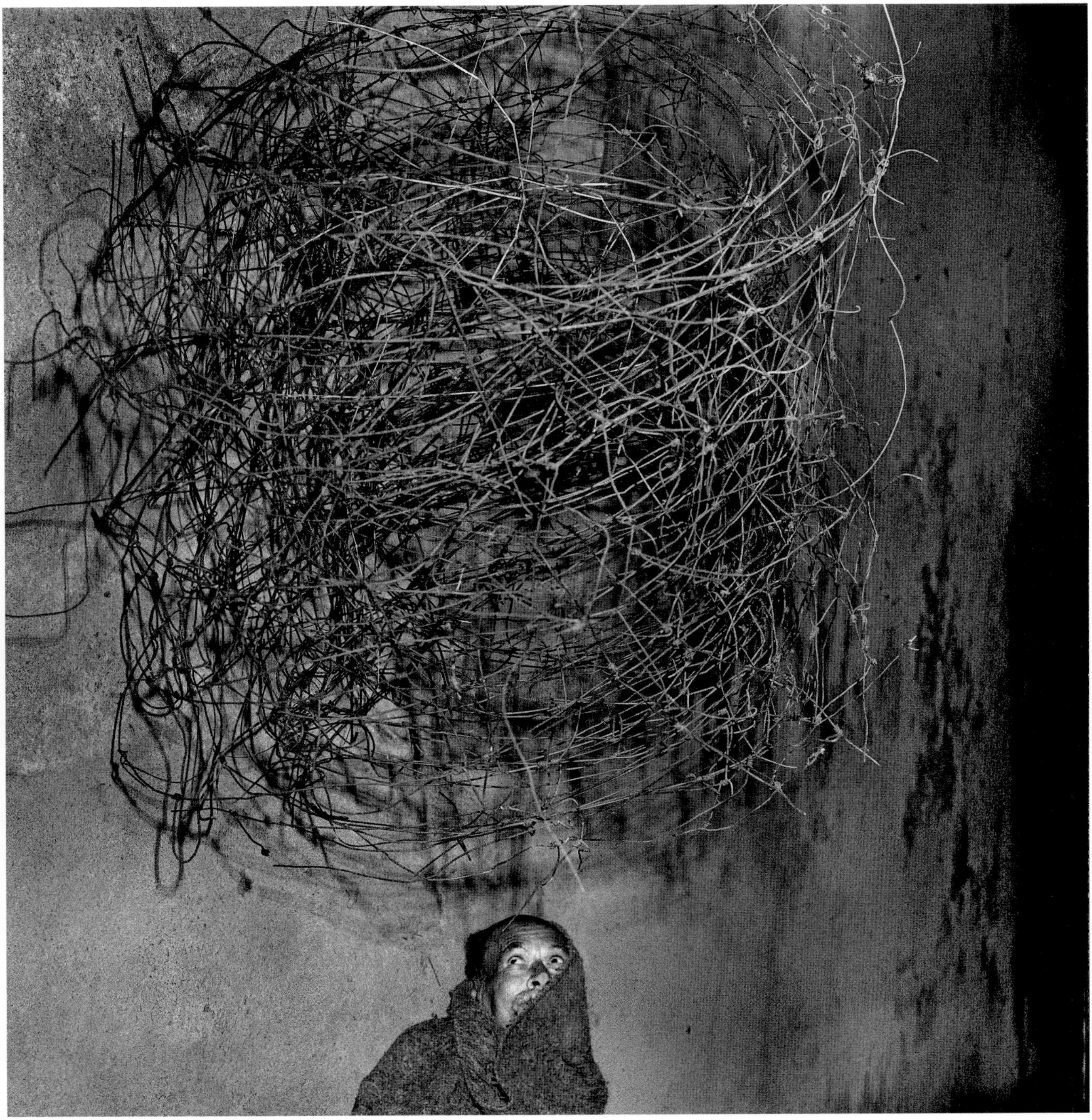

Twirling Wires (aus »Shadow Chamber«), 2001

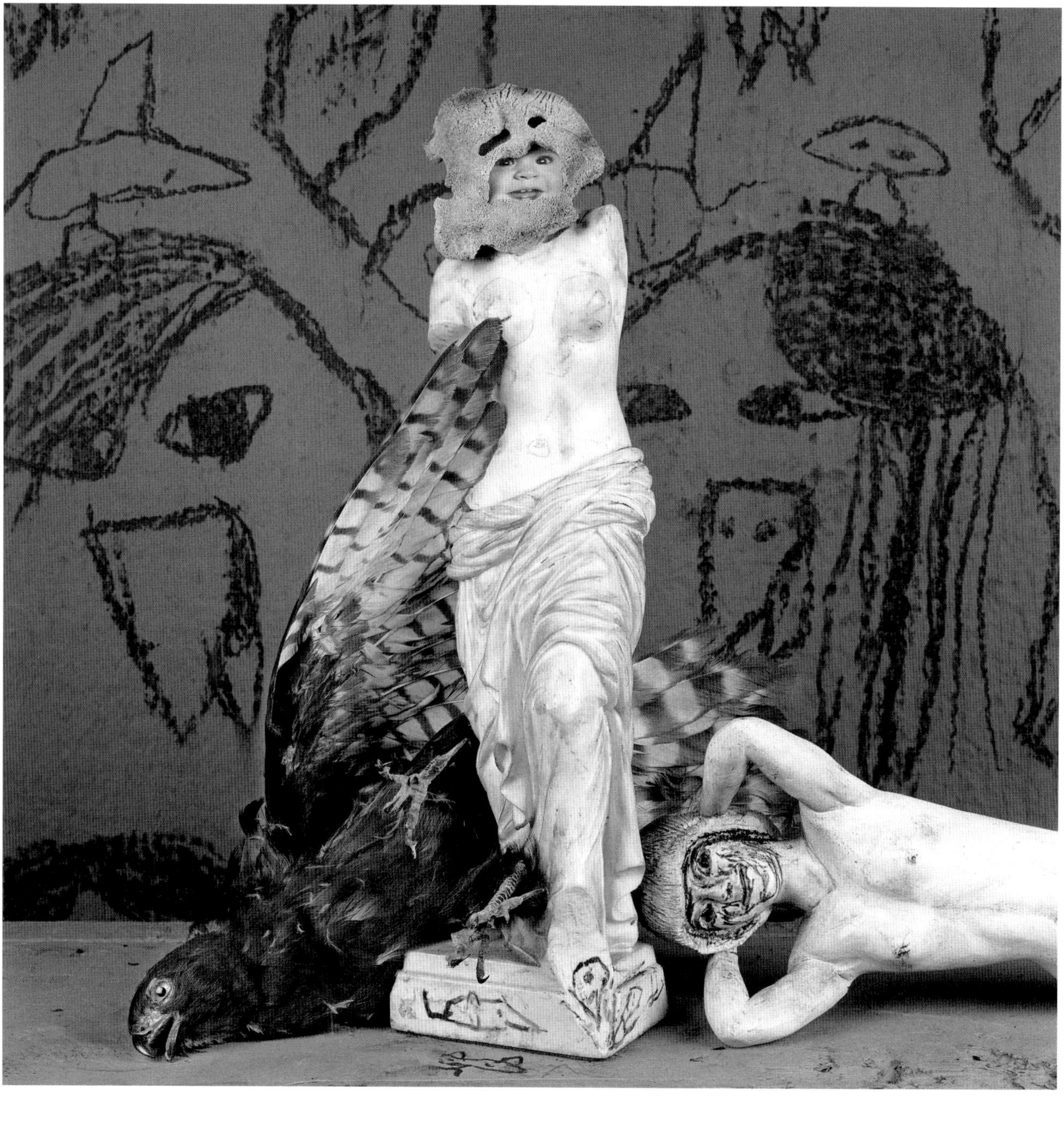

Fallen (aus »Asylum of the Birds«), 2011

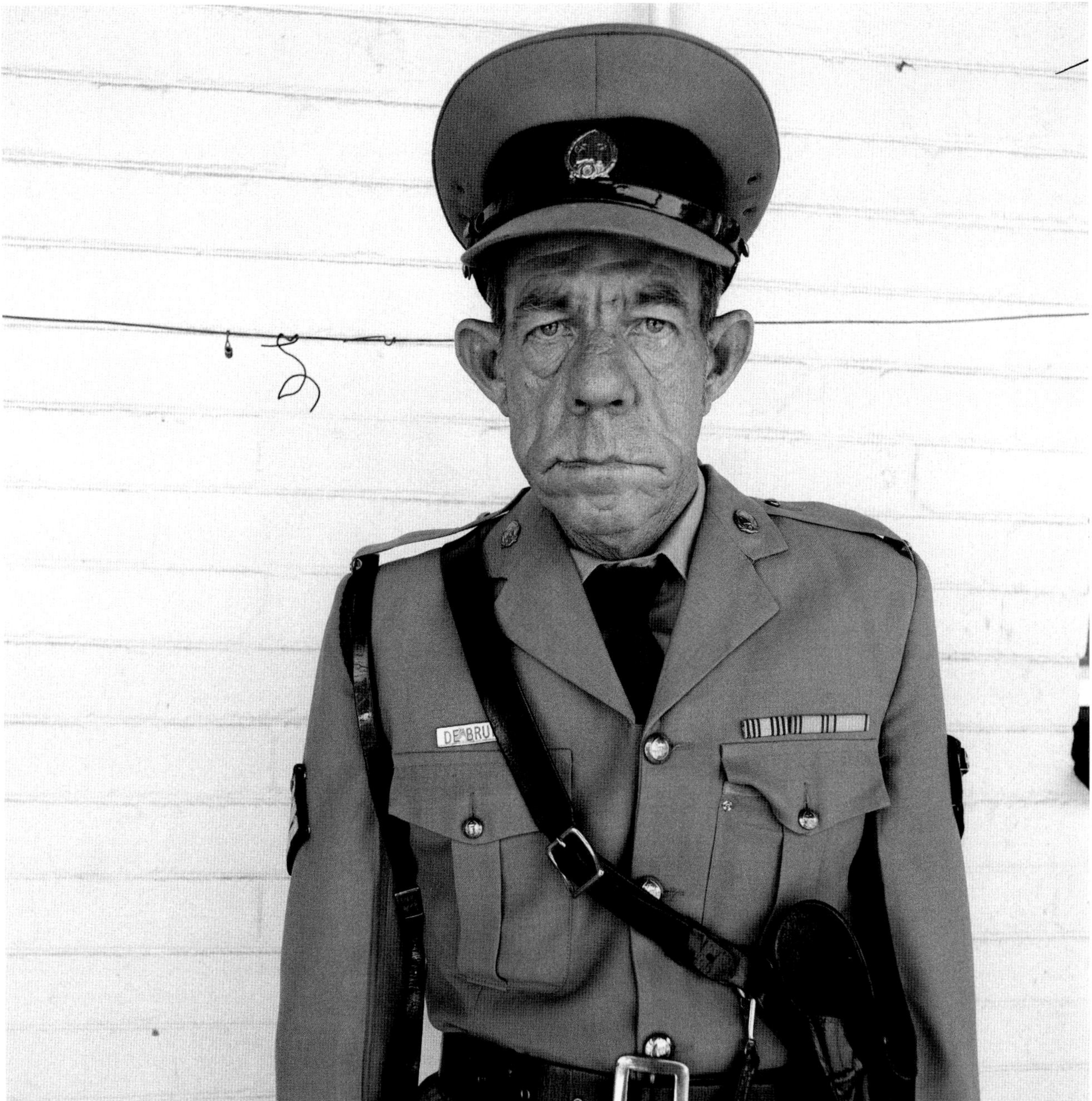

Sergeant F. de Bruin, Department of Prisons Employee, Orange Free State (aus »Platteland«), 1992

19

STEVE MCCURRY

2010 wurde Steve McCurry eine besondere Ehre zuteil: Er durfte mit der letzten Rolle Kodachrome 64 fotografieren, die hergestellt und entwickelt wurde. Wohl kaum ein Fotograf hat so viele Fotos mit diesem Film gemacht, die sich so ins kollektive Bildgedächtnis eingebrannt haben.

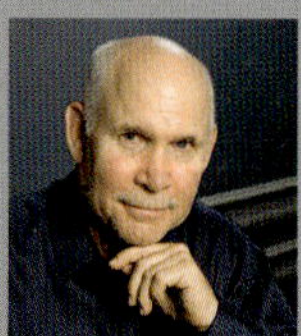

STEVE MCCURRY

1950 Geboren in Philadelphia, Pennsylvania, USA.

1976 Studiert Film und Geschichte an der Pennsylvania State University.

1979 Reise nach Indien, Pakistan, Afghanistan.

1980 Robert Capa Gold Medal.

1985 Vier erste Plätze bei World Press Photo.

Seit 1986 Mitglied bei Magnum Photos.

1992 Zwei erste Plätze bei World Press Photo.

Seit 2005 Ehrenmitglied der Royal Photographic Society.

Veröffentlicht viele Bücher und Reportagen in diversen Zeitschriften und Zeitungen weltweit.

www.stevemccurry.com
www.magnumphotos.com

Der Kodachrome 64 – dieser Film war für Steve McCurry das Material seiner Arbeit. Die 36 Aufnahmen der letzten Rolle bedeuteten für den Fotografen das Ende einer Ära: »Ich habe 30 Jahre mit ihm fotografiert und habe ein paar Hunderttausend Bilder auf Kodachrome in meinem Archiv. Ich versuche die 36 Bilder als eine Art Zusammenfassung zu fotografieren, um das Verschwinden des Kodachrome zu markieren. Es war ein wunderbarer Film.«

Die ersten Fotos von Steve McCurry, die Bekanntheit erlangten, waren allerdings noch schwarzweiß. Es war eine Reportage über die Mudschaheddin, die den sowjetischen Truppen nach dem Einmarsch in Afghanistan 1979 Widerstand leisteten. McCurry kam als Einheimischer verkleidet über Pakistan ins Land, als kaum mehr westliche Journalisten dazu die Möglichkeit hatten. Seine Bilder waren mit die ersten, die dazu veröffentlicht wurden, und zeigen schon viel von dem, was McCurrys späteren Ruhm als Fotograf ausmachen sollte: Er ist mitten im Geschehen und in intensivem Kontakt mit den Menschen, die er porträtiert. Seine Fähigkeit, schnell und empathisch eine vertrauliche Beziehung aufzubauen, half ihm dabei. Quasi mit einem Schlag machte sich der bislang unbekannte Fotograf damit einen Namen und gewann mit einer Reportage im Jahr darauf die begehrte Robert Capa Gold Medal für die beste Fotoreportage aus dem Ausland. Diese war schon in Farbe, und das sollte schließlich sein unverwechselbares Markenzeichen werden: satte, mitunter auch subtil eingesetzte Farben des Kodachrome.

»Das Wichtige in meiner Arbeit ist das individuelle Bild. Ich fotografiere Auftragsgeschichten, und natürlich müssen die auch stimmig zusammengesetzt werden. Das Wesentliche ist aber, dass jedes Bild für sich steht, mit seinem eigenen Raum und Gefühl.« Was ist das Besondere von McCurrys Bildern? Sie sind schlicht perfekt. In Komposition, Farbe, fotografischer Technik und vor allem in dem empathischen Gefühl, das er seinem Gegenüber vermittelt, was dazu führt, dass mit den Menschen, die ihm und seiner Kamera gegenübersitzen, außergewöhnliche Porträts gelingen, die dem Betrachter im Gedächtnis bleiben. Als McCurry 1984 eines der später berühmtesten Fotos der Welt machte, das Bild des »Afghanischen Mädchens«, hatte er gerade einmal zwei Minuten Zeit und wusste auch nicht, wie dieses zwölfjährige Mädchen hieß, das so intensiv in seine Kamera blickte. Erst 2002, als er und ein Team von *National Geographic* sich auf den Weg machten, eines der inzwischen bekanntesten Gesichter der Welt zu finden, erfuhr er ihren Namen: Sharbat Gula.

Obwohl McCurry so viele Kriege und Konflikte fotografiert hat – Afghanistan, Golfkrieg, Iran-Irak-Krieg, um nur ein paar wenige zu nennen –, sind es doch die Bilder aus einem friedlicheren Asien, die man vor dem geistigen Auge hat, wenn man an diese Weltregion und diesen Fotografen denkt. Seine Fotos sind auf gewisse Weise zeitlos und prägten das westliche Bild Asiens, ohne es dadurch zu verfälschen. Man kann Dinge auch immer anders fotografieren, denn »Kunst ist Natur, gesehen durch ein Temperament«, wie es Émile Zola einst sagte, und Steve McCurry hat wohl ein lyrisches Temperament.

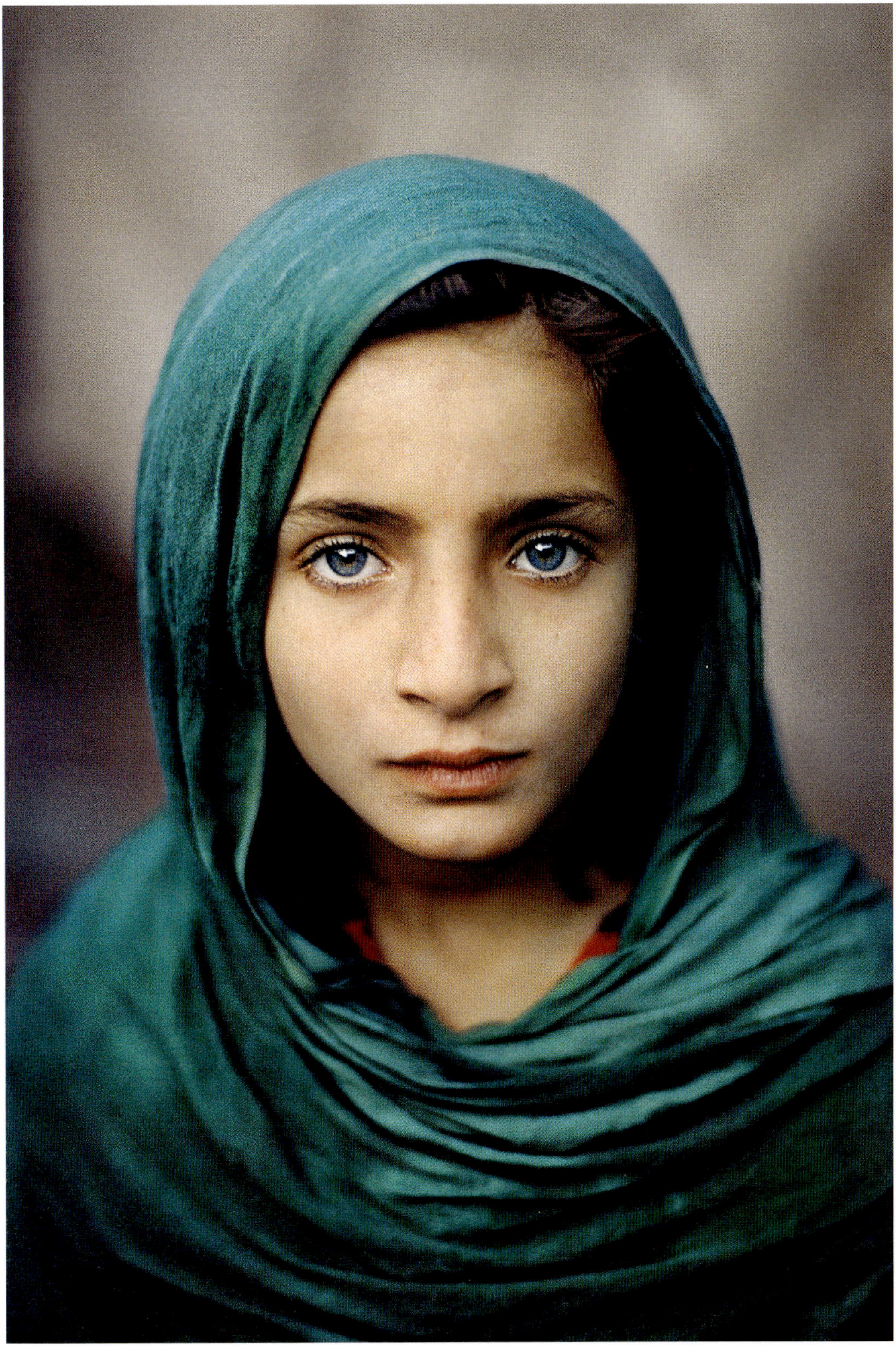

Peshawar, Pakistan, 2002

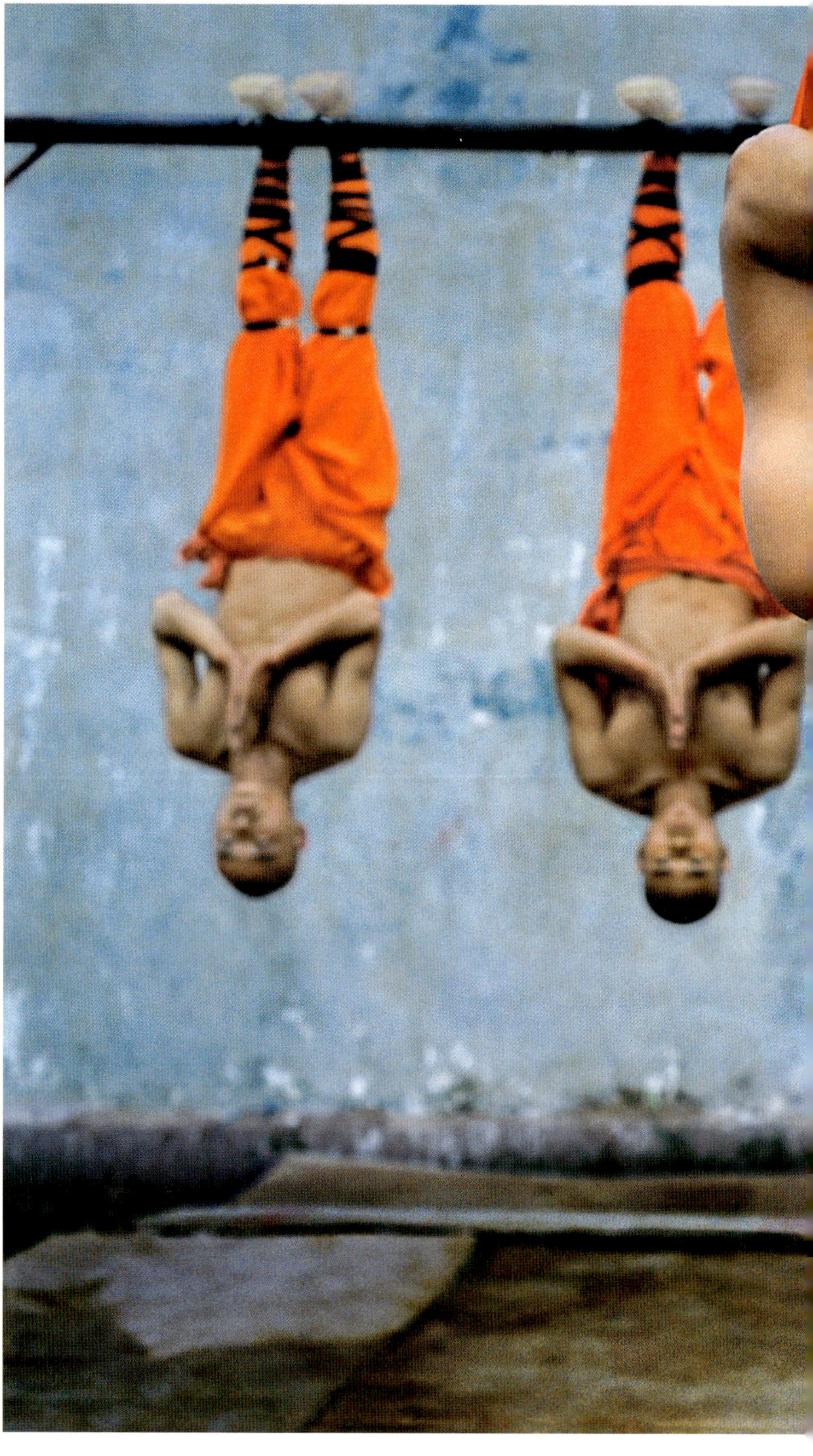

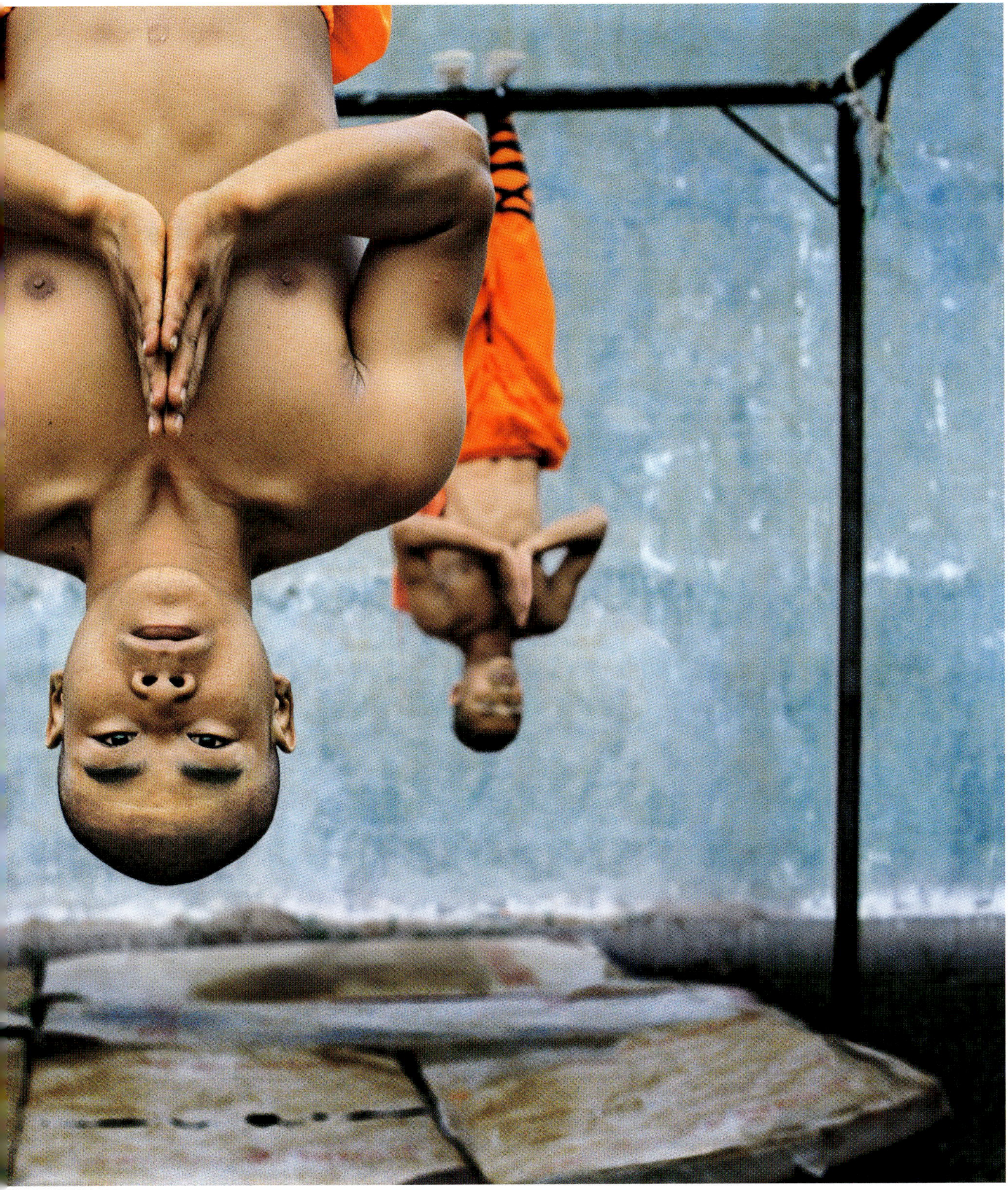

Shaolin Mönche beim Training, Zhengzhou, China, 2004

20

PHILIP-LORCA DICORCIA

»Ich habe mich eigentlich nie wohlgefühlt, wenn ich Menschen fotografiert habe.« Diese Aussage verblüfft, vor allem wenn es sich dabei um die des amerikanischen Fotografen Philip-Lorca diCorcia handelt, von dem fast kein Bild bekannt ist, auf dem kein Mensch zu sehen ist.

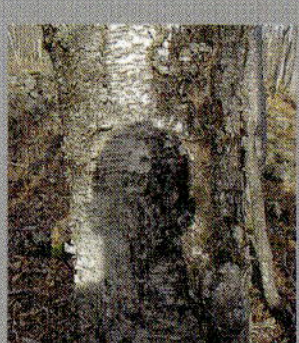

PHILIP-LORCA DICORCIA

1951 Geboren in Hartford, Connecticut, USA.

1975 School of the Museum of Fine Arts, Boston: Diplom.

1979 Yale University, New Haven, Connecticut: Master of Fine Arts.

1993 *Hustlers* als Einzelausstellung im Museum of Modern Art, New York.

1993–99 Serie *Streetwork* (fotografiert in Berlin, Tokio, Kalkutta, New York, Mexico City).

2004 Serie *Lucky 13* (Pole-Tänzerinnen).

2008 Serie *East of Eden* (nach den Eindrücken der Finanzkrise 2007).

Dozent an der Yale University, New Haven, Connecticut.

www.spruethmagers.com

Schon in den ersten Bildserien von Philip-Lorca diCorcia sind Menschen das Thema. Die Protagonisten sind Freunde und Familienmitglieder, die er genau arrangiert in fiktive Situationen und Zusammenhänge stellt, die jedoch aussehen sollen, als hätte der Fotograf sie zufällig gesehen und spontan fotografiert. Diese Mischung aus vorgeblicher Spontaneität und Arrangement führt er in seinen späteren Serien weiter. Sie wird gewissermaßen eines seiner Leitmotive. Im Jahr 1989 erhielt diCorcia ein staatliches Stipendium, das er für seine Serie *Hustlers* (»Stricher«; 1990–92) verwendete. Die Serie ist auch ein Seitenhieb auf die schwierige, bisweilen bigotte Diskussion um Aids – an dem sein Bruder gestorben war –, die sich zu dieser Zeit in den USA abspielte. DiCorcia fuhr dafür nach Hollywood, wo er Stricher bat, für seine Fotos zu posieren, und zwar genau für den Betrag, den sie sonst für ihre eigentlichen Dienste erhalten hätten. Daher die etwas eigenartigen Bildtitel, die etwa *Roy, »in his twenties«, Los Angeles, California, $50* oder *Marilyn, 28 years old, Las Vegas, Nevada, $30* oder *Brent Booth, 21 years old, Des Moines, Iowa, $30* lauten. Sie bezeichnen jeweils den Namen, das Alter, den Heimatort und die »Gage« der Modelle. Das Besondere an diCorcias Bildern ist die spezielle, manchmal metallisch präzise wirkende Lichtstimmung, die er mit mehreren Blitzgeräten erzeugt. Manche Bilder wirken wie eine moderne Version von Werken Edward Hoppers und handeln von der Einsamkeit der Menschen. Dabei geht es diCorcia nicht um die Persönlichkeit dessen, der tatsächlich vor der Kamera steht: »Menschen zu fotografieren ist für mich nichts Persönliches. Sie repräsentieren etwas für mich. Jede Person repräsentiert einen bestimmten Archetyp. Den setze ich in Szene, den arbeite ich manipulativ heraus – auch wenn dieser Mensch eigentlich ganz anders ist.«

Das Leitmotiv der Vereinsamung des Menschen, des Einzelnen als sein eigenes Universum mit all seinen Gedanken und Geheimnissen, wird in diCorcias wohl bekanntester, 2000–02 entstandener Serie *Heads* bildlich noch konzentrierter. Sie zeigt Menschen, die auf dem Times Square in New York unterwegs sind und in den Fotos wie losgelöst aus der Gesellschaft erscheinen. Die mitunter an Caravaggio erinnernde Lichtstimmung erzeugte diCorcia, indem er ferngesteuerte Blitze an ein Baugerüst hängte und die Personen mit einem Teleobjektiv genau dann fotografierte, wenn sie einen bestimmten Punkt passierten, auf den er das Licht und den Fokus eingestellt hatte. Die Fotos, die fast wie Studioaufnahmen wirken, entstanden mit einer analogen Mittelformatkamera. Für die 17 Bilder, die er schließlich für die Serie auswählte, machte er 3000 Aufnahmen. Dabei war für ihn interessant, wie wir alle als Menschen einander letztlich gleichen – weshalb die Auswahl schließlich auf jene fiel, die ihm anders, außergewöhnlich erschienen. Und auch in dieser Serie ist das Ergebnis eine Mischung aus Planung und Spontaneität, oder, wie es diCorcia ausdrückt: »Es ist sehr schwer, über ein Mittelmaß hinauszukommen. Man kann ein gutes Bild machen, aber diejenigen, die besonders sind, das sind die ›Gnade-Gottes-Dinge‹, für die ich danke sage.«

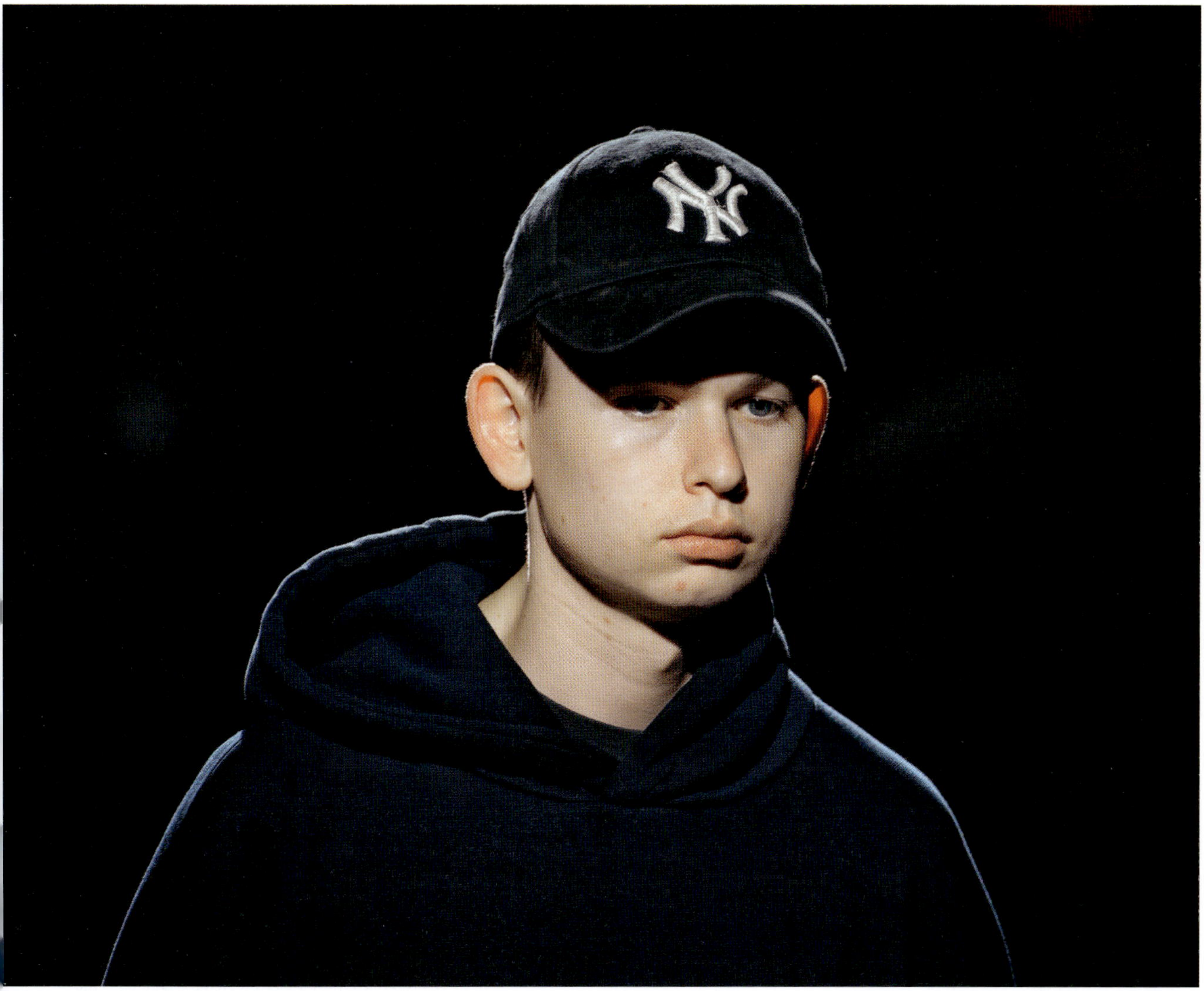

Head #10, 2002

21

SALLY MANN

Sally Mann wurde berühmt mit Fotografien, die sie von ihren Kindern machte. Diese Bilder waren allerdings umstritten, denn es sind Aufnahmen einer scheinbaren Idylle, in der die Kinder auch schon mal nackt zu sehen sind. Aber das ist nur eine Seite der erfolgreichen Fotografin.

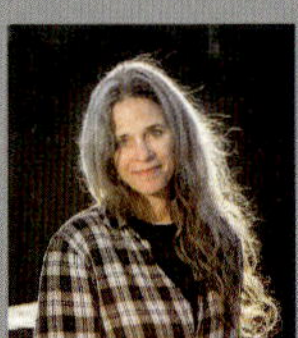

SALLY MANN

1951 Geboren in Lexington, Virginia, USA.

1974 Bachelor of Arts am Hollins College; 1975 Master in Kreativem Schreiben.

1977 Erste Einzelausstellung in der Corcoran Gallery of Art, Washington, D.C.

1984 *Second Sight.*

1988 *At Twelve: Portraits of Young Women.*

1992 *Immediate Family.*

2003 *What Remains.*

2005 *Deep South.*

2009 *Proud Flesh* (mit Bildern ihres Mannes, der an Muskulärer Dystrophie leidet).

2015 *Hold Still: A Memoir with Photographs* (Autobiografie).

www.sallymann.com

Sally Mann fotografierte ihre Kinder meistens in ihrem Sommerhaus im Shenandoah Valley. Die Bilder sehen auf den ersten Blick aus wie normale Schnappschüsse einer unbeschwerten Kindheit, und zu einem gewissen Teil sind sie das auch. Gleichzeitig sind es aber Inszenierungen, die Mann mit einer 8x10-Inch-Kamera aufnahm. Mit dieser Technik fallen spontane Schnappschüsse weg, dafür bekommen die Bilder ein besonderes Flair, das aus dem großen Format mit den entsprechend langen Brennweiten resultiert: weiche Unschärfen im Hintergrund und eine fast greifbare Präsenz der Kinder im Vordergrund. Es handelt sich um die Inszenierung einer arkadischen Kindheit, die Nicolas Poussin wohl genauso gemalt hätte – hätte er in Schwarzweiß und Kinder gemalt. »Vielleicht kreiere ich meine eigene Kindheit, wie ich sie mir gewünscht hätte, vielleicht bin ich auf der Suche nach meiner verlorenen Zeit«, so Sally Mann. Die Kindheit wird in ihren Fotos als ideale Zeit der Unschuld greifbar. Die Kinder erscheinen frei, fröhlich, selbstbewusst – und bisweilen auch unbekleidet. Das allerdings brachte Mann einige Kritik bis hin zum Vorwurf der Kinderpornografie ein und warf die Frage auf, ob man derartige Fotos veröffentlichen könnte. Das *Wall Street Journal* druckte 1990 ein Bild der vierjährigen Virginia nur mit Zensurbalken; das renommierte *Artforum* publizierte es gar nicht. Ob das tatsächlich der Sorge um die Kinder oder eher der in den USA verbreiteten Prüderie geschuldet war, lässt sich nicht mehr genau sagen. »Ich mache es Menschen gerne etwas unbehaglich. Es ermutigt sie, zu überdenken, wer sie sind und warum sie so denken, wie sie es tun«, meint jedenfalls die Fotografin.

Sally Mann irritiert durchaus gerne, vor allem mit Bildern, die den Tod thematisieren, der sie als natürlicher Teil des Lebens schon immer fasziniert hat. »Meine Arbeit wird aus Furcht und Schrecken gespeist«, sagt sie – einem Schrecken, der manchen Betrachter ihrer Serie *Body Farm* (2000/01) wohl ereilen könnte. Die Bilder der Folge zeigen verwesende Leichen, die Mann in der berühmten Versuchsanlage in der Nähe von Knoxville fotografierte, in der Verfall und postmortale Veränderungen von Körpern wissenschaftlich untersucht werden. Um einerseits den Schrecken nicht auf die Spitze zu treiben und andererseits die Vergänglichkeit zu veranschaulichen, verwendete sie das Kollodium-Nass-Verfahren. Es ist dies eine 1850 entwickelte Technik, bei der die gläserne Aufnahmeplatte erst kurz vor der Aufnahme mit feuchtem Kollodium bestrichen und mit Silbernitrat sensibilisiert wird und gleich nach der Belichtung entwickelt werden muss. Dabei erhält man spektakulär-eigenwillige Bilder, die eine ganz besondere Ausstrahlung haben.

Diese Technik nutzte Mann auch für ihre Bilder der Serie *Deep South*, in der sie den Landschaften des amerikanischen Südens, ihren Geheimnissen und ihrer, auch historischen, Vielschichtigkeit nachspürte. Laut eigener Aussage ist dieses Projekt eines ihrer liebsten. Dabei geht es der Fotografin, die sich ihrer Wurzeln im Süden sehr bewusst ist, auch um Fragen, die tief in die Geschichte reichen, zu Sklaverei und amerikanischem Bürgerkrieg: »Wenn man durch den Süden fährt, kommt man nicht umhin zu realisieren, dass die Landschaft nicht so wäre, wie sie jetzt ist, wenn nicht Hunderttausende von Sklaven dafür gelitten hätten und gestorben wären.«

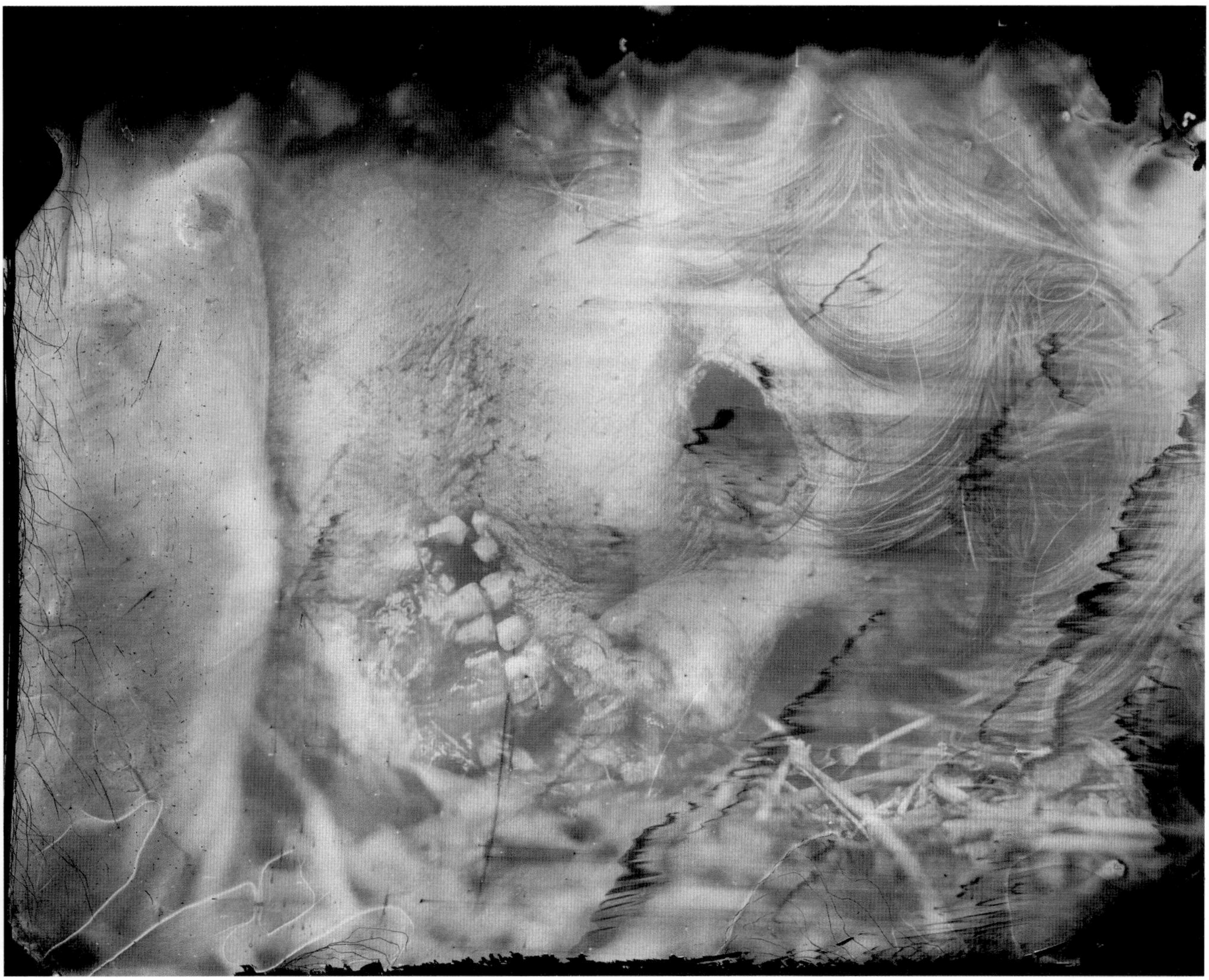

Aus »Body Farm«, 2000/01

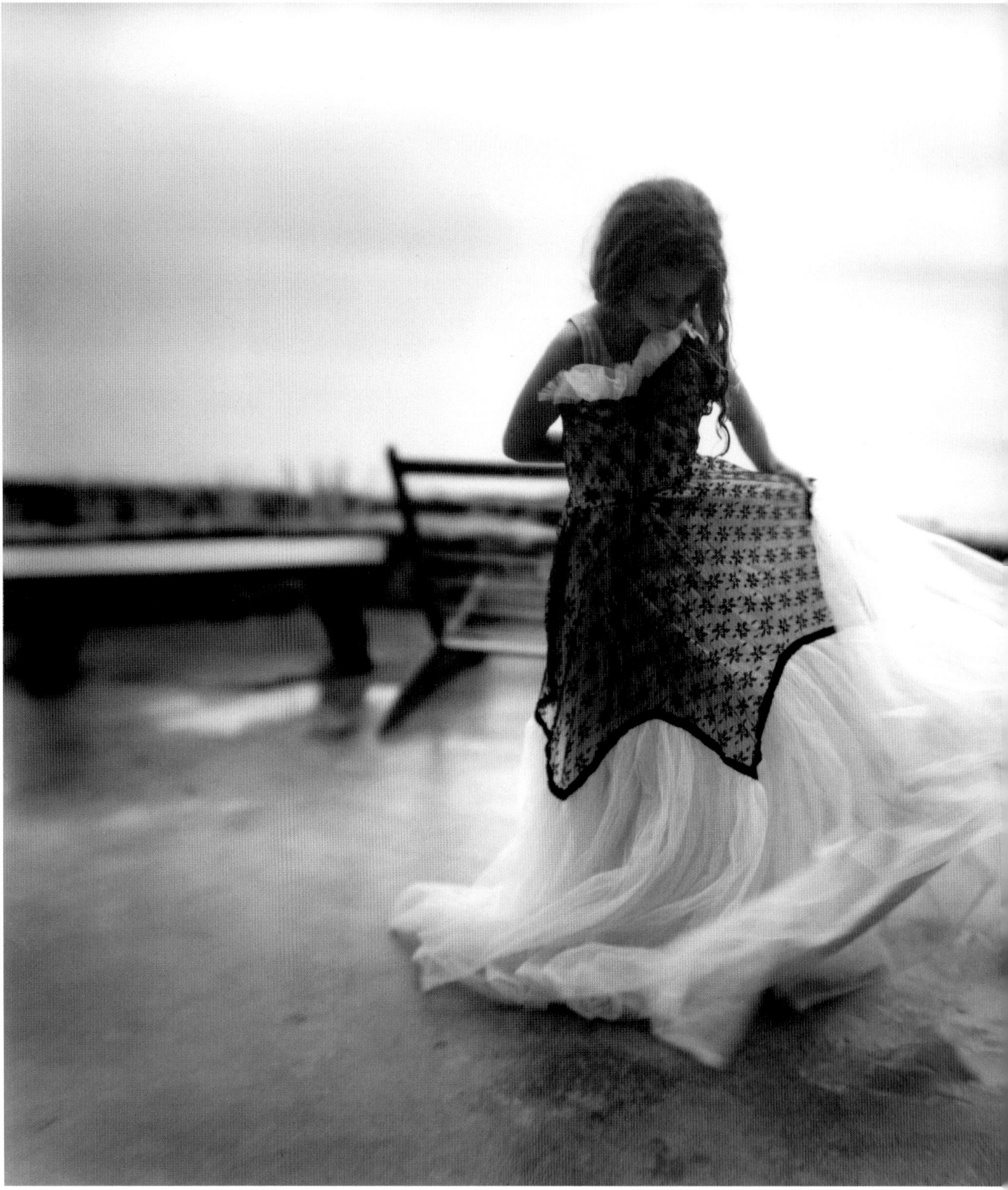

Virginia at 9, 1994

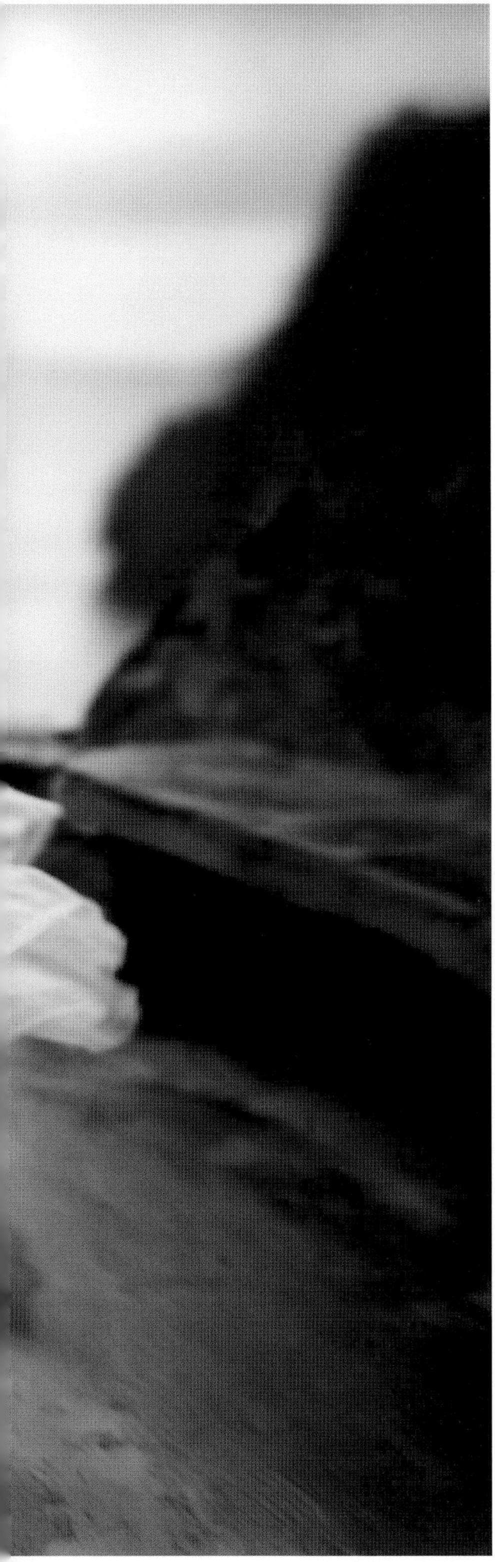

22

MARTIN PARR

Martin Parr zeigt uns die Welt, wie sie ist, und nicht, wie sie in der geschönten Werbepropaganda und den gephotoshopten Bildstrecken der Hochglanzmagazine erscheint. Diese Diskrepanz zwischen Werbewelt und Wirklichkeit ist das Spielfeld des Fotografen.

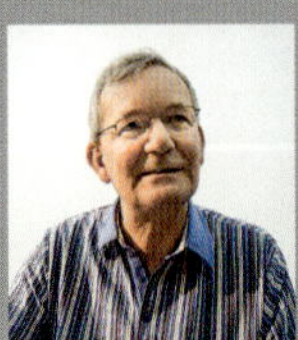

MARTIN PARR

1952 Geboren in Epsom, Surrey.

1970–73 Studium am Manchester Polytechnic, Faculty of Art and Design.

Ab 1975 Zahlreiche Lehraufträge.
Werbe- und Editorialfotos für diverse Zeitschriften.

1982 *Bad Weather* (schwarzweiß).

1986 *The Last Resort.*

1999 *Common Sense.*

2004 Künstlerischer Leiter des Festivals Les Rencontres d'Arles.

2004–14 *The Photobook: A History*, 3 Bde. (mit Gerry Badger).

2010 Gastkurator der Brighton Photo Biennial.

www.martinparr.com
www.magnumphotos.com

»Es gibt viele Kollegen, die es in den Krieg zieht. Mich aber zieht es in den Supermarkt um die Ecke, weil ich die Wirklichkeit dort zeigen möchte. Ich will, dass nicht nur die Dritte Welt dokumentiert wird, sondern auch die Erste.« Martin Parr fotografiert den ganz normalen Alltag, aber so direkt und unverblümt wie sonst keiner vor ihm. Seine Bilder sind entlarvend und bissig. Er zeigt Familien am Strand zwischen Baggern, Jugendliche in der Frittenbude, britische Speisen, ungeschickt gekleidete Touristen, Jetsetpublikum mit kleinen Makeln und Touristenmassen. Er beobachtet genau und drückt ab, wenn es peinlich oder skurril wird. Trotzdem sind seine Fotografien nie diffamierend oder gehässig, aber immer gewürzt mit britischem Humor.

Bevor Martin Parr 1994 zu Magnum kam, gab es eine heftige Diskussion darüber, ob »so ein Fotograf« der Agentur von Henri Cartier-Bresson und Robert Capa würdig sei. Manche meinten, mit seinen auf den ersten Blick amateurhaft wirkenden Bildern nehme er die Fotografie nicht ernst. Nur mit knapper Mehrheit wurde für die Aufnahme gestimmt, und Magnum wagte sich damit einen wichtigen Schritt nach vorn – hin zur Farbe und zu einer neuen Art fotografischer Ausdrucksweise und Gesellschaftskritik. Und das ist es, was Parr in seinen Fotos anstrebt, aber eben auf seine Weise: »Mein Ansatz ist es, die Verhältnisse in der Ersten Welt zu kritisieren, was wir mit dem Massentourismus anstellen, den Treibhauseffekt, die fehlende Nachhaltigkeit unserer Lebensweise und so weiter. Das sind meine Themen, aber ich verpacke sie unterhaltsam. Denn wenn Ernsthaftigkeit nur ernsthaft daherkommt, erreicht sie nichts, weil niemand davon wissen will.« Parr fotografiert nichts Exotisches, sondern den banalen Alltag, den aber in seiner Absonderlichkeit. Und zwar insofern, als er ihn nicht schönt: »Ich wollte die Dinge immer so zeigen, wie ich sie vorfinde, nicht wie wir sie uns vorstellen. Warum sollte ich lügen?« Es sind die Dinge, die wir im Alltag selbst gerne bereit sind auszublenden. Kleine und große Unstimmigkeiten, peinliche Outfits; oder scheinbar Normales: Massenphänomene, Essen. Seit Jahren verwendet Parr dafür die gleiche, schlichte Technik: Makroobjektiv und (Ring-)Blitz. Als er noch analog fotografierte, auch noch Amateurfilme wegen der bunteren Farben.

Wie viele Fotografen hinterfragt auch Parr sein Medium, allerdings auf seine Weise. In der Serie *Bored Couples* (1993) zeigt er Paare, die sich scheinbar nichts mehr zu sagen haben. Doch diese Interpretation ist eine Falle, denn natürlich kann auch im lebhaftesten Gespräch ein solcher Moment dabei sein, in dem es so scheint, als hätten sich die Personen nichts mehr zu sagen – ein Parr-typischer Hinweis darauf, der Fotografie nicht alles zu glauben. Zur Untermauerung der These ist eines der »gelangweilten Paare« er selbst mit seiner Frau.

Martin Parr ist ein Sammler. Ein Sammler seiner eigenen Beobachtungen, die er in seinen Bildern festhält (mit denen er bereits über 90 Bücher publiziert hat); ein Sammler von Fotobüchern (denen er schon drei Bände gewidmet hat); ein Sammler von kitschigen Devotionalien unterschiedlichster Herkunft. Er ist einer der einflussreichsten Fotografen unserer Zeit und trotz der anfänglichen Unstimmigkeiten wohl einer der wichtigsten Neuzugänge der Agentur Magnum – und seit 2014 ihr Präsident.

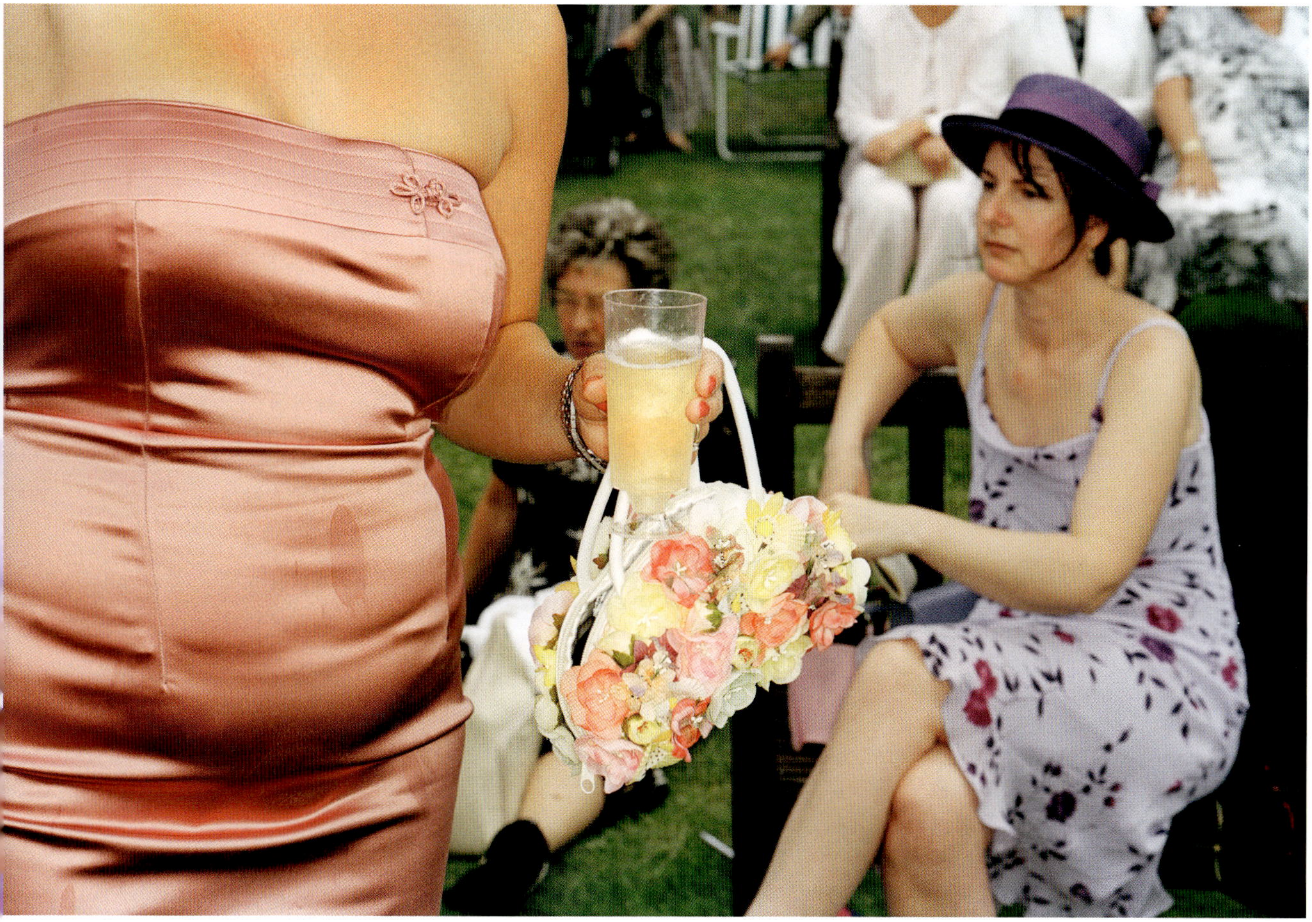

GB. England. Ascot (aus »Luxury«), 2009

23

ALEX WEBB

Als der amerikanische Fotograf Alex Webb eines Tages das Gefühl hatte, dass er mit der Fotografie in Schwarzweiß in eine Sackgasse geraten war, wechselte er zur Farbfotografie und wurde einer der interessantesten Fotografen, die mit Farbe arbeiten.

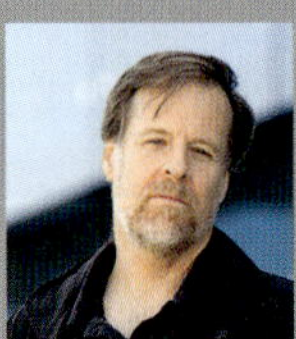

ALEX WEBB

1952 Geboren in San Francisco, USA.

1970–74 Studiert Geschichte und Literatur in Harvard und belegt Kurse in Fotografie am Carpenter Center for the Visual Arts.

Ab 1974 Freier Fotograf.

1976 Assoziiertes Mitglied bei Magnum Photos; 1979 Vollmitglied.

1986 *Hot Light / Half-Made Worlds: Photographs from the Tropics.*

1989 *Under a Grudging Sun: Photographs from Haiti Libéré 1986–1988.*

2000 Leica Medal of Excellence.

2003 *Crossings: Photographs from the U.S.-Mexico Border.*

2007 Guggenheim-Stipendium.

2011 *The Suffering of Light.*

www.magnumphotos.com
www.webbnorriswebb.co

Alex Webb, der ab 1976 assoziiertes Mitglied der Agentur Magnum wurde, fotografierte in dieser Zeit Dörfer und Kleinstädte im Süden der Vereinigten Staaten, und zwar, wie damals üblich, in Schwarzweiß. Gerade die Fotografen der Agentur Magnum waren, nicht zuletzt wegen ihrer Gründer Henri Cartier-Bresson und Robert Capa, Verfechter der Schwarzweißfotografie, obwohl selbst Cartier-Bresson manche Aufträge in Farbe fotografierte. Aber auch Lee Friedlander oder Garry Winogrand prägten mit ihren Schwarzweißbildern die Szene. Farbe war in der Dokumentarfotografie wie in der künstlerischen Fotografie noch verpönt.

1976 kam Alex Webb für einige Aufträge nach Haiti und Mexiko, und ihm wurde klar, was ihn in diese Sackgasse geführt hatte – Schwarzweiß reichte nicht mehr aus, um seine Eindrücke gerade in Mexiko oder in Ländern der Karibik, deren Kultur auch von ausdrucksstarken Farben bestimmt ist, fotografisch wiederzugeben. Dem intensiven Licht und den strahlenden Farben konnte er mit der traditionellen Schwarzweißfotografie nicht mehr gerecht werden, und so wechselte er 1978 zur Farbfotografie. Seitdem schuf er eines der beeindruckendsten und vielschichtigsten Werke auf dem Gebiet der Farbfotografie. Satte, tiefe, leuchtende Farben, harte Kontraste, aber auch pastellige Töne und sanfte Stimmungen kann Webb einfangen wie kaum ein anderer. Dazu kommt eine kompositorische Dichte und Tiefe in seinen Bildern, die durch die Einbeziehung von Durchblicken durch Türen und Fenster wie auch die häufige Verwendung von Spiegeln im Bild noch verstärkt wird.

Webbs erstes großes Werk in Buchform, *Hot Light / Half-Made Worlds* von 1986, zeigte Bilder aus Afrika, Mexiko, Asien und der Karibik. Dieser Bildband war nicht nur für Magnum ein Novum, sondern wurde auch allgemein als richtungsweisend angesehen. Was Joel Meyerowitz mit seiner Street Photography in New York machte, machte Alex Webb in der Reportage: Die Farbe wurde zum bestimmenden Ausdrucksmittel. Es folgten weitere Bildbände, wie beispielsweise *Under a Grudging Sun: Photographs from Haiti Libéré 1986–1988* über Haiti nach dem Sturz des Diktators »Baby Doc« Duvalier oder *From the Sunshine State: Photographs of Florida* (1996). Zwischen 1998 und 2005 reiste Webb wiederholt nach Istanbul und schuf hier seinen, wie er selbst sagt, »visuell einheitlichsten Werkkomplex, [...] weil Istanbul eine solch reiche und vielschichtige Stadt ist«. Und gerade diese Vielschichtigkeit der Kultur, der Architektur und der Geschichte kommt Webbs Art, Bilder zu machen, sehr entgegen.

Aber auch der große Meister der Farbe kam noch einmal zur Schwarzweißfotografie zurück. Für das Buch *Memory City* (2014) über die Stadt Rochester, die »Heimat« von Kodak, das er mit seiner Frau Rebecca Norris Webb zusammen machte, verwendete er unter anderem seine letzten Rollen Kodachrome, die allerdings nur noch schwarzweiß entwickelt werden konnten. Webb meint dazu, für Fotografen verständlich wehmütig: »Es scheint angemessen für dieses Projekt, das Rochester erkundet – es sagt etwas über Erinnerung, Zeit und das mögliche Verschwinden des Films.«

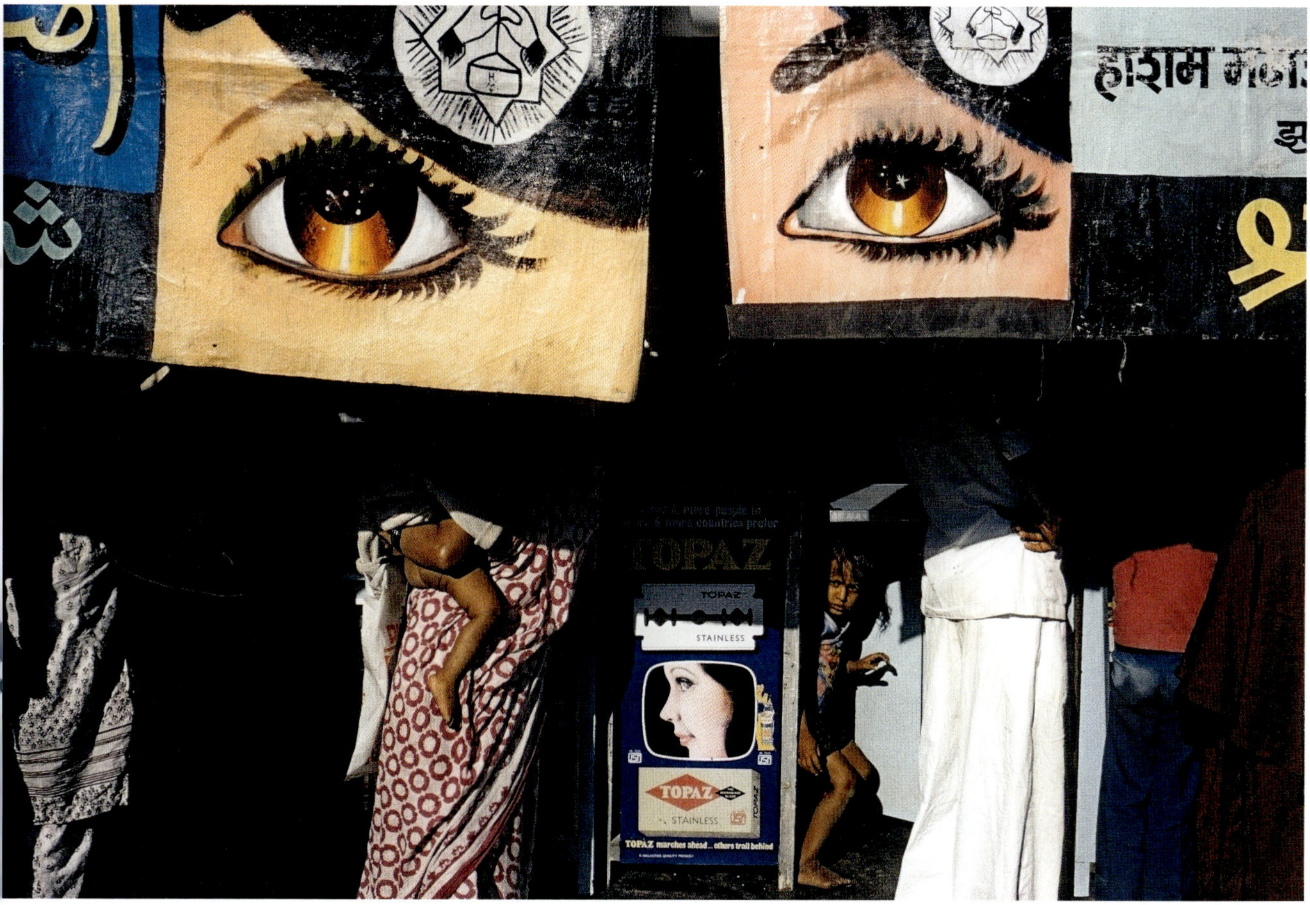

Bombay, Indien, 1982

24

SOPHIE CALLE

Sophie Calle ist eine der berühmtesten französischen Künstlerinnen und war in den 1980er Jahren eine Vorreiterin der Konzeptkunst. Zu ihren Kunstwerken, die sich mit dem Leben, der Liebe und dem Tod beschäftigen, gehört neben Texten und Installationen auch die Fotografie, quasi als »Beweismaterial«.

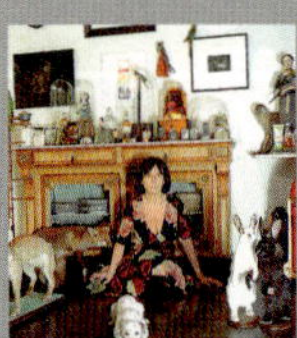

SOPHIE CALLE

1953 Geboren in Paris.

Arbeitet als Bardame, Tänzerin, später auch als Stripteasetänzerin.

Bis 1979

Siebenjährige Reise, die sie auch nach Kalifornien führt, wo sie mit der Fotografie beginnt.

Inszeniert ihre erste künstlerische Arbeit.

1979 *The Sleepers.*

1980 *Suite vénitienne.*

1981 *The Hotel; The Shadow.*

1983 *The Address Book.*

1996 *The Eruv of Jerusalem.*

2003 *Room with a View.*

2007 Biennale von Venedig: *Take Care of Yourself*, interpretiert von 107 Frauen.

2010 Hasselblad Foundation Award.

Der amerikanische Schriftsteller Paul Auster, für dessen Figur der Maria in seinem 1992 erschienenen Roman *Leviathan* Sophie Calle Pate stand, meinte über ihr Werk: »Sie schreibt und fotografiert, doch ist sie keine Schriftstellerin und keine Fotografin.« In ihrer Unbestimmtheit ist diese Charakterisierung durchaus treffend. Als Calle nach einer mehrjährigen Weltreise in ihre Heimatstadt Paris zurückkehrt, beginnt sie mit ihren künstlerischen Projekten, bei denen anfangs eines zum nächsten führte. Zunächst um ihr Paris wieder neu zu entdecken, verfolgte sie fremde Menschen in der Stadt und dokumentierte mit Stift und Kamera ein paar Momente in deren Leben. Damit war angelegt, womit sie später berühmt und eine Wegbereiterin der Konzeptkunst werden sollte: Sie inszeniert ein Spiel, dessen Regeln sie für sich und die anderen, die davon nichts wissen, festlegt. Es sind kleine Ausschnitte aus dem Leben anderer oder auch aus ihrem eigenen, aus denen sie Kunst macht. Es sind Projekte mit einem gewissen voyeuristischen Ansatz. Sie verfolgt, begleitet und dokumentiert für eine gewisse Zeit das Leben eines anderen, der sich zu einem bestimmten Zeitpunkt an einem bestimmten Ort aufgehalten hat. Neben ihren schriftlichen Aufzeichnungen setzt sie die Fotografie als »Beweismaterial« ein und verwendet sie dabei in einer ihrer ureigensten Aufgaben und Möglichkeiten: das aufzunehmen, was ist. Einer Fotografie unterstellt man in der Regel, dass sie das zeigt, was tatsächlich geschieht und sich vor dem Objektiv befindet. Man schreibt ihr dabei eine höhere Glaubwürdigkeit zu, als man beispielsweise einer Zeichnung derselben Szene zubilligen würde. So »verfolgte« Calle etwa einen flüchtig Bekannten ohne dessen Wissen bis nach Venedig und fotografierte und dokumentierte in detektivischer Manier seinen dortigen Aufenthalt (*Suite vénitienne*, 1980). Da das Hotel eine Grenze war, die sie nicht überschreiten konnte, ließ sie sich ein Jahr später als Zimmermädchen in einem venezianischen Hotel anstellen und fotografierte in den Zimmern das Gepäck und sonstige Hinterlassenschaften der Gäste (*The Hotel*, 1981). Immer steht dabei die Offenlegung des Privaten im Raum, das Sichtbarmachen des Verborgenen, des fremden oder auch des eigenen: In dem Projekt *The Shadow* (1981) ließ sie sich von einem von ihrer Mutter beauftragten Detektiv beschatten. Seine professionellen Recherchen in Text und Bild stellte sie ihren eigenen Beobachtungen und Aufzeichnungen dieses Tages gegenüber. Noch dazu ließ sie wiederum den Detektiv von einem Freund beobachten … Es geht in Calles Werken immer um ein Spiel mit Wahrheit und Fiktion, mit Schein und Sein: »Man nimmt ein bisschen Wahrheit und arbeitet damit. Die Dinge werden zur Fiktion, weil ich versuche, daraus einen Text zu machen.« Ihre Mutter meinte dazu: »Du hast die Menschen wunderbar an der Nase herumgeführt.«

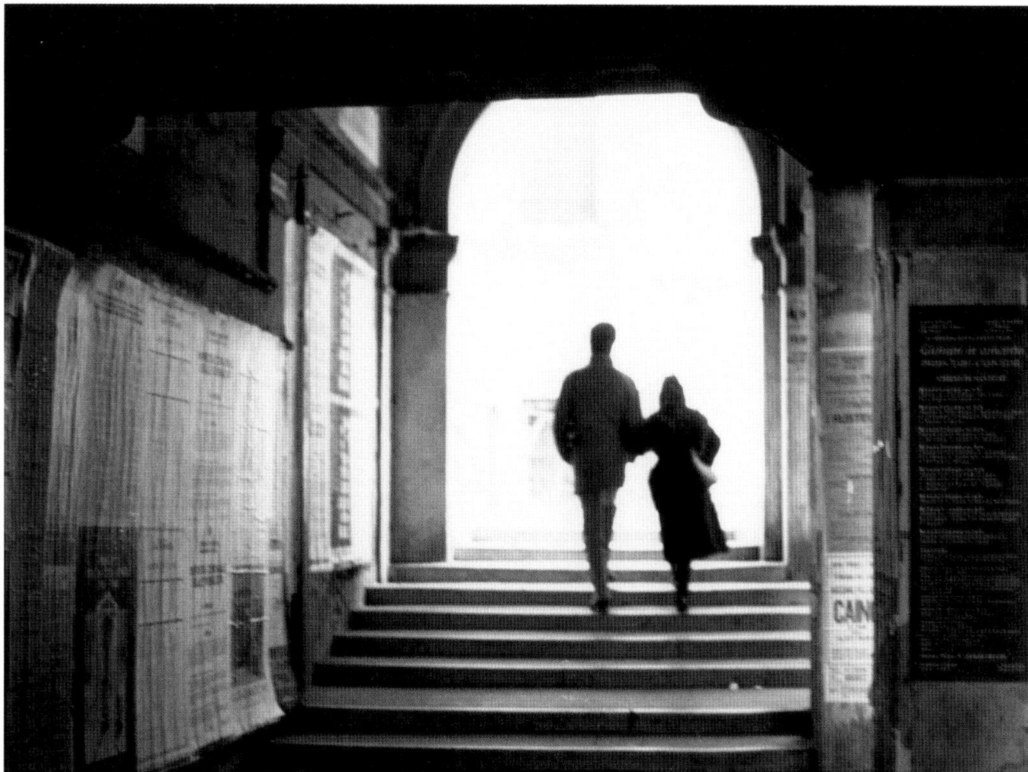

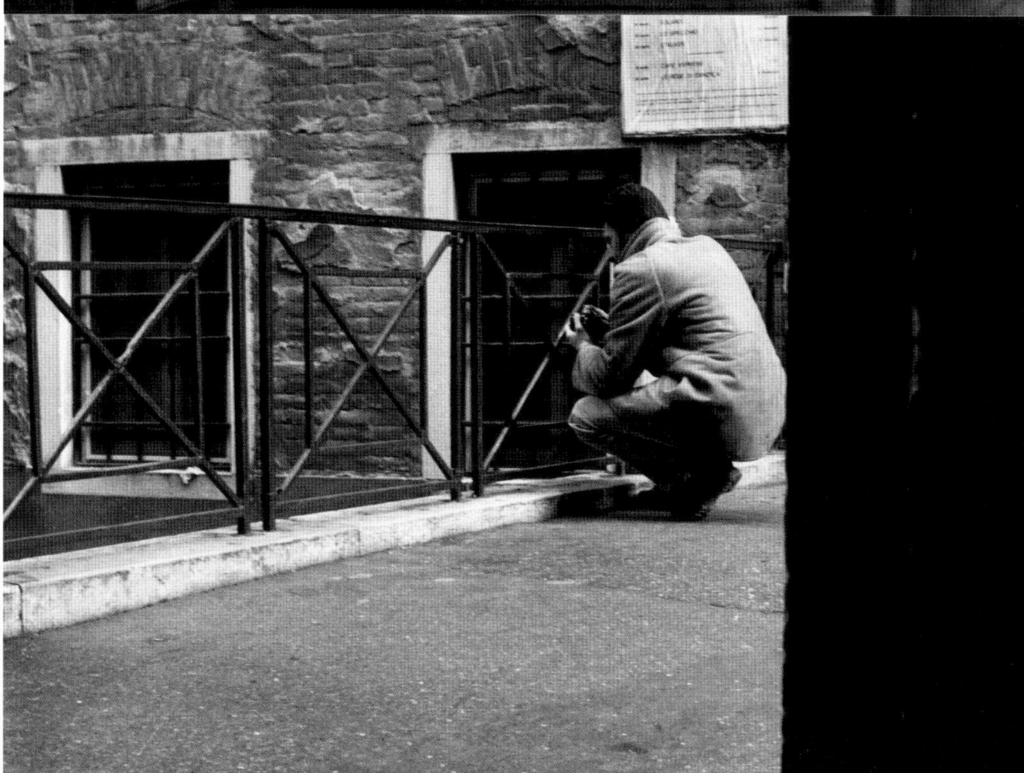

Aus »Suite vénitienne«, 1980

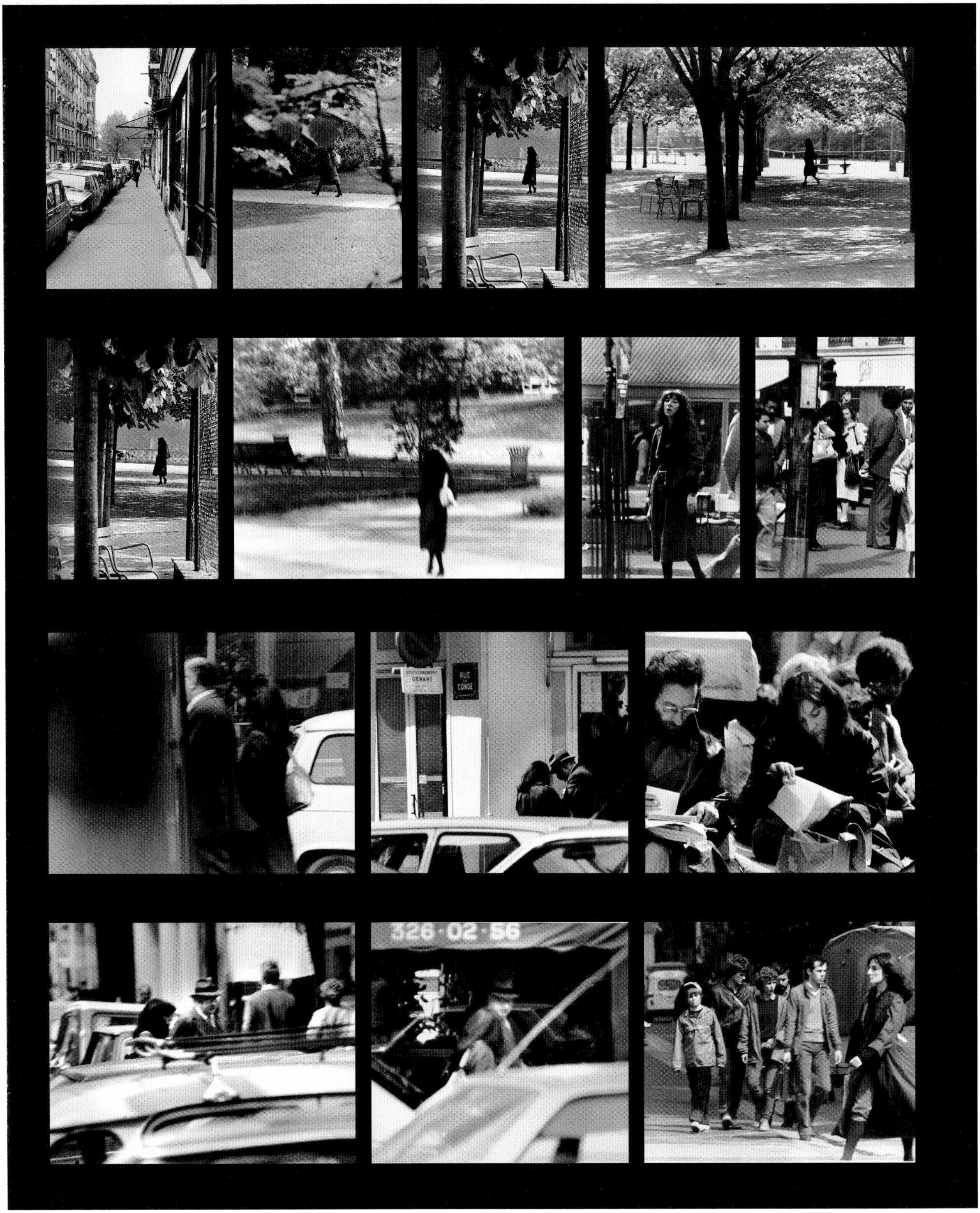

Aus »The Shadow«, 1981

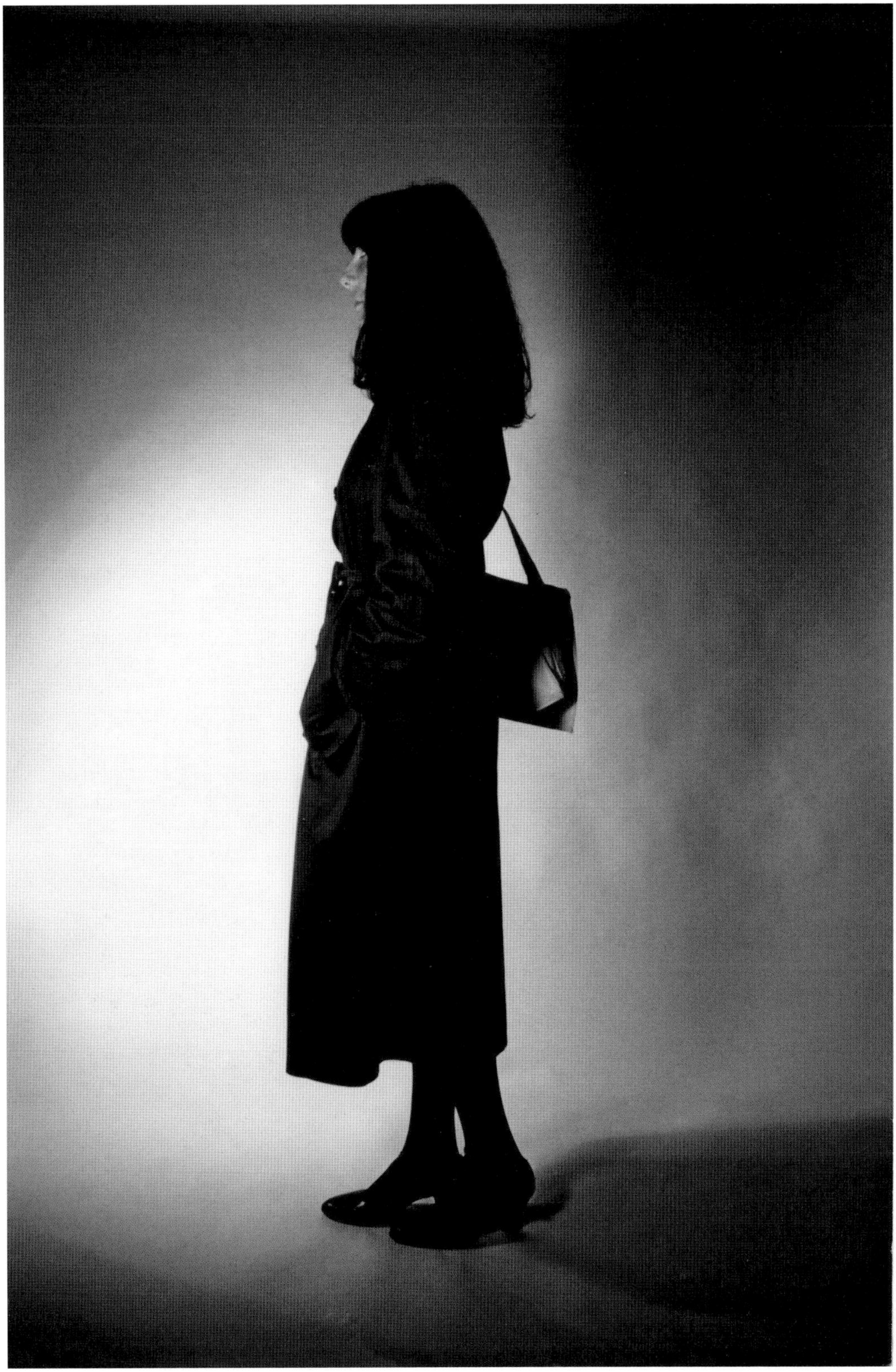

Aus »The Shadow«, 1981

25

NAN GOLDIN

Um die Erschütterung in der Fotografie nachvollziehen zu können, die die Fotos von Nan Goldin auslösten, muss man sich die Zeit der 1980er Jahre ins Gedächtnis rufen: Popkultur, schicke Yuppies, Aerobic, Börsen-Hype und in der Kunstfotografie meist edles Schwarzweiß.

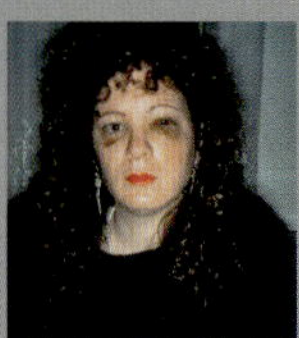

NAN GOLDIN

1953 Geboren in Washington, D.C., USA.

1973 Erste Soloausstellung in Boston, Massachusetts.

1974–78 Studium an der School of the Museum of Fine Arts, Boston.

Ab 1982 Mehrere Aufenthalte in Berlin.

1986 *Die Ballade von der sexuellen Abhängigkeit* (Buch).

1993 *The Other Side.*

2003 *Luzifers Garten.*

2009 Gastkuratorin des Festivals Les Rencontres d'Arles.

2014 *Eden and After.*

Lebt und arbeitet in New York, Paris, Berlin.

www.matthewmarks.com

Als Nan Goldin 1986 ihr Buch *Die Ballade von der sexuellen Abhängigkeit* veröffentlichte, schlug es ein wie eine Bombe. Schon vorher hatte sie die Bilder, als Diashow mit Musik unterlegt, in immer neuen Variationen in New Yorker Clubs gezeigt und damit für Aufsehen gesorgt. Die berühmten Fotografen ihrer Zeit berichteten von fernen, exotischen Ländern. Goldins Fotos entstanden daheim in ihrem Umfeld. Sie wollte keine fremden Welten fotografieren, sondern ihre eigene; sie wollte ihr eigenes Leben erzählen. Und das spielte sich in der New Yorker Subkultur zwischen Homosexuellen, Dragqueens, Fixern ab, ein Leben mit Alkohol, Sex und Drogen. Für viele Betrachter war aber gerade das eine ferne, exotische Welt der gesellschaftlichen Randgruppen. Nan Goldin und ihre Freunde begriffen sich jedoch nicht als solche: »Es gibt das Missverständnis, dass meine Arbeit von Randgruppen handelt. Aber wir waren keine Randgruppe, denn wir waren die Welt. Wir kümmerten uns nicht darum, was die Heteros (normale Leute) von uns dachten.«

Goldin zeigt intimste Momente ihres und des Lebens ihrer Freunde oder, wie sie es nennt, ihrer Ersatzfamilie. Schonungslos offen fotografiert sie sie in ganz privaten Situationen, beim Sex oder Drogenkonsum. Und sie selbst nimmt sich dabei nicht aus. Sie ist keine Voyeurin, sondern selbst Teil des Geschehens. Geradezu eine Ikone wurde ihr Selbstporträt mit Brian, ihrem damaligen Freund, der nach dem Sex eine Zigarette rauchend auf der Bettkante sitzt und von ihr beobachtet wird. Was denkt sie? Ist sie verliebt? Monate später entsteht ein weiteres Schlüsselbild, nachdem Brian sie zusammengeschlagen hat: blaue Flecke im Gesicht, geschwollene, blutunterlaufene Augen. Sie selbst sagt: »Ich setze nicht Bilder um, die ich in meinem Kopf habe, sondern mache Erfahrungen, die zu Bildern werden.« Das »schöne« Bild interessiert sie dabei nicht. Goldin fotografiert direkt, geblitzt, rau, aber gleichzeitig intim und gefühlvoll und vor allem farbig, was zu dieser Zeit keineswegs üblich war. Im Gegensatz zum etwas abstrahierenden Schwarzweiß steht die Farbe für eine Realität, die nichts beschönigt, ungeschminkt daherkommt und schonungslos auch die Makel der Menschen offenlegt.

Ihre Fotografie, zu der es kaum Vorbilder, aber viele Nachahmer gibt, kann man durchaus als einen Wendepunkt in der Fotogeschichte ansehen. Ihre Bilder sind ein Bekenntnis, ihr privater Versuch, zu überleben und sich ihrer Freunde bewusst zu erinnern: »Ich musste fotografieren, um am Leben zu bleiben.« Nan Goldin hatte mit ihrer trashigen Bildästhetik eine neue Ausdrucksform gefunden. Wir blicken in ihr Tagebuch, in dem sie ihre intimsten Momente und die ihrer Freunde zeigt. Sie fotografiert aber nicht voyeuristisch und auch nicht für Voyeure. Vieles allerdings, was Nachahmer daraus machen, ist eine Art modischer Junkie-Kitsch, gepaart mit voyeuristischer Neugier oder begrenzten fotografischen Fähigkeiten, der die Absicht Goldins, von ihrer Welt zu berichten, fast schon in Misskredit bringt.

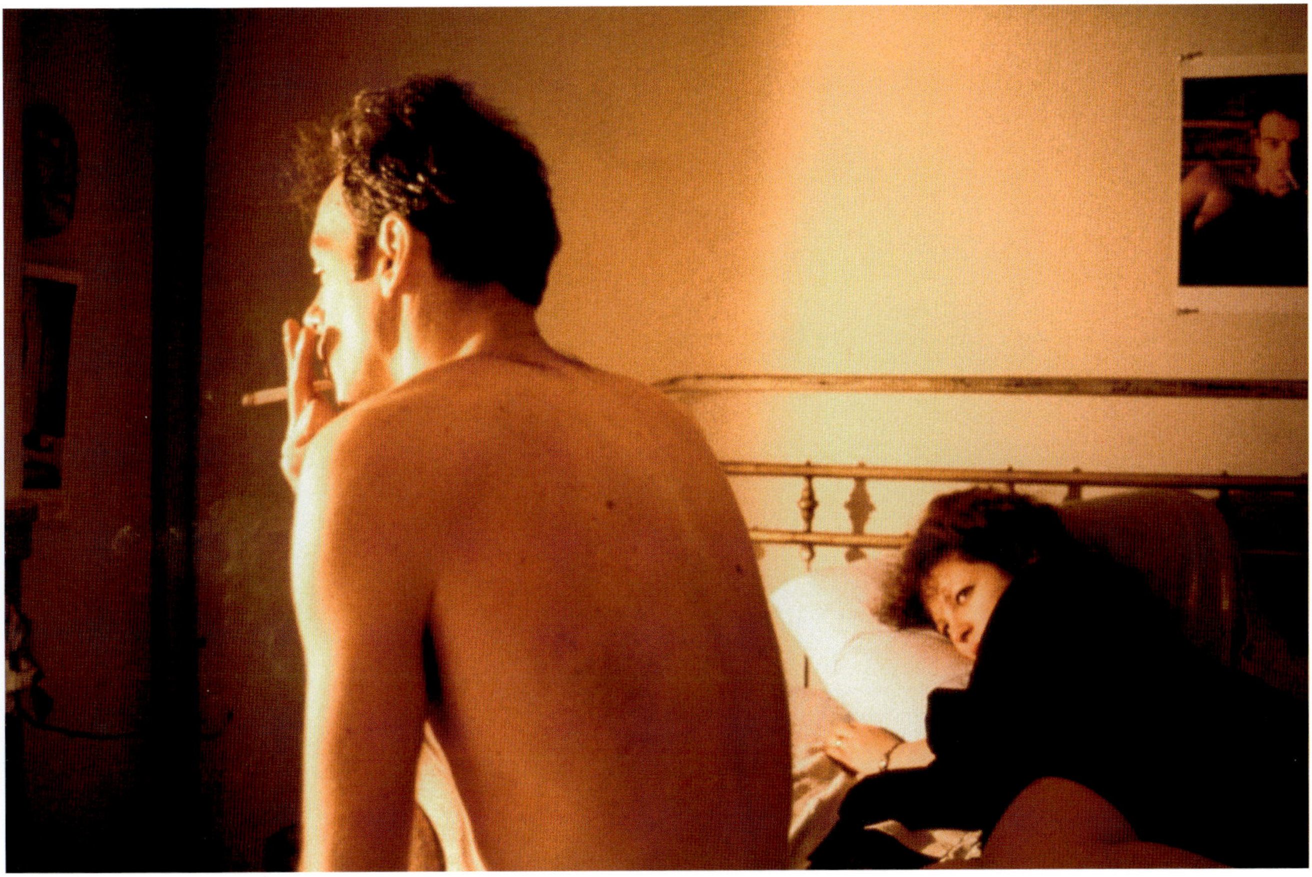

Nan and Brian in Bed, New York City, 1983

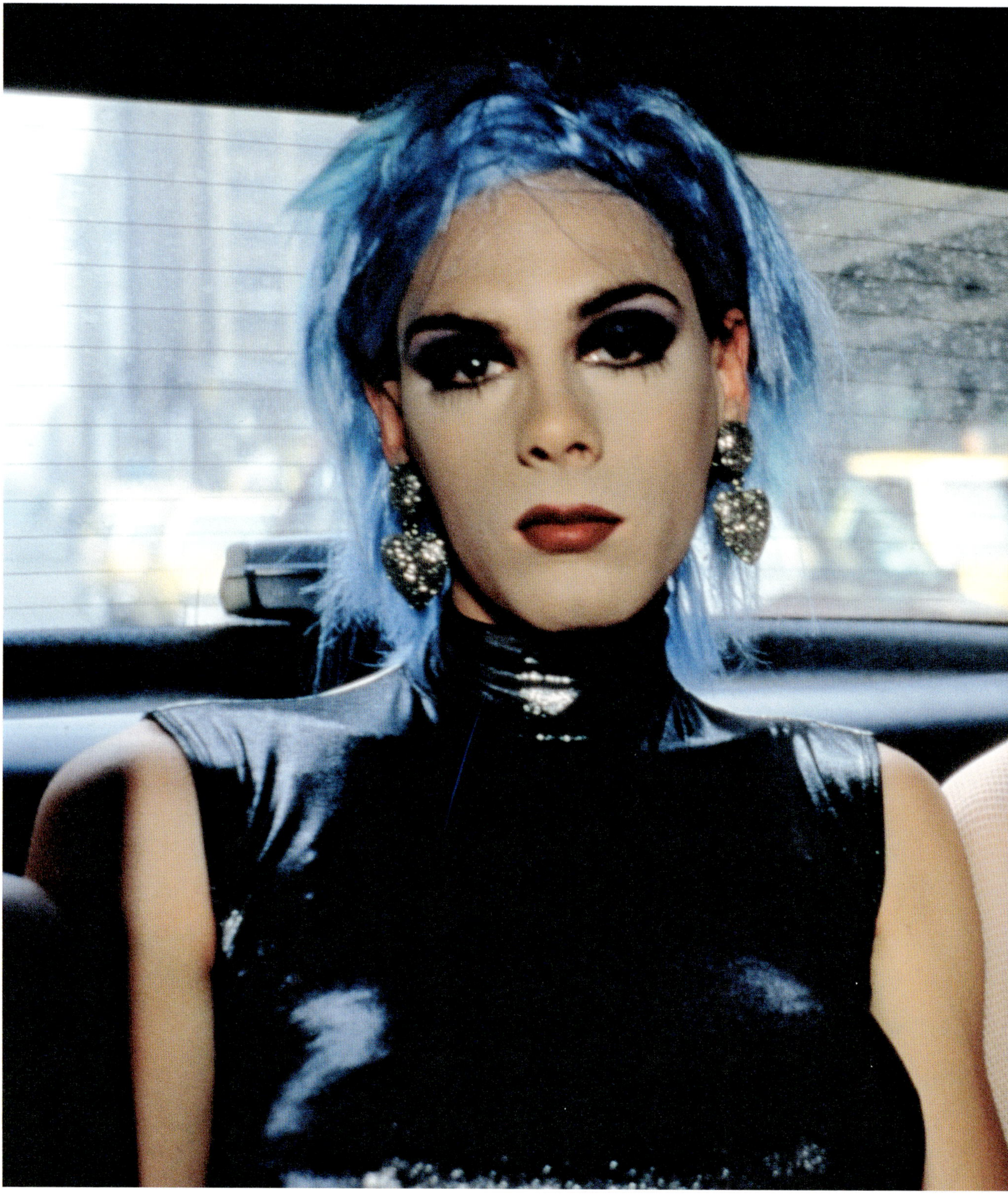

Misty and Jimmy Paulette in a Taxi, New York City, 1991

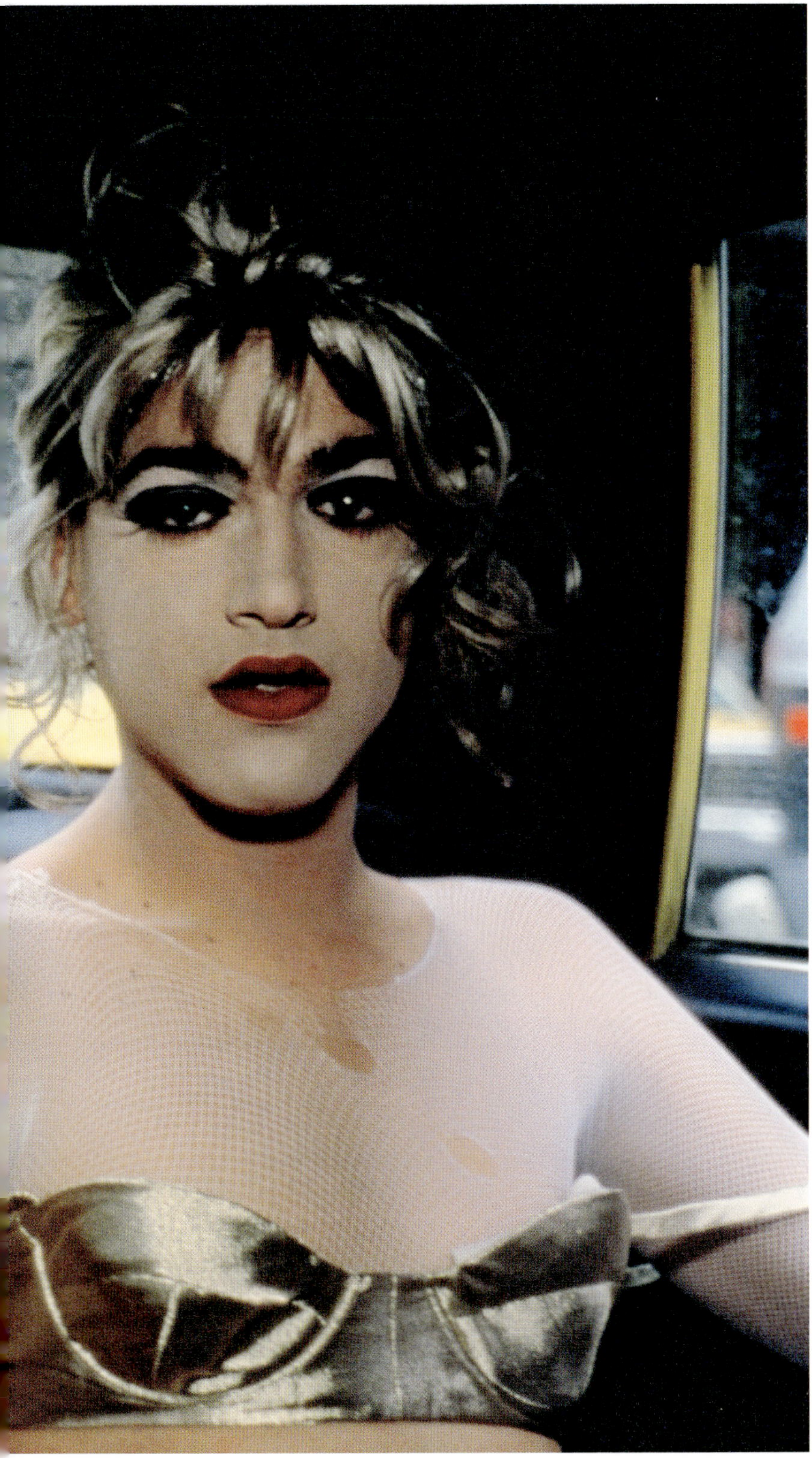

26

MICHAEL KENNA

Michael Kenna scheint der ruhende Pol in der zeitgenössischen Fotografie zu sein. Mit einer ungeheuren Konsequenz und Beharrlichkeit schafft er schwarzweiße »Fotografiken«, Landschaftsbilder, deren Zauber man umso mehr verfällt, je länger man diese verhältnismäßig kleinen Kunstwerke betrachtet.

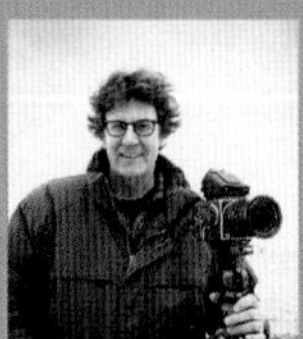

MICHAEL KENNA

1953 Geboren in Widnes, Lancashire, England.

1972/73 Banbury School of Art, Oxfordshire.

1973–76 London College of Printing.

1977 Umzug in die USA. Arbeit als Werbefotograf, Fotoassistent und S/W-Printer in San Francisco.

1981 Erste erfolgreiche Ausstellung in San Francisco.

Bis 1991 Werbeaufträge für Rolls-Royce, Mercedes-Benz etc.

2000 Chevalier de l'Ordre des Arts et des Lettres.

Lebt in Seattle, USA.

www.michaelkenna.net

Konsequent in der Wahl seiner fotografischen Mittel – Hasselblad, Schwarzweißfilm und klassische, in der eigenen Dunkelkammer gefertigte Abzüge in einem fast intim kleinen Format, das sich angenehm von den heute modernen und bunten Museumsfotografien abhebt –, ist Michael Kenna der wohl bekannteste und erfolgreichste Landschaftsfotograf seit Ansel Adams. Bekannt wurde Kenna mit Nachtaufnahmen, die er teilweise über mehrere Stunden belichtet. Dabei genießt er es, mitunter in völliger Ruhe neben der Kamera zu sitzen und zu warten. Vielleicht macht das die meditative Kraft seiner Fotos aus, dass sich die Ruhe und Konzentration bei der Aufnahme auch auf die Bilder und damit auf den Betrachter übertragen; vielleicht auch, wie Kenna es ausdrückt, »das Gefühl, dass es da draußen etwas gibt, das wir nicht sehen können, Glaube oder so etwas [...] Ich weiß, es gibt etwas anderes als die physischen Objekte, die ich fotografiere.«

Seitdem Kenna seinen Weg gefunden hat, geht er ihn konsequent und erfolgreich. Er fotografiert auf der ganzen Welt, nicht nur Landschaften, sondern auch Klöster, Industrieanlagen oder auch die Relikte ehemaliger nationalsozialistischer Konzentrationslager – am liebsten jedoch japanische Landschaften, denn, so erklärt er: »Japan ist ein Teil von mir. Wenn ich nicht dort bin, denke ich darüber nach, wann ich zurückkehren werde.« Vor diesem Hintergrund könnte man seine Bilder auch als fotografische Haikus sehen, so konzentriert und auf die Essenz reduziert treten sie dem Betrachter entgegen. Die japanische Kunst beeinflusste Kenna sehr, und so erinnern seine Bilder auch, wie er selbst meint, an japanische Tuschezeichnungen: »Ich suche nach grafischen Formen. Ich suche die Schlichtheit der Linie. Ich suche nach einer fast zweidimensionalen Leinwand, mit Pinselstrichen darauf.«

Wie für viele Fotografen, die heute noch analog fotografieren, liegt auch für Kenna in der Unvorhersehbarkeit der Ergebnisse ein besonderer Reiz. Zumal bei extremen Langzeitbelichtungen, die Dinge ans Tages-, oder hier besser: Nachtlicht bringen, die man mit bloßem Auge so nicht zu sehen imstande ist: Wasser wird zu einer gleichmäßigen Fläche, Wolken werden durch den Wind in unvorhersehbare Formen gebracht, und Lichtquellen, die man kaum bemerkt, beleuchten die Szenerie aus verschiedenen Richtungen. Doch, so Kenna: »Das vielleicht Faszinierendste von allem ist dabei, dass es möglich ist, zu fotografieren, was für das menschliche Auge unmöglich zu sehen ist – die Anhäufung von Zeit.«

Neben der meditativen Ruhe, die seine Bilder meistens ausstrahlen, hat Michael Kenna auch eine äußerst umtriebige Seite, die man angesichts der Fotos kaum vermutet: Parallel zu seinen bisher rund 400 Ausstellungen weltweit und einer großen Anzahl publizierter Bücher hat er schon mehr als 50 Marathons bestritten. Vielleicht ist das der adäquate Ausgleich für so viel Ruhe.

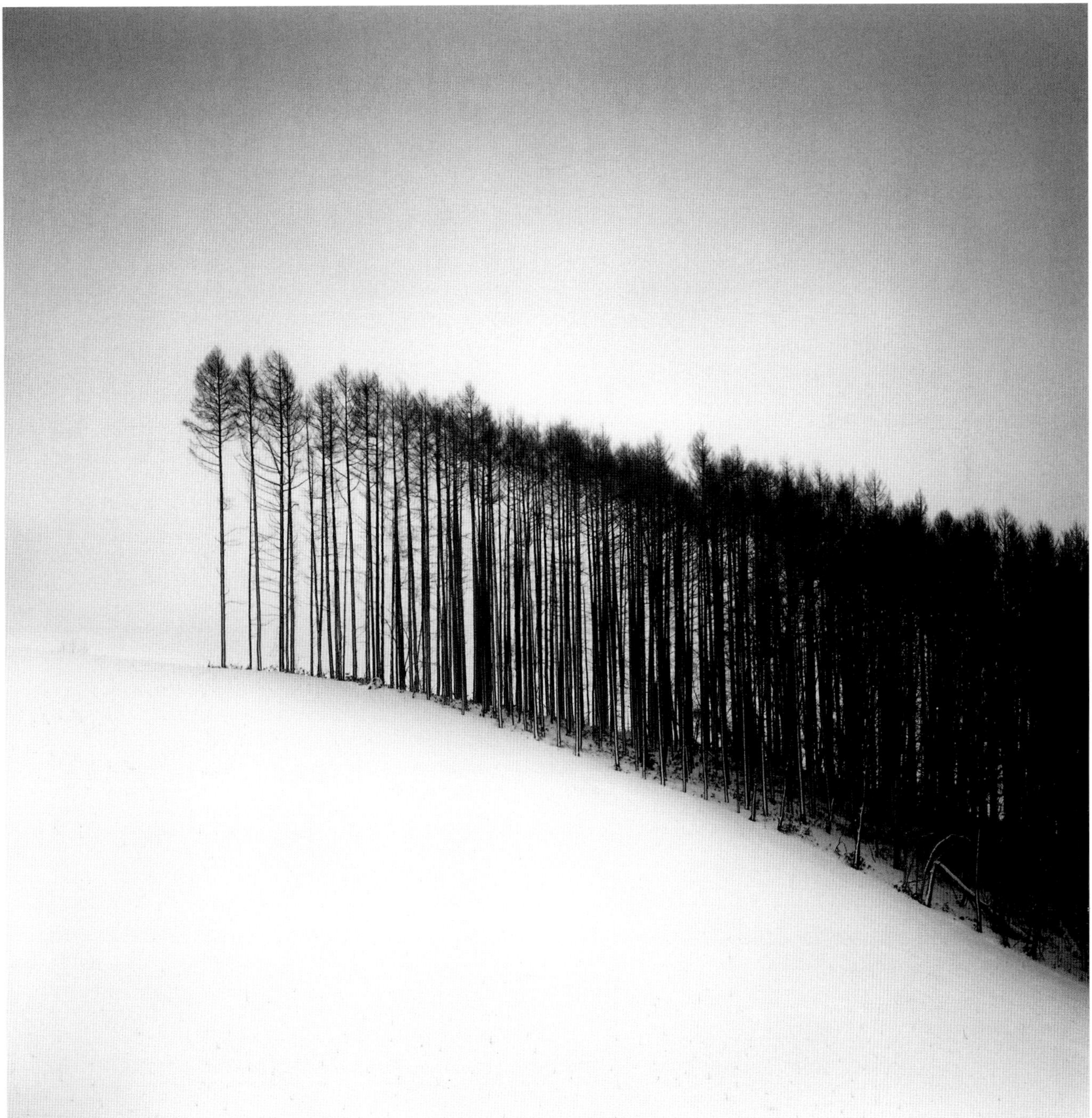

Forest Edge, Hokuto, Hokkaido, Japan, 2004

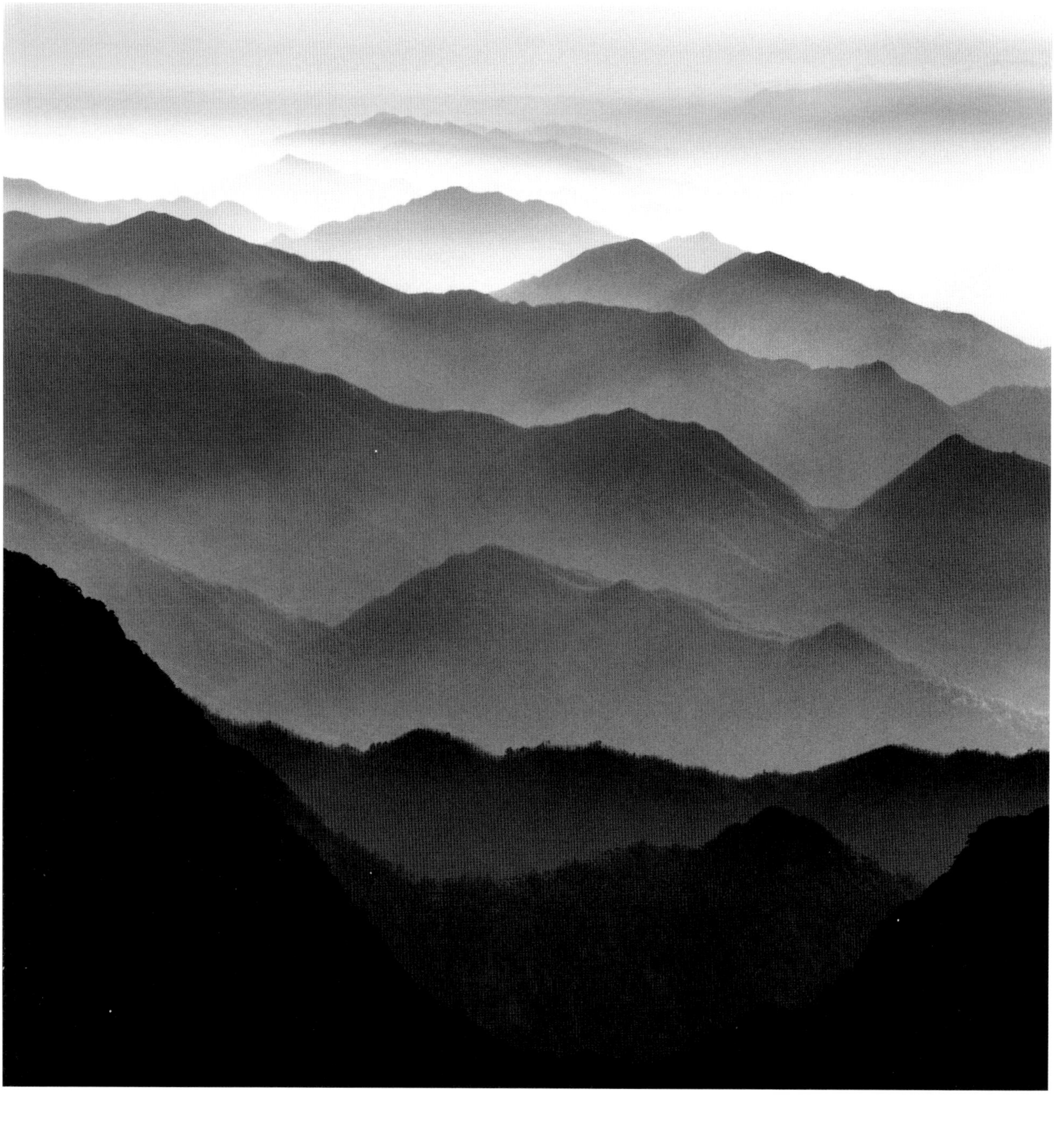

Huangshan Mountains, Study 42, Anhui, China, 2010

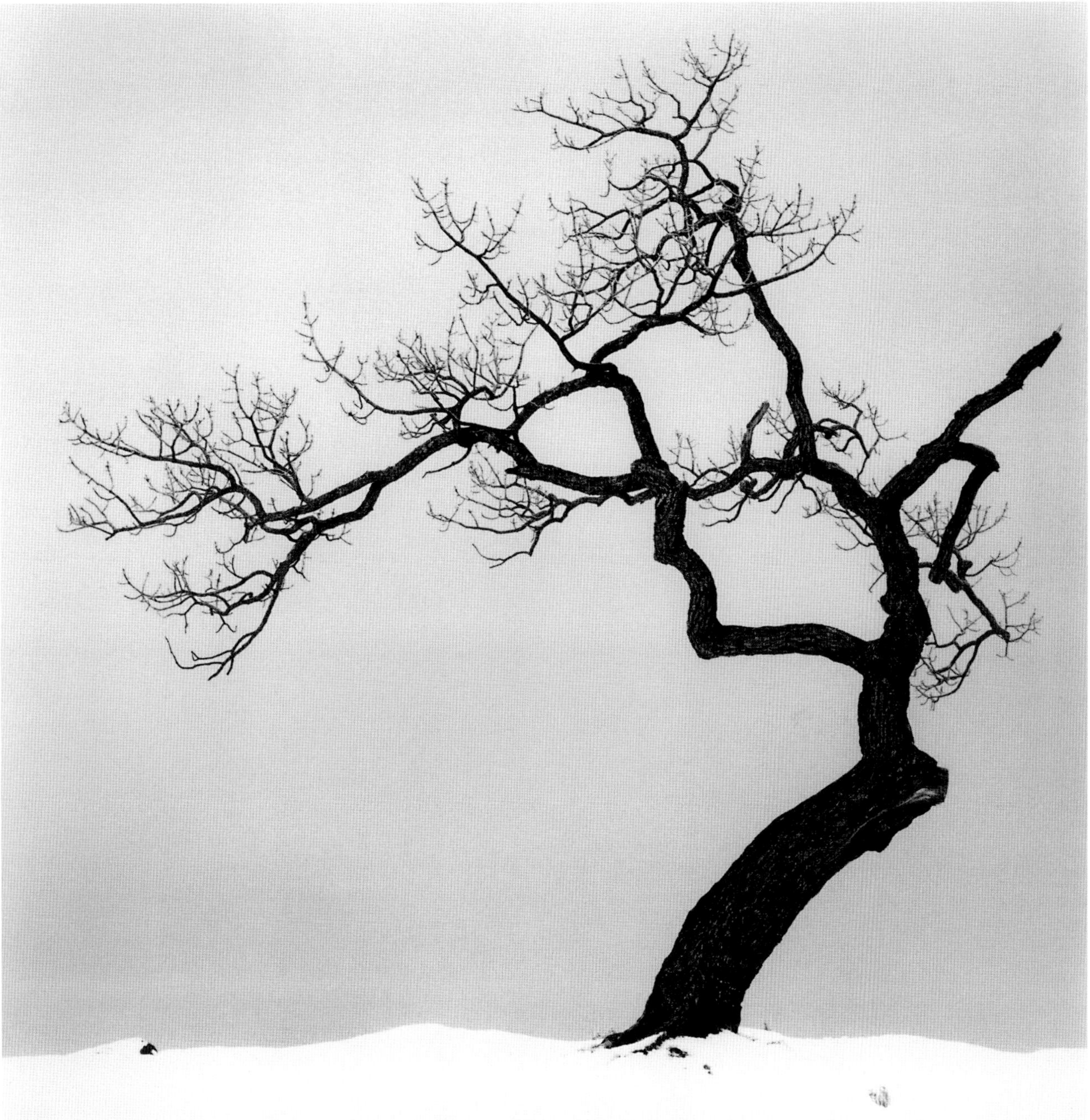

Kussharo Lake Tree, Study 1, Kotan, Hokkaido, Japan, 2002

27

CINDY SHERMAN

Cindy Sherman inszeniert sich in ihren Fotografien immer selbst, allerdings nicht sich selbst als Cindy Sherman, sondern als ihr eigenes und einziges Modell. Ihre Bilder stellen als Grundthema immer die Frage nach Identität und Realität.

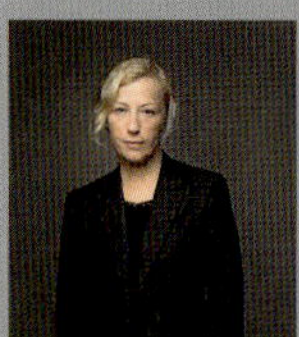

CINDY SHERMAN

1954 Geboren in Glen Ridge, New Jersey, USA.

1972–76 Studium am Art Department der State University of New York in Buffalo.

Gründung der Künstlergalerie Hallwalls mit Charles Clough und Robert Longo.

1975/76 *Untitled A–E, Bus Riders.*

1977–80 *Untitled Film Stills.*

1981 *Centerfolds.*

1982 Teilnahme an der documenta 7.

1992 *Sex Pictures.*

1988–90 *History Portraits.*

2003/04 *Clowns.*

2008 *Society Portraits.*

Lebt und arbeitet in New York.

Bekannt wurde Cindy Sherman mit ihrer Serie *Untitled Film Stills*, die sie zwischen 1977 und 1980 schuf. Es sind Schwarzweißbilder, die Stand- und Werbefotos von Filmproduktionen ähneln sollen. Sie zeigen jeweils Szenen aus Filmen, die gar nicht existieren, aber so gestaltet sind, dass man das Gefühl hat, einen Film mit einer solchen Szene schon gesehen zu haben. Wie in vielen ihrer anderen Serien spielt sie mit Klischees und Stereotypen, hier mit denen des Hollywood-Frauenbildes und des Film noir der 1950er und 1960er Jahre. Alles, Kostüme, Lichtsetzung, Kameraeinstellung, Posen und dazu die Größe der Fotografien, soll an diese Zeit erinnern. Und wie in allen anderen Serien gibt Sherman den einzelnen Bildern keine Titel, sondern nummeriert sie nur, womit sie dem Betrachter sämtliche Assoziationsmöglichkeiten offenlässt: »Das Standbild muss mit dem Versprechen einer Geschichte reizen, bei der es den Betrachter juckt, sie zu erzählen.« Es sind eben keine richtigen Erzählungen, sondern nur Szenenfotos, Fragmente, denen jeglicher Kontext fehlt, Geschichten ohne Erzählung oder Erzählungen ohne Geschichte.

In den *History Portraits* von 1988–90 spielt sie mit der Kunstgeschichte und den Formen der Darstellung und Repräsentation verschiedener Epochen. Dabei lässt sie ihrer Lust am Kostümieren freien Lauf, ironisiert aber gleichzeitig die Idealisierung durch Übertreibung. Das gilt auch für viele andere Serien, in denen sie sich in immer neuen Zusammenhängen in Szene setzt. In der Serie *Clowns* (2003/04) spielt sie mit der Abstraktheit der Person, die sich hinter der Maske verbergen könnte.

In *Centerfolds* (1981) unterläuft Sherman die Erwartungen, die der Begriff, der bei Magazinen wie *Playboy* das ausklappbare Foto in der Mitte des Heftes benennt, auslöst. »Ich wollte die Männer irritieren. Sie sollten auf den ersten Blick die übliche nackte Frau sehen und auf den zweiten Blick über sich selbst erschrecken.« Es sind voyeuristische Bilder, in denen die Frau in einer verletzlichen Situation von oben her betrachtet wird, was Sherman auch Kritik seitens des Feminismus einbrachte. Dabei war eine unterwürfige Haltung Männern gegenüber bestimmt nicht in ihrem Sinne. Schon zu Beginn ihrer Karriere empfand sie es als Ungerechtigkeit, dass Männer auf dem Kunstmarkt mit ihren Werken höhere Preise als Frauen erzielten: »Andererseits war das vielleicht der Grund, warum ich so viel Feuer im Arsch hatte. Ich wollte es den Männern zeigen.« Das tat sie 2011 in gewissem Sinne auch, als ihr Bild *Centerfolds, Untitled #96* von 1981 für 3,89 Millionen Dollar versteigert und damit eine der teuersten Fotografien aller Zeiten wurde.

In all ihren Bildern und Serien geht es um ein zentrales Thema, das Sherman immer neu ins Bild zu setzen weiß: die Inszenierung der Frau und ihrer Rollenbilder. Das gilt auch für ihre späteren Serien, darunter *Society Portraits* von 2008, in der das Altern und auch die chirurgischen Möglichkeiten, das Aussehen zu verbessern, thematisiert werden. Die Fotografin erklärte dazu: »Es ist traurig, dass uns die Role Models fürs Altern verlorengehen. [...] Vielleicht sollte es wenigstens ein paar Frauen geben, die ganz normal älter werden, ohne solche Eingriffe. Um ein Vorbild zu sein für jüngere Frauen.«

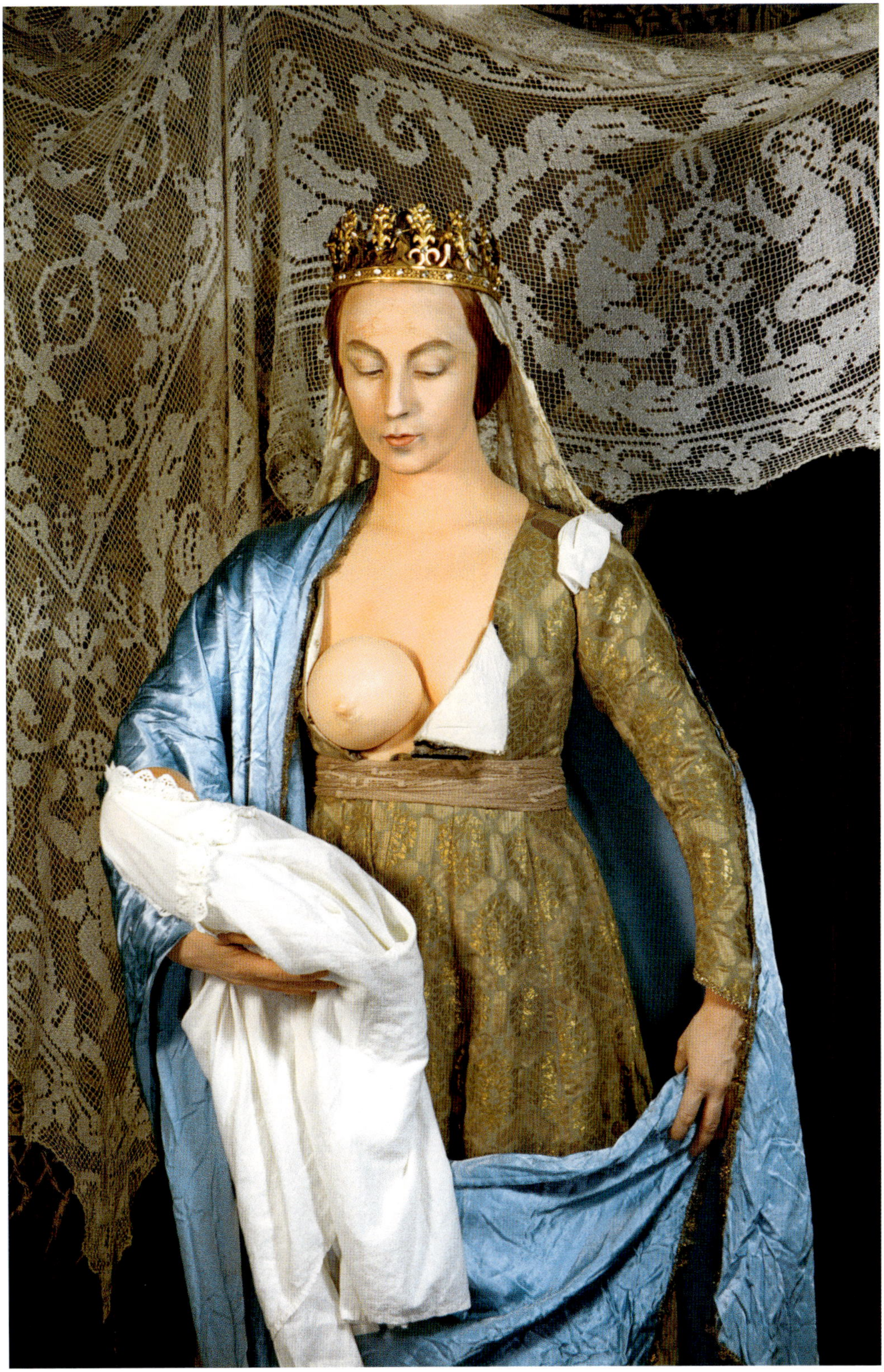

Untitled #216 (aus »History Portraits«), 1989

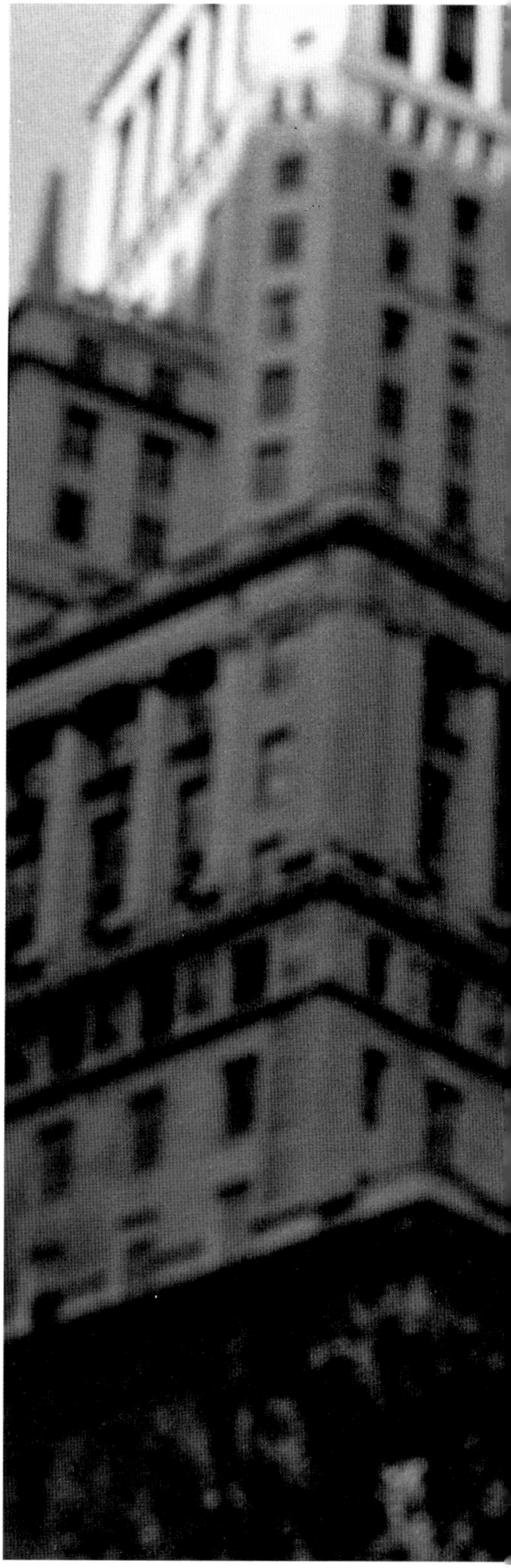

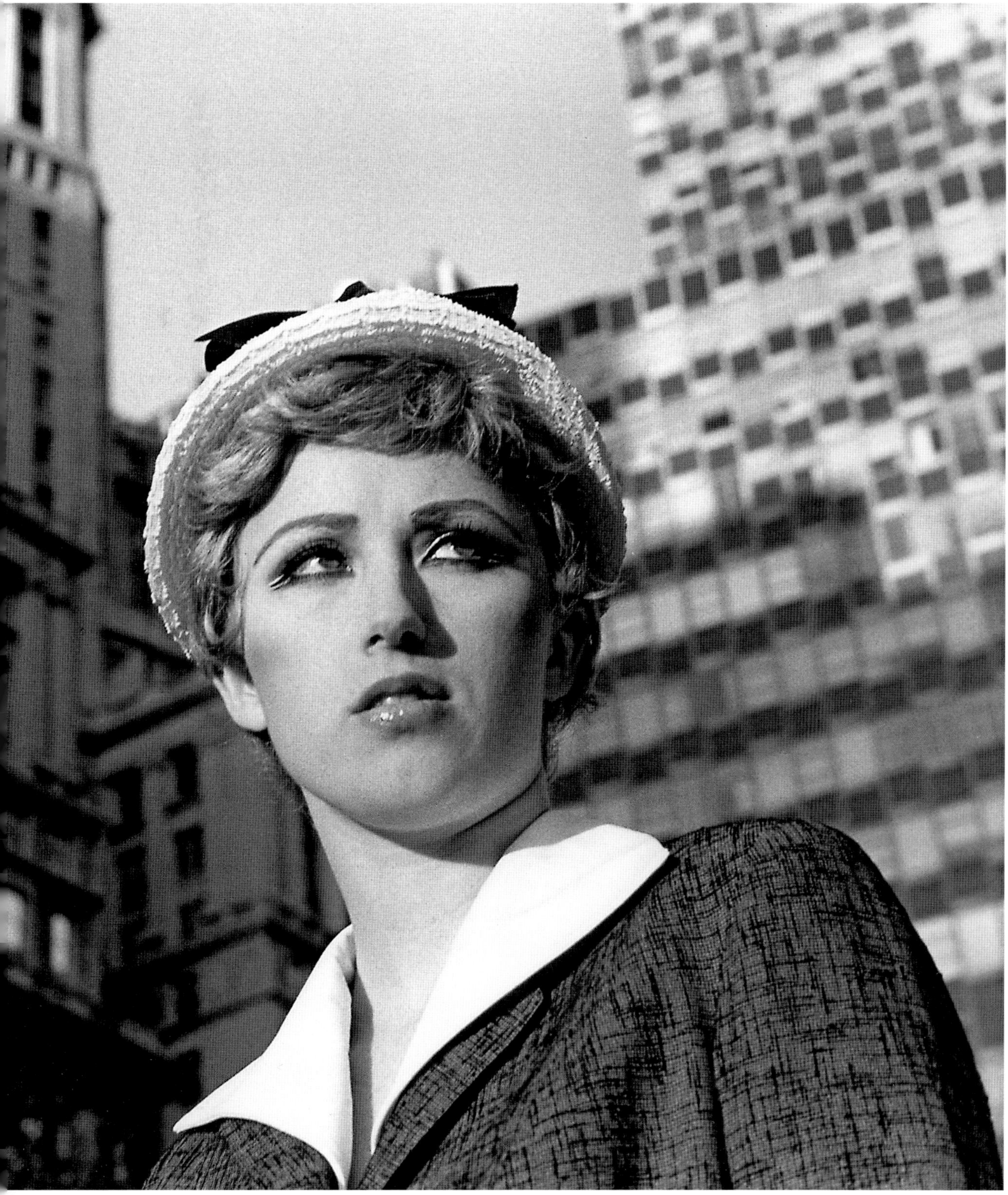

Untitled Film Still #21, 1978

28

THOMAS STRUTH

Thomas Struth lotet in seinen Fotografien komplexe Zusammenhänge aus: zwischen dem Menschen und seiner gebauten Umgebung, zwischen Eltern und Kind, Vergangenheit und Zukunft oder zwischen Künstler und Betrachter. In einigen seiner bekanntesten Arbeiten sind zahlreiche dieser Wechselbeziehungen in einem einzigen Bild verdichtet.

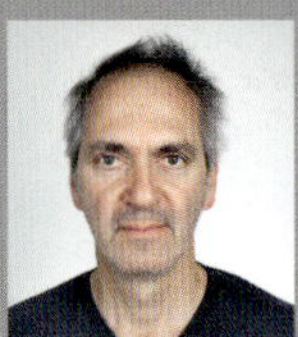

THOMAS STRUTH

1954 Geboren in Geldern, Deutschland.

1973–80 Studium an der Kunstakademie Düsseldorf.

1976 Erste Ausstellung von Architekturfotos.

1983 Erste Porträtaufnahmen.

1989 Ausstellung der Museumsbilder.

1993–96 Professur an der Staatlichen Hochschule für Gestaltung Karlsruhe.

1998–2007 Serie von Waldbildern.

2010 Retrospektive im Kunsthaus Zürich.

2016 Einzelausstellung *Nature & Politics* in Essen, Berlin und Atlanta.

Thomas Struth untersucht in seiner Arbeit das Verhältnis des Menschen zur Welt. In seinen Fotografien geht es, wie er schildert, »um verschiedene Situationen, in denen Menschen sich selbst finden. Um Straßen als öffentliche Orte, wo spezifische und kollektive Haltungen jeden Tag auf uns einwirken [...]. Um die Betrachtung der Kunst als Selbstreflexion: die Konfrontation mit der eigenen Fantasie [...] und gleichzeitig mit der Sicht des Künstlers von der Welt. Um Menschen, die ein historisches Denkmal als Massentouristen besuchen und dabei doch zugleich einmalige Individuen sind.« Im Laufe seines Schaffens entwickelte Struth unterschiedliche fotografische Vorgehensweisen, um sich den für ihn interessanten ästhetischen und soziologischen Fragen zu widmen.

Thomas Struths Studium an der Kunstakademie Düsseldorf fiel in den 1970er Jahren in eine Zeit enormer Kreativität in der deutschen Kunst. Zu seinen Lehrern gehörte Gerhard Richter, für dessen konzeptuelles Vorgehen in der Malerei häufig Fotografien den Ausgangspunkt bilden. Außerdem studierte Struth bei Bernd und Hilla Becher, die für ihre Fotos von historischen Gebäuden und Industriebauten einen »objektiven« Stil entwickelten und die Form und Struktur der Bauwerke sowie deren Verhältnis zur Umgebung in den Vordergrund rückten. Der Stil der Bechers sollte zum Vorbild werden für Struths frühe Schwarzweißfotografien von unbelebten Straßen in London und New York, die er gegen Ende der 1970er Jahre schuf. Schon bald indes suchte der Künstler nach einer Möglichkeit, in seine Darstellungen auch das menschliche Individuum selbst einzubeziehen. 1985 entstanden erste Porträts von Familien in unterschiedlichen Ländern. Diese waren jedoch nicht als einfache Dokumentation angelegt, vielmehr ging es Struth um die Beziehungen der einzelnen Familienmitglieder untereinander sowie das Verhältnis der jeweiligen Familie zur Geschichte und Kultur ihres Heimatlandes.

Struths frühe künstlerische Experimente mündeten Ende der 1980er Jahre in die für ihn charakteristischen Werkgruppen. Zu diesen gehören die Serie der Museumsbilder (1989–2007), aber auch nachfolgende Aufnahmen von Menschenmengen in Kathedralen, auf städtischen Plätzen und an anderen öffentlichen Orten. Für eine dieser Arbeiten fotografierte Struth 1998 die Besucherschar im Mailänder Dom. Das Bild zeigt seine Fähigkeit, Architektur und Raum wiederzugeben, in Verbindung mit seinem Interesse am Verhalten der Menschen gegenüber diesem Raum und gegenüber ihren Mitmenschen – einem Verhalten, das kulturell bestimmt, doch zugleich auf subtile Weise individuell ist.

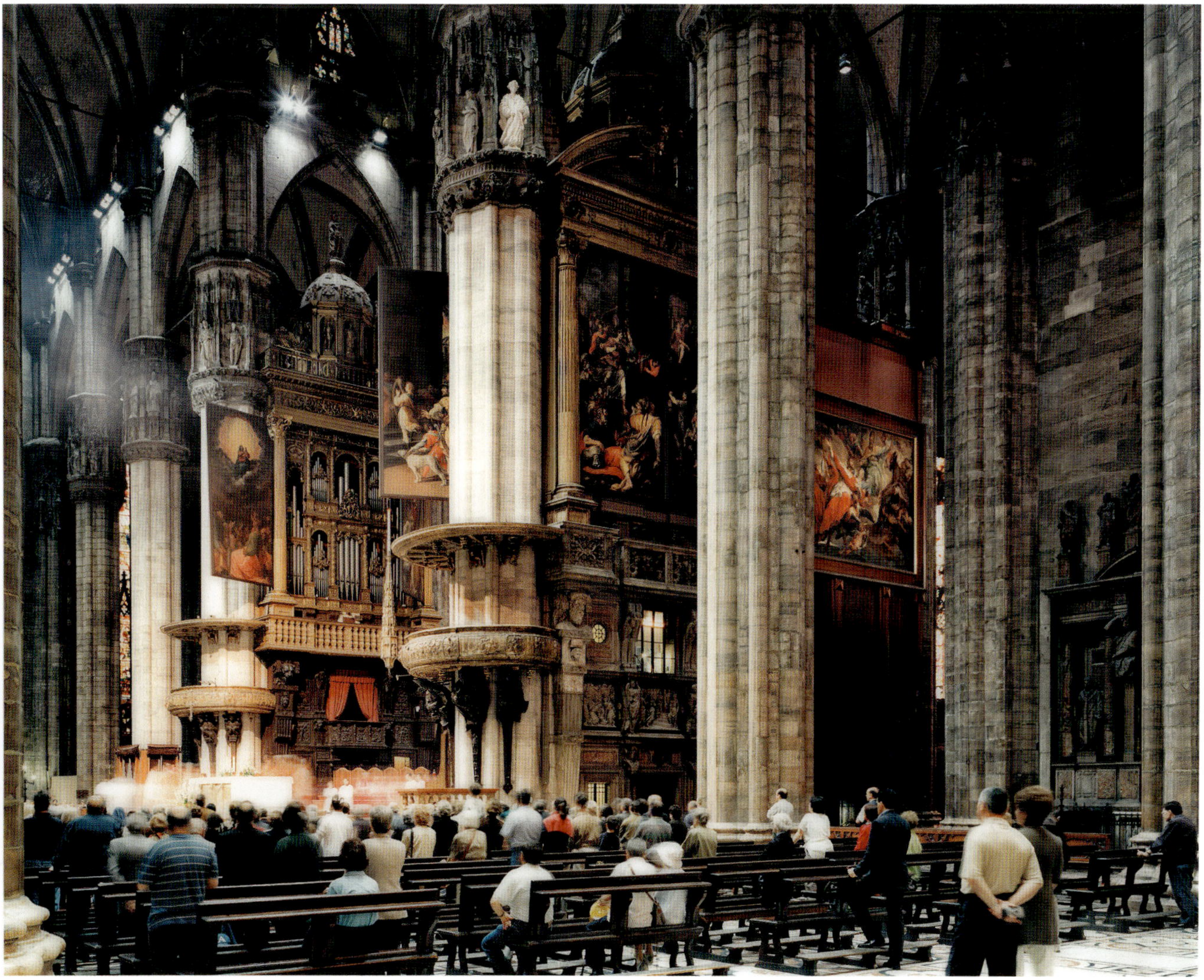

Mailänder Dom (Innenansicht), Mailand, 1998

29

ELLEN VON UNWERTH

Oft blicken uns aus Modezeitschriften leicht missmutig dreinschauende Frauen und übercoole Männer an und man fragt sich, ob diese Menschen auch Freude empfinden können. Nicht so bei den Fotos von Ellen von Unwerth. Selten schwappt einem so viel Lebensfreude entgegen wie bei ihren Bildern.

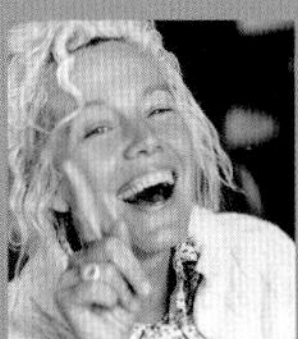

ELLEN VON UNWERTH

1954 Geboren in Frankfurt am Main, Deutschland.
Kindheit und Jugend im Waisenhaus.

1971 Umzug nach München; Auftritte als Nummerngirl und Clownassistentin im Zirkus Roncalli; wird als Model entdeckt.

1975 Umzug nach Paris.

1986 Beschließt, Fotografin zu werden. Fotografiert für *Vogue, Interview, Vanity Fair, i-D* etc.

1994 *Snaps.*

1998 *Couples; Wicked.*

2009 *Fräulein.*

2012 *The Story of Olga.*
Lebt und arbeitet in Paris und New York.

www.ellenvonunwerth.com
www.instagram.com/ellenvonunwerth

Ellen von Unwerth war selbst zehn Jahre lang Fotomodell und weiß, wie man sich dabei fühlt. Und sie weiß, wie oft Fotografen eine sehr explizite Vorstellung davon haben, wie ein Model sich bewegen oder eben nicht bewegen soll. Sie wollte aber immer mehr Bewegung und mehr »Quatsch machen« in den Bildern, was ihr von den meisten Fotografen verwehrt wurde. Sie begann selbst zu fotografieren, wobei ihr damaliger Freund, selbst Fotograf, ihr zur Seite stand. Als von Unwerth 1986 bei Fotoshootings in Kenia Frauen und Kinder in verschiedenen Dörfern aufnahm und die Fotos bald darauf in der Modezeitschrift *Jill* veröffentlicht wurden, wurde ihr klar, dass sie Fotografin werden würde. Für einen ihrer ersten großen Aufträge wählte sie 1989 ein junges deutsches Model aus, weil das Mädchen sie an Brigitte Bardot erinnerte: Es war Claudia Schiffer – und mit dieser Fotostrecke begann die steile Karriere der einen wie der anderen.

In dieser Zeit war die Modefotografie geprägt von üppigen Inszenierungen, in denen die Models weniger als lebenslustige junge Frauen, sondern eher wie zur absoluten Perfektion getrimmte »Halbgöttinnen« einer materialistischen und kaum erreichbar scheinenden Gegenwelt ins Bild gestellt wurden: statische Figuren, teilnahmslose Gesichter, eingefrorene Gesten. Ellen von Unwerth machte genau das Gegenteil: Als Fotografin hatte sie die Möglichkeit, die Starrheit aufzubrechen – und das machte sie gründlich: »Ich mag einfach Menschen, die Persönlichkeit haben und sich vor meiner Kamera austoben!«

Schon 1991 erhielt sie den ersten Preis des International Festival of Fashion Photography, und 1998 zählte das Magazin *American Photo* sie zu den wichtigsten Figuren in der Fotografie. Sie entwickelte ihren eigenen, dynamischen, fröhlichen und durchaus auch erotischen Stil, mit dem sie Furore machte. In einer reportagehaft wirkenden Spontaneität inszeniert sie kleine Geschichten, in denen sie ihre Protagonistinnen und Protagonisten wie eine Regisseurin in Szene setzt. Dabei bereitet die Erotik, ihrer eigenen Aussage nach, männlichen Betrachtern mehr Probleme als weiblichen. »Ich sehe mich selbst als Feministin. Ich war immer eine starke Frau und stand immer für die Rechte der Frauen ein. Ich mag Frauen, die aussehen, als hätten sie ihr Leben unter Kontrolle. Aber manche Leute übertreiben es und werden so ernst; es heißt nicht, dass man keinen Spaß mehr haben darf.« Und Spaß ist, neben der Schönheit, eines der Hauptanliegen der Fotos von Ellen von Unwerth: »Ich mag das Leben. Ich will das Leben einfangen, nicht nur die Kleider, die die Leute tragen.« So scheint es fast selbstverständlich, dass sie als die Fotografen, die sie am meisten beeinflussten, neben Helmut Newton (1920–2004) auch Jacques-Henri Lartigue (1894–1986) nennt, der ebenso für seine lebensfrohen Bilder bekannt ist.

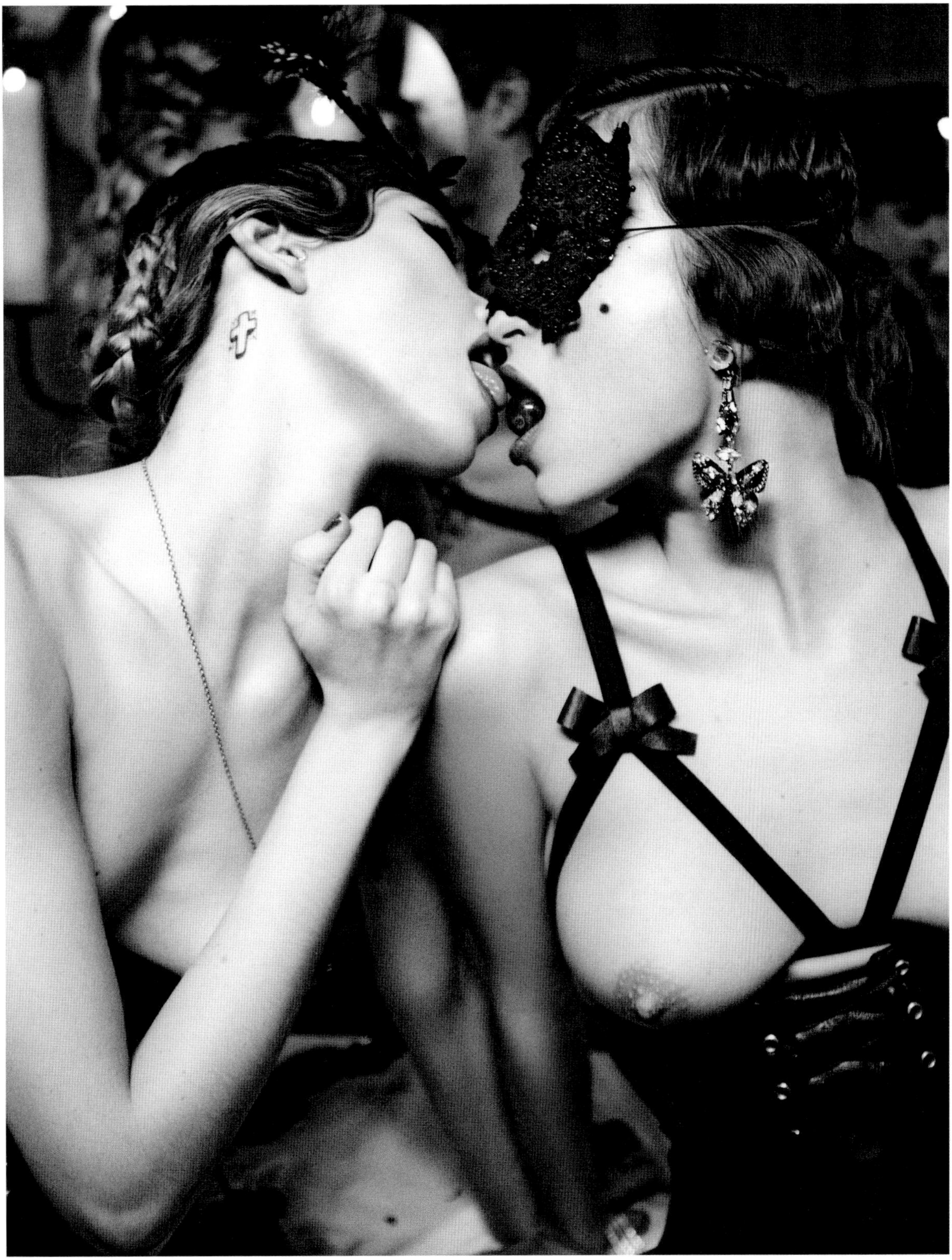

Cherry Kiss (aus »The Story of Olga«), 2011

30

EDWARD BURTYNSKY

»Ich würde meine Fotografie als ein stilles Klagelied über den Verlust der natürlichen Welt beschreiben«, so der kanadische Fotograf und Künstler Edward Burtynsky, der in seinen großformatigen Bildern zeigt, wie wir Menschen mit unserer Erde umgehen und sie verändern.

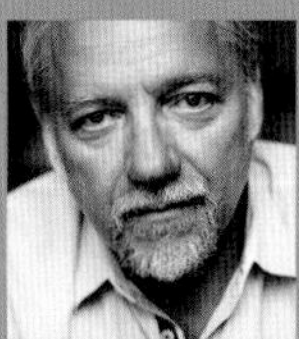

EDWARD BURTYNSKY

1955 Geboren in St. Catharines, Ontario, Kanada.

1982 Bachelor in Fotografie an der Ryerson University, Toronto.

1985 Gründet Toronto Image Works.

1988 *Breaking Ground.*

1994 *Quarries.*

2005 *China.*

2006 *Manufactured Landscapes* (Dokumentarfilm, Regie: Jennifer Baichwal).

2006 Ernennung zum Officer of the Order of Canada.

2013 *Water; Watermark* (Dokumentarfilm, Regie: Jennifer Baichwal).

Vier Ehrendoktorwürden: in Rechtswissenschaft (zwei) sowie Fotografie und Kunst.

www.edwardburtynsky.com

»Als ich vor 30 Jahren mit meiner Arbeit begann, hörte man über Umweltzerstörung nur raunen. Dieses Raunen ist heute ein Schrei geworden.« Edward Burtynsky zeigt die Zerstörung der Umwelt durch den Menschen auf eine sehr eigene, intensive Art und Weise. In seinen frühen Bildern wird das Zerstörerische, obwohl eigentlich völlig offensichtlich, oft erst auf den zweiten Blick erkennbar. Erst wenn man sich als Betrachter bewusst macht, was eigentlich zu sehen ist, wird das Bild verstehbar und schockiert. Man sieht beispielsweise eine Landschaft mit einem leuchtend orangefarbenen Fluss und ist fasziniert und gleichzeitig irritiert – und erfährt schließlich, dass die Farbe des Flusses die Folge einer Nickelverseuchung ist. Burtynsky nennt seine Bilder *Manufactured Landscapes* und trifft damit den Nagel auf den Kopf: Riesige Minen, gigantische Autobahnkreuzungen oder alte Autoreifen, zu Abertausenden gestapelt, bilden gleichsam neue Landschaften in unserer Welt. Um das möglichst eindringlich zu zeigen, war von Beginn an der Einsatz von 4x5-Inch-Kameras vonnöten, die die Möglichkeit bieten, sehr große Abzüge zu machen. Burtynsky zeigt in seinen Fotografien eine schaurig-schöne Seite der Welt und gewährt damit, wie er selbst sagt, einen »zweiten Blick auf das, was wir Fortschritt nennen«. In *Oil* (2009) etwa illustriert er die Bedeutung und die Gefahr von Erdöl in unserer Welt, seiner Förderung und seines Gebrauchs, und die Auswirkungen, die dies auf die Natur und letztlich auch auf den Menschen hat.

Burtynsky ist nicht nur Dokumentarfotograf, sondern er versteht sich vor allem als Künstler, der mit seiner Arbeit immer wieder auf die ökologischen Probleme hinweist: »Als Künstler erfinde ich ständig neue Wege, die gleiche Geschichte zu erzählen.« In seinem jüngsten Projekt, *Water*, geht er der Bedeutung und dem Umgang mit unserer wichtigsten Ressource, dem Wasser, nach. Dabei überwindet er sozusagen die Schwerkraft und verlegt seinen ohnehin meist erhöhten Blickwinkel in die Lüfte. Extrem hohe Masten, Drohnen, Helikopter und der Einsatz digitaler Kameras, die er vom Boden aus fernsteuern und auslösen kann, erlauben ihm extreme Perspektiven, die ganz andere Bilder und damit auch ganz andere, mitunter erschreckende Einblicke und Einsichten ermöglichen – aber durchaus auch künstlerische: Manche von Mensch und Industrie gestaltete oder auch verunstaltete Landschaften wirken in ihren von weit oben gesehenen Strukturen wie Kunstwerke eines Mark Rothko, und manche Ansammlung von kleinteiligem Schrott erinnert an den abstrakten Expressionismus eines Jackson Pollock. Doch wie dem auch sei: Jenseits aller Ästhetik tut sich in Burtynskys Bildern ein Abgrund an Veränderung und Zerstörung auf, der den Betrachter erschaudern lässt. Das ist gut so, denn Burtynsky will mit seinen Bildern aufrütteln und ein Bewusstsein für nachhaltigeres Handeln schaffen.

Den technischen Fortschritt, den Burtynsky in seiner Aufnahmetechnik bisher durchlaufen hat, führt er auch weiter. 2014 gründete er eine Firma für 3D-Drucke, die für ihn die logische Entwicklung vom analogen über das digitale zum dreidimensionalen Bild darstellen, eine Art »Fotografie 3.0«.

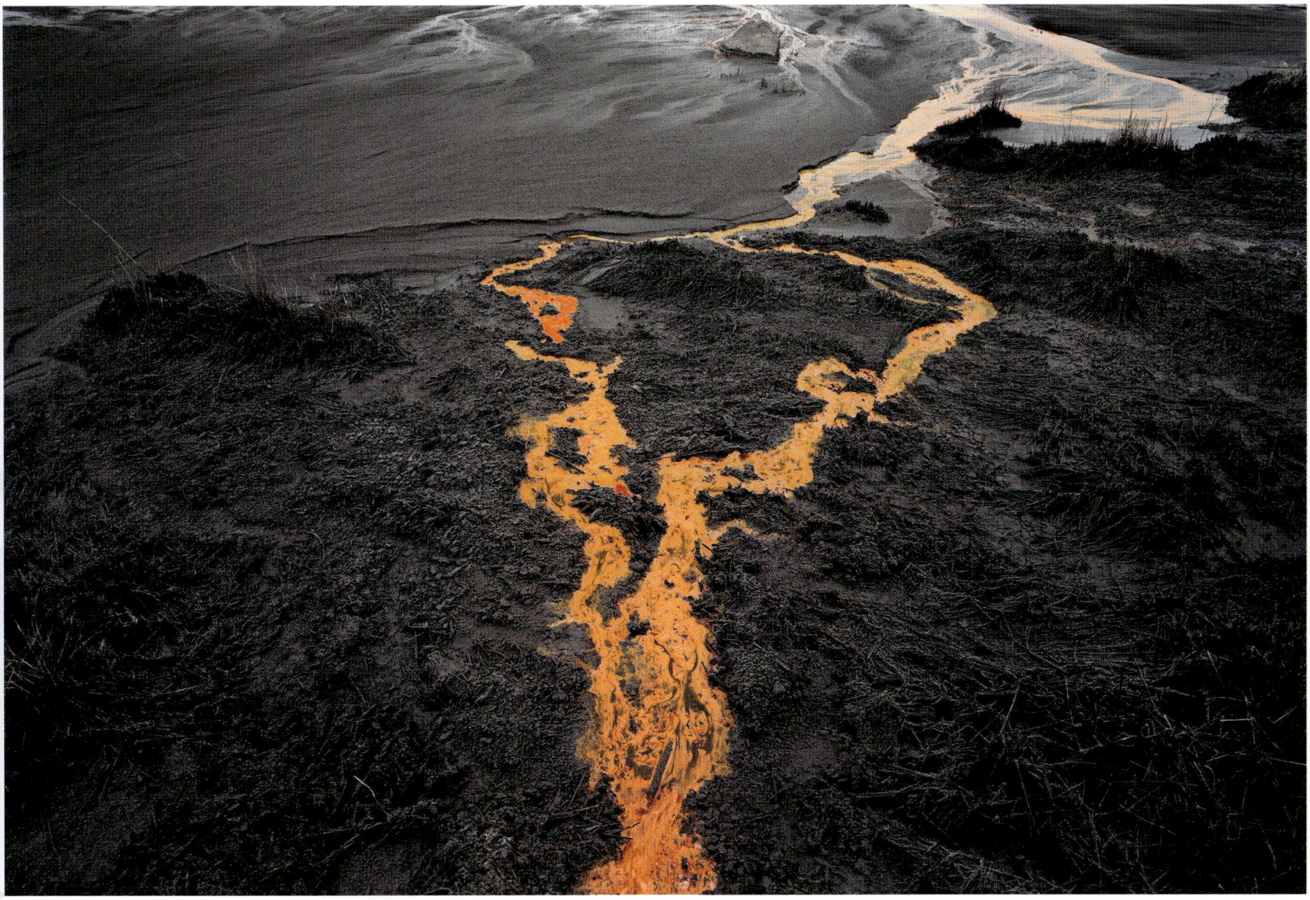

Nickel Tailings #31, Sudbury, Ontario, 1996

31

ANTON CORBIJN

»Meine Arbeit ist nicht ganz perfekt. Vielleicht steckt noch was aus dem Leben darin. Denn Perfektion raubt dem Werk oft den Atem.« Dass in Anton Corbijns Fotos so viel Leben steckt, liegt weniger daran, dass er die Analogfotografie der digitalen immer noch vorzieht, als vielmehr an seiner Art, wie er Aufnahmen angeht.

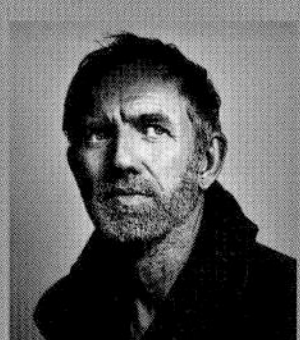

ANTON CORBIJN

1955 Geboren in Strijen, Niederlande.

1972 Veröffentlicht seine ersten Bilder einer Rockband in einer niederländischen Musikzeitschrift.

1979–85 Zieht nach London; Cheffotograf für *New Musical Express (NME)*.

1989 *Famouz* (Buch).

1994 Video zu Nirvanas »Heart-Shaped Box«.

2007 *Control* (Film).

2010 *The American* (Film).

2011 *Inwards and Onwards* (Buch).

2012 *Anton Corbijn – Inside Out*, Dokumentarfilm von Klaartje Quirijns.

2014 *A Most Wanted Man* (Film).

2015 *Life* (Film); *1-2-3-4* (Buch); *Hollands Deep* (Buch).

www.antoncorbijn.com

Immer noch fotografiert der »Porträtfotograf, der auch Rockmusiker fotografiert« – so Anton Corbijn über sich selbst –, am liebsten mit einer analogen Hasselblad. Die Ungewissheit, ob auch das herauskommt, was man sich vorher gedacht hat, dürfte zwar dem erfahrenen Profi gering sein, macht aber doch auch den Reiz dieser Arbeitsweise aus. Und anders als viele seiner Kollegen arbeitet Corbijn mit möglichst wenig technischem Aufwand: »Ich bin der Meinung, dass Fotografie eine sehr einfache Sache ist. Ich treffe die Leute – und die Kamera ist nur so etwas wie ein Aufnahmegerät. Meine Arbeit hat nichts mit dem Zirkus zu tun, den andere Leute auffahren, auch wenn man natürlich auch damit ein hervorragendes Foto machen kann.«

Die Liebe zur Musik war sein Antrieb, mit dem Fotografieren zu beginnen, denn dadurch konnte er den Musikern möglichst nahe kommen. Und das gelang ihm wie kaum einem anderen: Was David Bailey in den 1960ern und 1970ern für Großbritannien war, ist Anton Corbijn seit den späten 1970ern, und das eigentlich global. U2, Depeche Mode, David Bowie, die Rolling Stones, Herbert Grönemeyer und viele andere, denen er teilweise schon seit Jahrzehnten freundschaftlich verbunden ist, setzte er auf unvergleichliche Art in Szene und verpasste manchen ein neues Image. So beispielsweise Depeche Mode, die mit Corbijns eindringlichen Bildern vom Image einer »normalen« Popband, als die sie zu Beginn angesehen wurden, wegkommen wollten – was durchaus funktionierte. Das Gleiche galt für die Arbeit mit U2. Neben Musikern fotografiert Corbijn seit den 1980ern Berühmtheiten aus den unterschiedlichsten Bereichen wie Robert De Niro, Lucian Freud, Peter Doig, Martin Scorsese und Jeff Koons wie auch Nelson Mandela und Kate Moss.

Eine besondere Rolle in Corbijns Bildern spielt neben der Tatsache, dass er immer aus der Hand fotografiert, von Beginn an auch die besondere Anmutung seiner Arbeiten. Nachdem er seine Bilder anfänglich in schlichtem, kontrastreichem Schwarzweiß entwickelte, schuf er seit den 1990er Jahren so genannte Lith-Prints, bei denen durch den Einsatz eines speziellen Entwicklers in Kombination mit Japanpapier die Kontraste verstärkt werden, was den Fotos ihren ganz eigenen fast schon malerischen Charakter verleiht. Für seine Ende der 1990er Jahre entstandene Serie »falscher« Paparazzi-Aufnahmen, *33 Still Lives*, verwendete er Polapan-Filmmaterial und für die Abzüge Farbpapier, um einen grobkörnigen, ins Blaustichige tendierenden Effekt zu erzielen. In seinen Porträts sucht Corbijn nach der inneren Schönheit, dem inneren »Kampf« desjenigen, der vor der Kamera steht – und scheint dies auch zu finden; so Keith Richards: »Alle großen Fotografen haben ein drittes Auge. Anton hat drei dritte Augen.« Corbijn selbst sagt dazu: »Als Künstler bringt man etwas von sich selbst in die Fotografie mit ein. Das unterscheidet die eigene Arbeit von anderen.« Bei ihm ist es vielleicht eine gewisse Ernsthaftigkeit, die ein Erbe seines protestantischen Elternhauses ist.

Neben seiner Fotografie schuf Corbijn etliche erfolgreiche und wegweisende Musikvideos, gestaltete Plattencover, erdachte Bühnenbilder für Konzerttourneen und arbeitet auch als Filmregisseur. 2007 drehte er mit *Control* einen Film über Ian Curtis, den Sänger von Joy Division, der Band, deretwegen er unter anderem nach London ging. Corbijn arbeitete mit Größen wie George Clooney und Philip Seymour Hoffman zusammen, von ihm stammt aber auch der Welt *Kleinster Kürzester Film*, den er 2010 für die niederländische Post schuf. Er dauert etwas über eine Sekunde und wurde auf einer Briefmarke veröffentlicht.

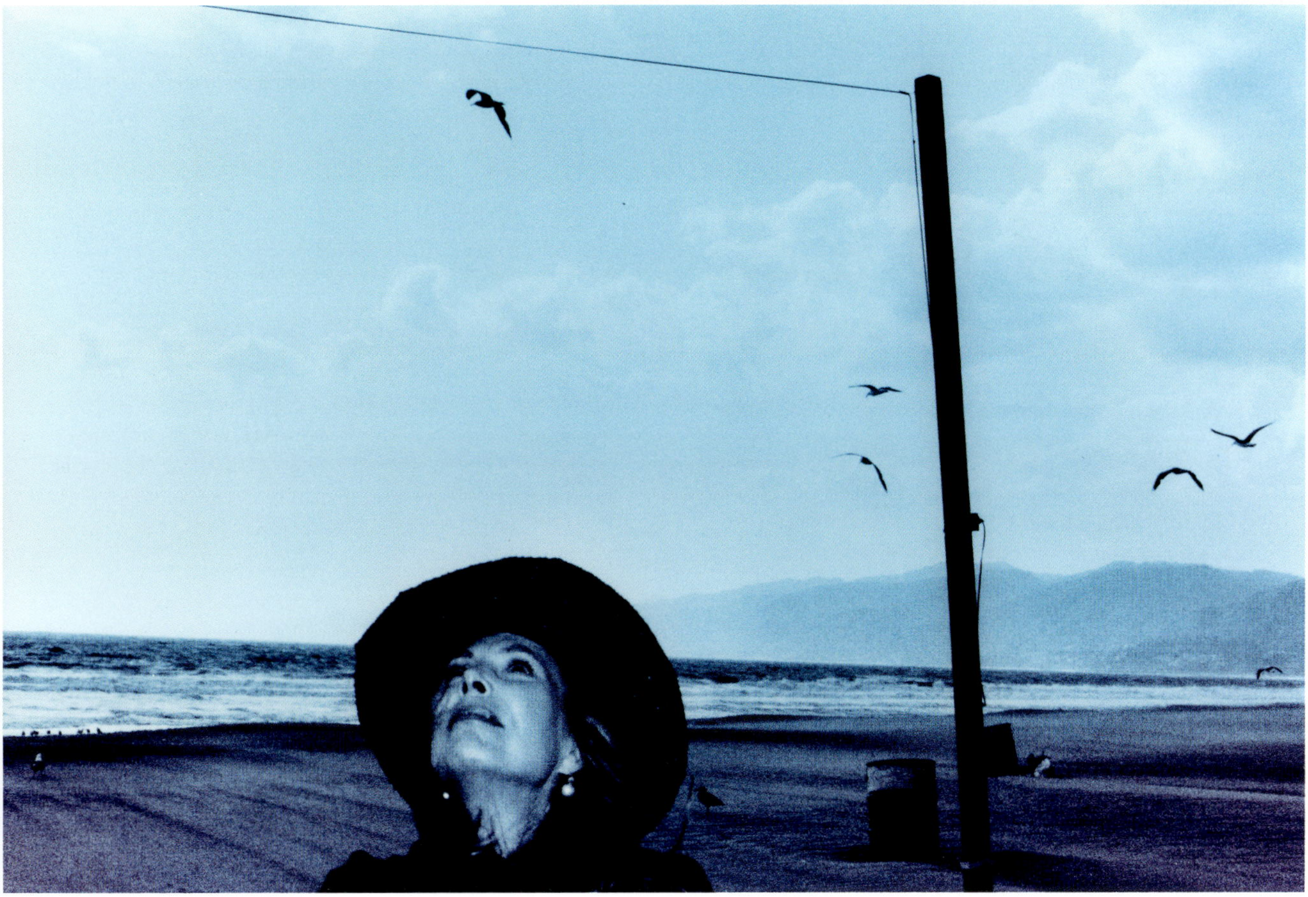

Joni Mitchell, Santa Monica, 1999

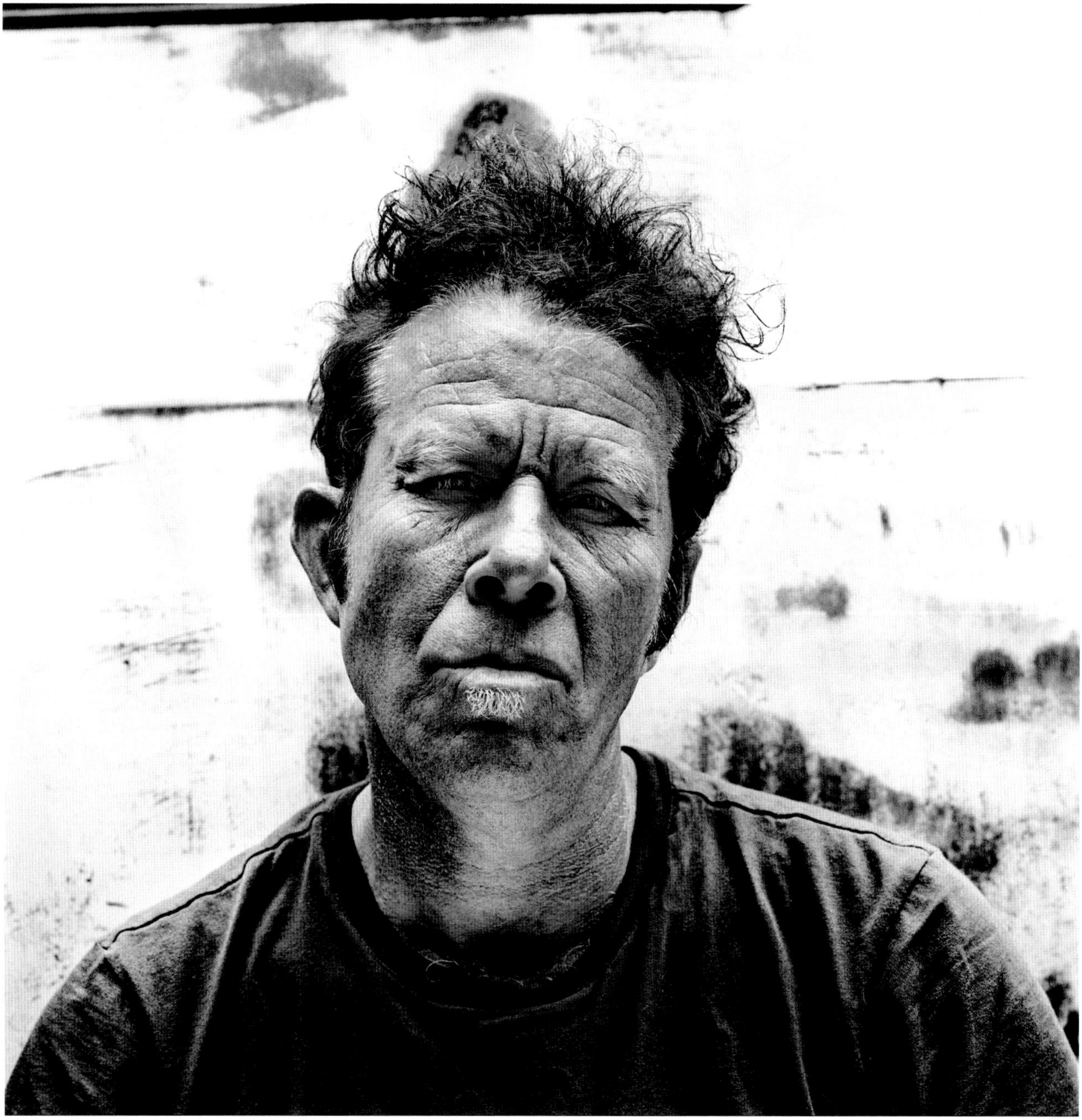

Tom Waits, Petaluma, 2004

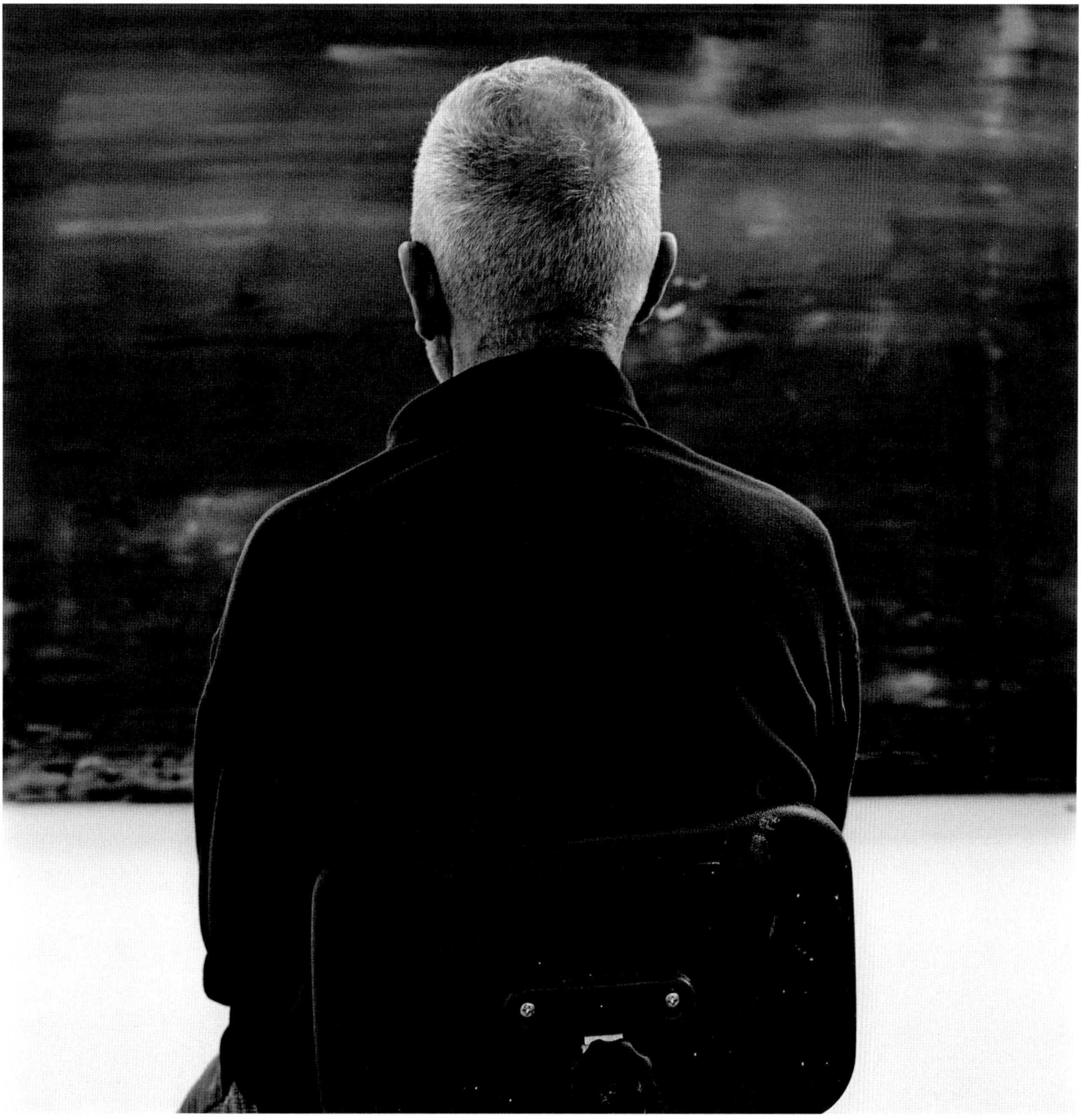

Gerhard Richter, Köln, 2010

32

ANDREAS GURSKY

Andreas Gursky gehörte Ende der 1980er Jahre neben Jeff Wall, Thomas Ruff und anderen Fotografen der so genannten Becher-Schule zu den Ersten, die ihre Fotos konsequent auf »museale« Größe brachten. Sie erregten damit einiges Aufsehen und verschafften der Fotografie einen neuen Stellenwert und einen gebührenden Platz in der Kunst.

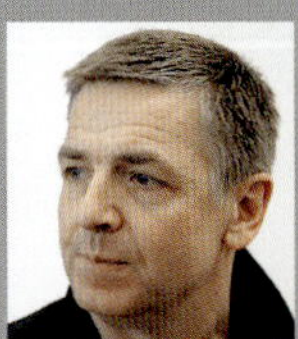

ANDREAS GURSKY

1955 Geboren in Leipzig, Deutschland. Vater und Großvater waren Fotografen.

Ab 1977 Fotostudium an der Folkwangschule, Essen.

1981 Wechsel an die Kunstakademie Düsseldorf.

Bis 1987 Studium bei Bernd und Hilla Becher. Bildet mit Axel Hütte, Thomas Struth u.a. die »Düsseldorfer Schule«.

2001 Ausstellung im Museum of Modern Art, New York.

2008 Goslarer Kaiserring.

Seit 2010 Professor an der Kunstakademie Düsseldorf.

Zu Beginn seiner Karriere fotografierte Andreas Gursky noch mit analogen Großformatkameras. Später, mit dem Einzug der Digitaltechnik, emanzipierte er sich vom »einfachen Abbilden« und schuf in seinen Bildern neue, eigene Wirklichkeiten. Wie in der Malerei entstand das eigentliche Werk jetzt nicht mehr nur vor Ort, sondern wurde aus verschiedenen Einzelfotos komponiert. Gursky zieht selbst den Vergleich: »Ich würde wirklich sagen, dass es mit den jetzigen digitalen Möglichkeiten keine Unterschiede mehr gibt zwischen Fotografie und Malerei.« Gurskys Bilder entstehen nicht wie andere Fotos in einem Moment, sondern Stück für Stück aus verschiedenen Aufnahmen, die er am Computer zu einem Ganzen zusammenfügt. Seine Bilder sind eine Kombination aus Detail- und Fernsicht: »Meine Bilder sind immer von zwei Seiten komponiert. Sie sind aus extremer Nahsicht bis ins kleinste Detail lesbar. Aus der Distanz werden sie zu Megazeichen.« Wegen dieser Ambivalenz von Nähe und Ferne benötigen die Werke idealerweise den »Museumsmaßstab«. Jedes Motiv wird zur Massendarstellung: Ein Spargelfeld in Beelitz dehnt sich aus bis zum Horizont, eine Korbflechterei wird zum Massenbetrieb, eine Formel-1-Rennstrecke in Bahrain wird zur unendlich erscheinenden Wüstengrafik, und die dreistöckige Westfalenhalle in Dortmund wird beim Mayday-Rave zu einem 18-stöckigen Technotempel »gesampelt«. Gurskys Bilder spielen mit der traditionellen Glaubwürdigkeit, die der Fotografie lange zugeschrieben wurde und nach der das, was auf dem Bild zu sehen ist, auch so vor der Kamera gestanden haben muss. Für seine Bilder gilt allerdings: »Jedweder Wahrheitsanspruch in meinen Bildern ist nur dahingehend zu befriedigen, dass ein bestimmtes Ereignis tatsächlich im Hier und Jetzt stattgefunden hat.« Aber auch diese Gewissheit bröckelt in seinen jüngeren Werken …

Indem Gursky die innerhalb eines gewissen Zeitraums von einem Geschehen erstellten Aufnahmen zusammenfügt, verdichtet er die Zeit. Es gibt also nicht mehr den »entscheidenden« Moment des Auslösens, der die Fotografie bis dahin geprägt hat, sondern viele Momente, die, zusammen in einem Bild vereint, einen neuen, künstlerischen Moment bilden. Alles, was sich auf den Bildern befindet, hat sich auch wirklich vor der Kamera befunden, aber in einem anderen Zusammenhang und zu unterschiedlichen Zeiten. »Ich behaupte nie, das Bild sei eine Abbildung der Realität. … Es ist immer eine Mischung aus Erfindung und Realität.« Seine Bilder sind zeitlich komprimiert und räumlich häufig gleichsam gedehnt. Sie funktionieren in gewisser Weise wie Erinnerungen an einen Ort oder eine Situation, die sich im Geiste verändern, aber doch einen realen Bezugspunkt haben. Sie sind die künstlerische Umsetzung einer realen Situation; oder, wie Gursky selbst sagt: »Das Bild ist zwar nicht wahr, aber wahrhaftig.«

Nicht nur die Größen von Gurskys Bildern sind museal, sondern auch die Preise. Das Bild *Rhein II* (1999) war mit 4,3 Millionen Dollar 2011 das teuerste Foto der Welt – ebenso wie 2007 die Arbeit *99 Cent II. Diptychon* (2001) mit 3,3 Millionen Dollar und das Bild *99 Cent* (1999), das 2006 für 2,2 Millionen Dollar ersteigert wurde. Ironischerweise zeigen die beiden letztgenannten Werke einen Schnäppchenmarkt, in dem, wie der Name es schon verrät, kein Artikel teurer verkauft wird als für 99 Cent.

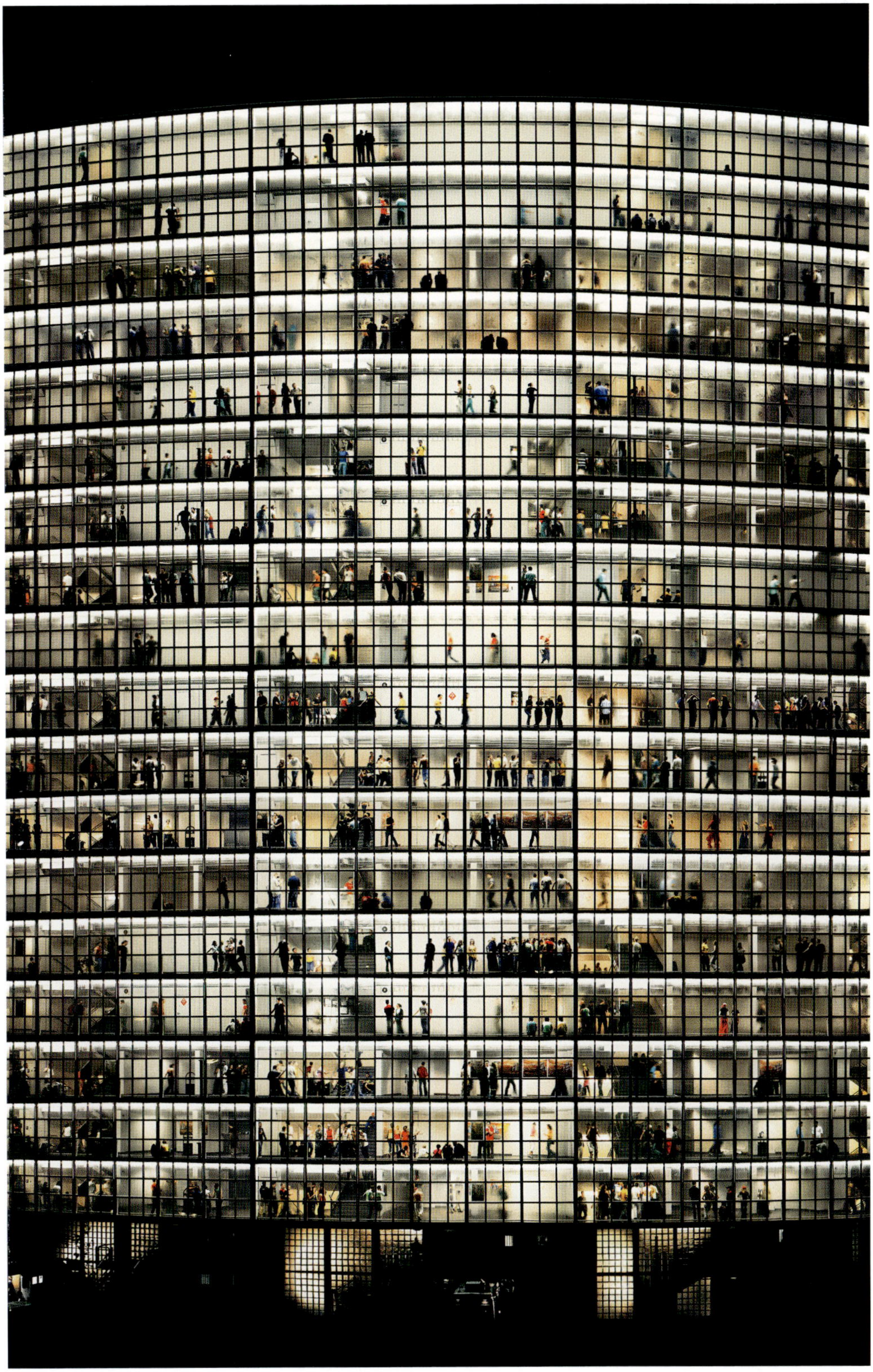

Mayday V, 2006

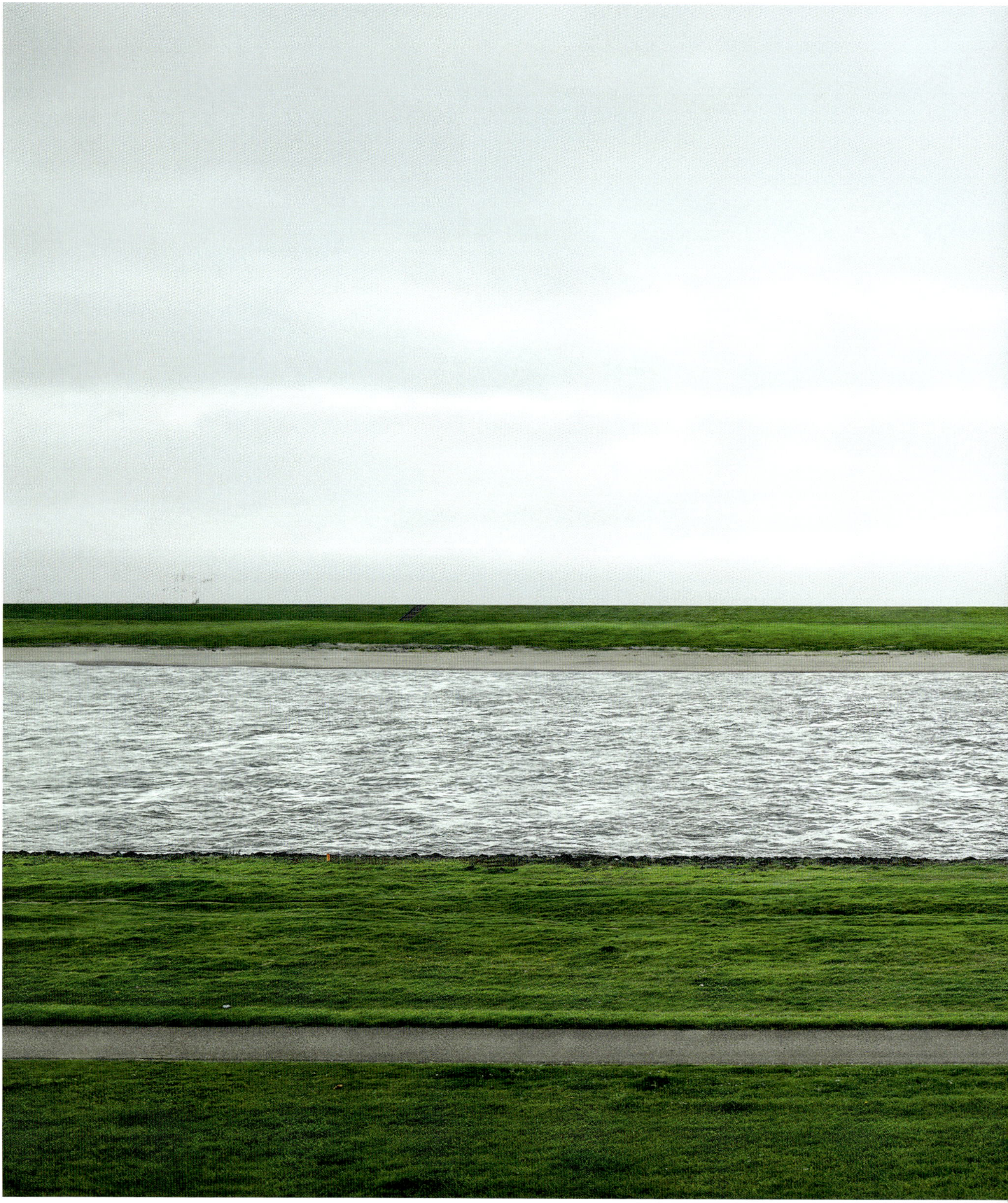

Rhein II, 1999

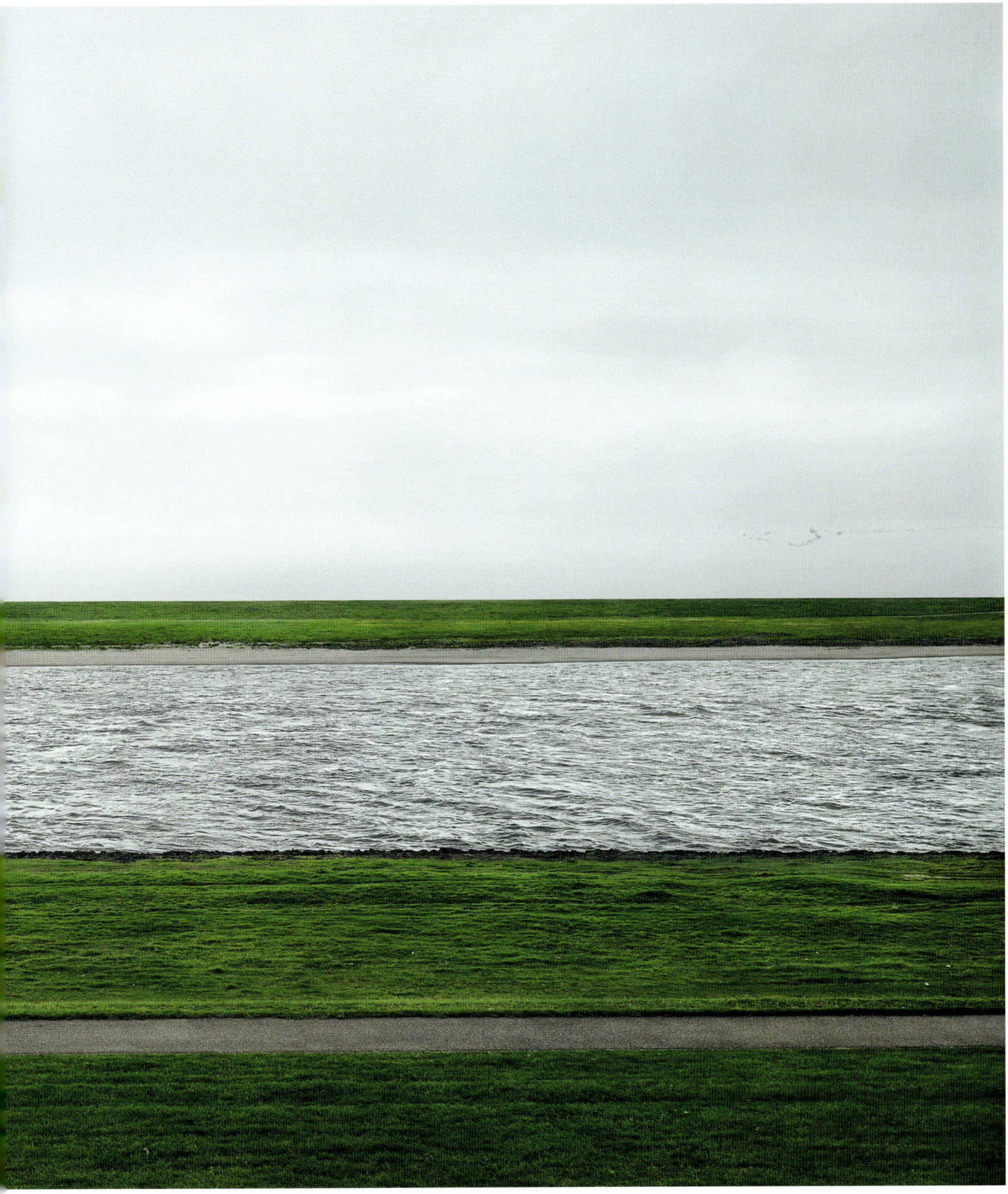

33

PAUL GRAHAM

»Starren. So erzieht man sein Auge, und mehr. Starren, spähen (neugierig sein), hinhören, lauschen.« Diese Maxime von Walker Evans (1903–75) setzt Paul Graham in seinen Fotos um. Er beobachtet und fotografiert das Leben und lässt in seinem Werk das Dokumentarische hinter sich.

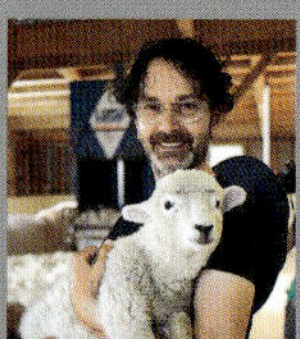

PAUL GRAHAM

1956 Geboren in Stafford, England. Studium der Mikrobiologie an der Universität von Bristol (Bachelor of Science, 1978).

1983 *A1 – The Great North Road.*

1986 *Beyond Caring.*

1987 *Troubled Land.*

1993 *New Europe.*

2002 Umzug nach New York.

2003 *American Night.*

2007 *A Shimmer of Possibility.*

2009 Deutsche Börse Photography Prize; *A Shimmer of Possibility* wird im Museum of Modern Art, New York, gezeigt.

2012 *The Present*, Hasselblad Foundation Award.

2014 *Does Yellow Run Forever?*

www.paulgrahamarchive.com
www.carliergebauer.com

Paul Grahams frühe Arbeiten stammen aus den 1980er Jahren, als der Fotojournalismus noch von den schwarzweißen Fotos des »entscheidenden Moments« eines Henri Cartier-Bresson geprägt war und Farbe als Kitsch und als banal angesehen wurde. In England war die »Eiserne Lady« an der Macht und baute den Staat radikal um. Eine Folge davon waren volle Arbeits- und Sozialämter, deren Tristesse Paul Graham in seiner Serie *Beyond Caring* (1986) dokumentierte. Aus der Perspektive dessen, der selbst auf diese Ämter angewiesen ist, fotografierte er die Menschen, die wie er warteten. Undramatisch, aber treffend. Die Tatsache, dass er das in Farbe machte, brachte ihm einige Kritik ein: Farbe sei zu fröhlich, zu positiv, schlicht zu unseriös für ein solch brisantes Thema. Für Graham, wie auch für Martin Parr und andere Fotografen der britischen »New Colour Documentary School«, erweiterte die Farbe allerdings die dokumentarischen Möglichkeiten, indem durch sie neue Elemente im Formalen wie auch im Symbolischen dazukamen.

Graham fotografiert nicht das Außergewöhnliche, sondern das Offensichtliche. In seinem Buch über den Nordirlandkonflikt, *Troubled Land* (1987), hat man auf den ersten Blick das Gefühl, friedliche Landschaftsbilder zu sehen. Aber nur auf den ersten; bis man in kleinen Details Hinweise auf den schwelenden Konflikt findet: einen Union Jack in einem Baum, einen laufenden Soldaten auf einer Verkehrsinsel oder farbig bemalte Bordsteine, die die Grenzen zwischen den Konfessionen markieren. Wie in vielen von Grahams Serien lehrt der Blick auf das scheinbar Nebensächliche das genaue Hinsehen und die Tatsache, dass das Leben in der Regel nicht aus spektakulären und fotogenen Momenten besteht.

Seine amerikanischen Arbeiten, *American Night*, *A Shimmer of Possibility*, *The Present*, beschäftigen sich mit dem Sehen und mit dem Fotografieren gleichermaßen. Manche seiner Bildserien sind die fotografische Umsetzung dessen, wie wir auf die Welt blicken. Man sieht das eine, wird abgelenkt, schaut kurz woandershin, erblickt ein kleines Detail und sieht wieder zu dem, was die Aufmerksamkeit zuerst erregt hat. Der Blick ist ständig im Fluss und fokussiert mal da, mal dort. Graham konzentriert seinen Blick auf völlig normale und alltägliche Momente, die das eigentliche Leben ausmachen, denn das besteht zum größten Teil nicht aus den entscheidenden Momenten, sondern aus denen dazwischen. Er meint: »Viel zu viele Fotografen denken, dass sie, wenn sie ein Bild von etwas Interessantem machen, automatisch auch ein interessantes Foto haben. Aber so ist es nicht.«

Besondere Wirkung erzielen seine Fotos in seinen Büchern. Hier ist er wie kaum ein anderer innovativ und assoziativ im Umgang mit dem Material. So ergibt sich beispielsweise aus den Einzelporträts der jugendlichen Clubbesucher in *End of an Age* (1999) über das gesamte Buch eine 360-Grad-Drehung, die man subtil »untergeschoben« bekommt. *A Shimmer of Possibility* wurde 2011 bei Paris Photo zum besten und wichtigsten Fotobuch der vergangenen 15 Jahre gekürt.

Graham ist mit seiner Fotografie schon längst über die klassische Dokumentation hinausgegangen. Fotos »über« etwas werden unwichtiger zugunsten kleiner Beobachtungen, visueller Gedichte, die aus Dokumentation Kunst werden lassen.

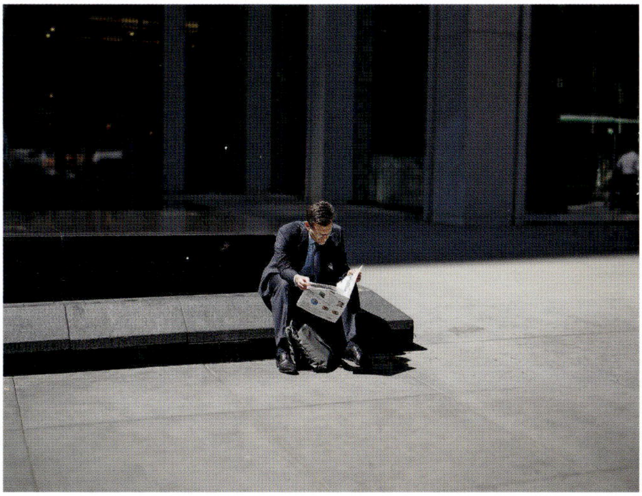

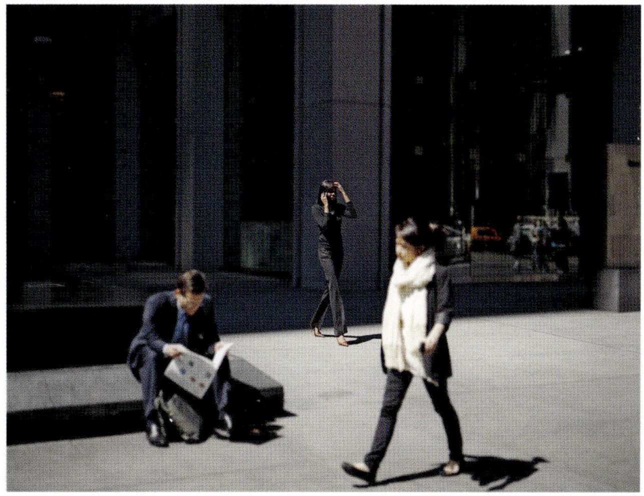

Rockefeller Center, 23rd April 2010, 1.50.50 pm, 2010

34

THOMAS RUFF

Die Kunst von Thomas Ruff mag realistisch anmuten, gleichwohl spielt der Fotograf in seinen Porträts mit der Vorstellung von Wirklichkeit und Bild. Die passbildartigen Aufnahmen lenken das Augenmerk des Betrachters weg vom Individuum hin zu jenen Aspekten, die bezeichnend für ein Kunstwerk sind: Textur, Farbe und Komposition.

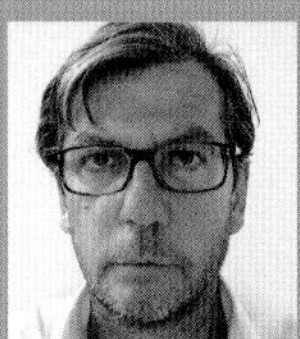

THOMAS RUFF

1958 Geboren in Zell am Harmersbach, Deutschland.

1977–85 Studium der Fotografie an der Kunstakademie Düsseldorf.

1981–85 Erste Serie passbildartiger Porträts.

1987–91 Serie *Häuser*.

1992 Teilnahme an der documenta IX.

1995 Teilnahme an der Biennale von Venedig.

1997 Beginn der Serie *Plakate* mit digital hergestellten Fotos.

2006 Infinity Award, International Center of Photography, New York.

»Meine Bilder sind kein Abbild der Wirklichkeit, vielmehr zeigen sie eine Art zweiter Wirklichkeit; sie sind ein Bild vom Bild.«

Thomas Ruff wurde 1958 in einer kleinen Stadt im Schwarzwald geboren. Wie viele ambitionierte deutsche Fotografen studierte er in den 1970er Jahren bei Bernd und Hilla Becher an der Kunstakademie Düsseldorf. Das Fotografen-Ehepaar Becher wurde bekannt mit seinen Aufnahmen einheimischer Architektur, darunter Getreidesilos und Wassertürme, die das Motiv in fast porträthafter Manier frontal zeigen und seine formale Erscheinung in den Mittelpunkt stellen. Ihre strengen Kompositionen übten großen Einfluss auf viele Studenten aus, die später selbst berühmt wurden, beispielsweise Candida Höfer, Andreas Gursky und Thomas Struth.

1981 schuf Thomas Ruff erste Porträts, in denen er die formalen Qualitäten, die ein Bild ausmachen, zu ergründen versuchte. Er fotografierte seine Modelle vor unbestimmtem oder weißem Hintergrund entweder frontal oder im Profil und ließ sie mit neutraler Miene posieren. Das Ergebnis waren Fotos, die anonymen Passbildern ähneln und die Modelle gleichsam entpersönlicht dem Blick des Betrachters aussetzen. Von den Aufnahmen ließ Ruff großformatige Abzüge herstellen. Das Format und der Mangel an persönlichem Ausdruck lenken das Augenmerk des Betrachters auf physische Details und die kompositorische Anlage selbst. So stehen bei der hier abgebildeten Arbeit aus dem Jahr 1989 der symmetrische Bildaufbau und die kontrastierende Oberflächenbeschaffenheit des weich fallenden roten Hemds und der stoppligen, porigen Haut im Fokus der Wahrnehmung. Mit seinen Arbeiten hinterfragt Ruff die Vorstellung, Porträtaufnahmen würden das »Wesen« einer Person erfassen. Gelegentlich wurde seine Arbeit mit den fotorealistischen Porträts von Chuck Close verglichen, bei denen der Blick gleichfalls durch die großen Formate und die Ausdruckslosigkeit der Gesichter auf die Einzelheiten der bildlichen Struktur gelenkt wird.

In den späten 1980er Jahren entfernte Ruff sich vom Medium des Porträts. In einer Serie von 1995 zeigt er die nächtlichen Straßen Düsseldorfs in einen grünlichen Schleier gehüllt. Die Bilder erinnern an Nachtaufnahmen aus Kriegsgebieten im Fernsehen, in denen die Bombardements aus der Luft durch den dunstigen Himmel und die sanften Lichter der Städte geradezu harmlos erscheinen. Derartige Bilder »dokumentieren« den Krieg auf eine Weise, die seine brutale Realität weitgehend ausblendet. In jüngerer Zeit experimentierte Ruff auch mit verschiedenen fototechnischen Verfahren. Seine »Fotogramme« aus den 2010er Jahren sind abstrakte Kompositionen, die der Künstler digital mit Hilfe einer 3D-Software schuf. Diese und ähnliche Arbeiten belegen noch einmal Ruffs durchgehendes Interesse an der Fotografie nicht als ein Mittel zur Darstellung der Wirklichkeit, sondern als eigenständiges Bildmedium.

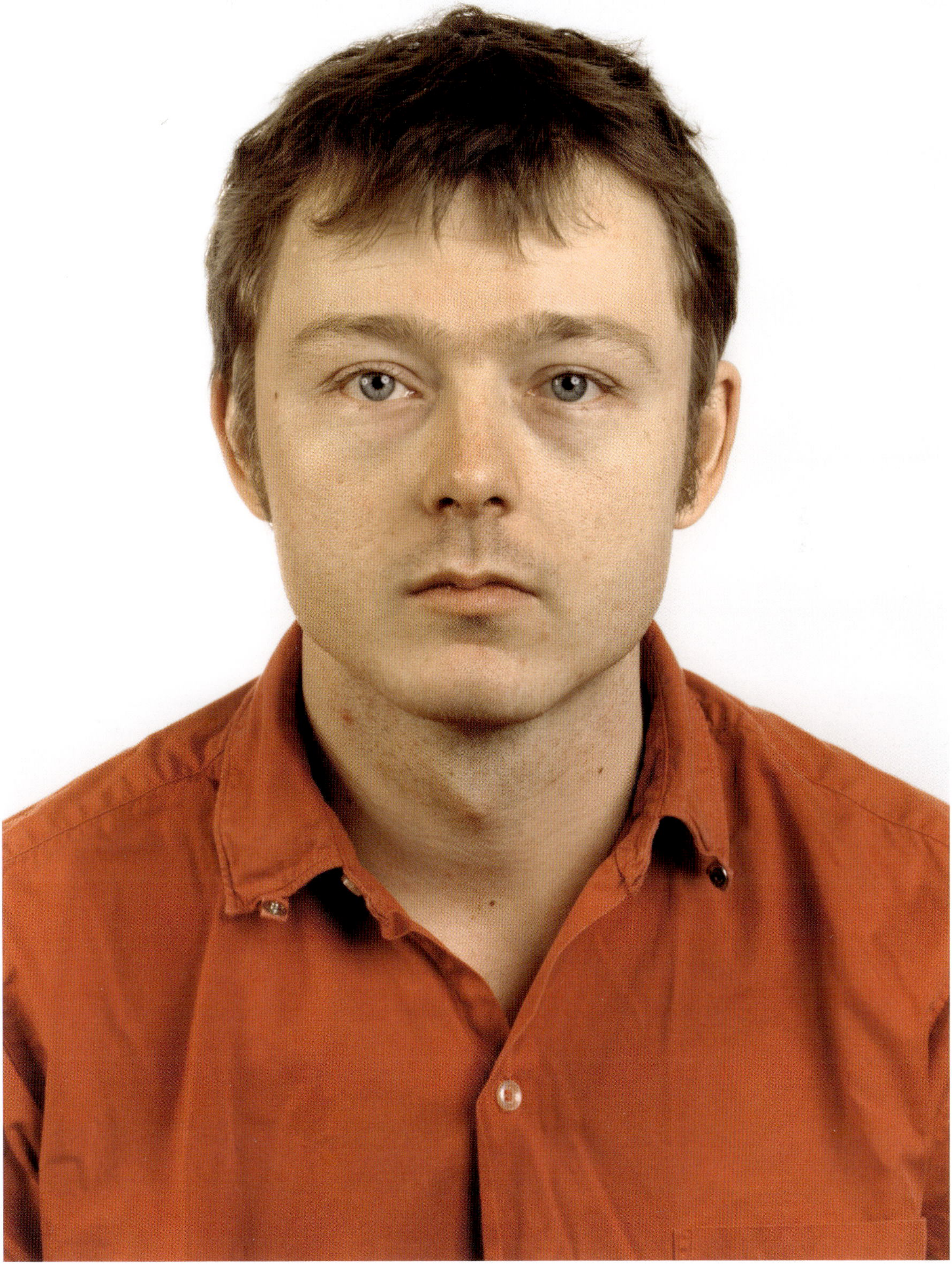

Porträt 1989 (F. Terhardt), 1989

35

RINEKE DIJKSTRA

Junge Menschen am Strand. Allein, nur mit Badehose oder Bikini bekleidet, blicken sie mit ernsthaftem Ausdruck in die Kamera. Körperhaltungen, die noch keine Bestimmtheit haben, und Blicke, die zwischen Vergangenheit und Zukunft, zwischen Kindheit und Erwachsensein hängenbleiben.

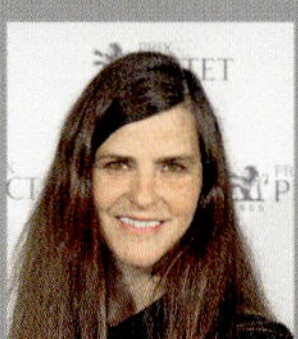

RINEKE DIJKSTRA

1959 Geboren in Sittard, Niederlande.

1981–86 Studium an der Gerrit Rietveld Academie, Amsterdam.

1997 Einzelausstellung Photographers' Gallery, London; Teilnahme an der Biennale von Venedig.

1998 Einzelausstellung *Menschenbilder*, Museum Folkwang, Essen.

2001 Teilnahme an der Biennale von Venedig.

2005/06 *Rineke Dijkstra: Portraits* im Stedelijk Museum, Amsterdam; Jeu de Paume, Paris; Fotomuseum Winterthur; La Caixa, Barcelona.

2012 *Rineke Dijkstra: A Retrospective* im San Francisco Museum of Modern Art; Solomon R. Guggenheim Museum, New York.

www.maxhetzler.com

Mit Fotografien von pubertierenden Jugendlichen, die in ihrer ganzen Unentschlossenheit und Schüchternheit vor der Kamera stehen und den Betrachter direkt ansehen, wurde die niederländische Fotografin Rineke Dijkstra in den 1990er Jahren bekannt. Zwischen 1992 und 1996 entstanden diese Aufnahmen in den USA, in Polen, der Ukraine, in Kroatien, Belgien und England. Dijkstra wählt einen klassischen Porträtansatz: Sie konzentriert sich ganz auf die Person, ohne Attribute, ohne erklärenden Hintergrund. Dadurch entstehen schlichte und spektakulär-unaufgeregte Bilder. Die einfache Technik ist dabei immer die gleiche: 4x5-Inch-Kamera mit weichem Blitz von vorne. Die Fotografin gibt wenige Regieanweisungen und lässt den Personen vor der Kamera so Zeit, zu sich selbst, zu ihrer eigenen Haltung zu finden. Sie erklärt dazu: »All diese Posen wirken so unfertig, wie ein Entwurf, vergleichbar mit diesem Moment des Übergangs, wenn man von der Kindheit in den Zustand des Erwachsenseins gelangt. Ich denke, diesen Moment festzuhalten war sehr wichtig für mich.« Der Übergang generell ist ein wichtiges Thema in ihrer Arbeit genauso wie die Frage, was von einer Person bleibt, wenn die üblichen Masken und Mechanismen wegfallen, die man sich zum Schutz zugelegt hat. Bei den Jugendlichen ist dieser Schutz, der später unter Umständen auch zum Panzer werden kann, noch nicht so ausgeprägt. Als erwachsener Betrachter erinnert man sich daran mit der Erleichterung, diese komplizierte, verunsichernde Phase im Leben mehr oder weniger erfolgreich hinter sich gebracht zu haben, und kann schlicht mit den jungen Menschen fühlen.

Dijkstras Fotografien erinnern dabei in ihrer technischen Perfektion und ihrer Schlichtheit an die *Menschen des 20. Jahrhunderts* von August Sander (1876–1964) und an den konzeptuellen Ansatz der Becher-Schule, allerdings ohne deren intellektuellen Überbau.

Dijkstra interessiert sich in fast allen Serien ihres fotografischen Œuvres, wie etwa den Strandporträts oder den Parkbildern, primär für die Intensität und Eindringlichkeit des Augenblicks. Doch auch den Moment nach einem ermüdenden oder sogar lebensbedrohlichen Ereignis möchte sie mit der Kamera festhalten, wenn sich komplexe, oft widersprüchliche Emotionen wie Erschöpfung, Stolz, Freude oder Angst im Ausdruck der Person spiegeln. Ihre Bilder zeigen somit junge israelische Soldaten nach der ersten Schießübung, Stierkämpfer, die kaum mehr etwas von einem stolzen Torero haben, sondern blutverschmiert, mit Rissen in der Kleidung, müde in die Kamera blicken. Oder Mütter, die gerade eine Geburt hinter sich haben und zwischen Erschöpfung, Freude und Beschützerinstinkt mit ihrem Kind im Arm vor einer nackten Wand stehen. Es gehört durchaus Mut dazu, sich dieser Art von Porträtfotografie zu stellen und mit dem Ergebnis konfrontiert zu werden.

Und immer wieder ergibt sich dabei die Frage, die Dijkstras Werk durchzieht: Was bleibt, wenn man auf sich allein zurückgeworfen ist, wenn nichts mehr zwischen einem selbst und dem anderen steht? Es ist die Frage der Identität, die Dijkstra in ihren berührenden Porträts immer wieder stellt – schlicht und ergreifend.

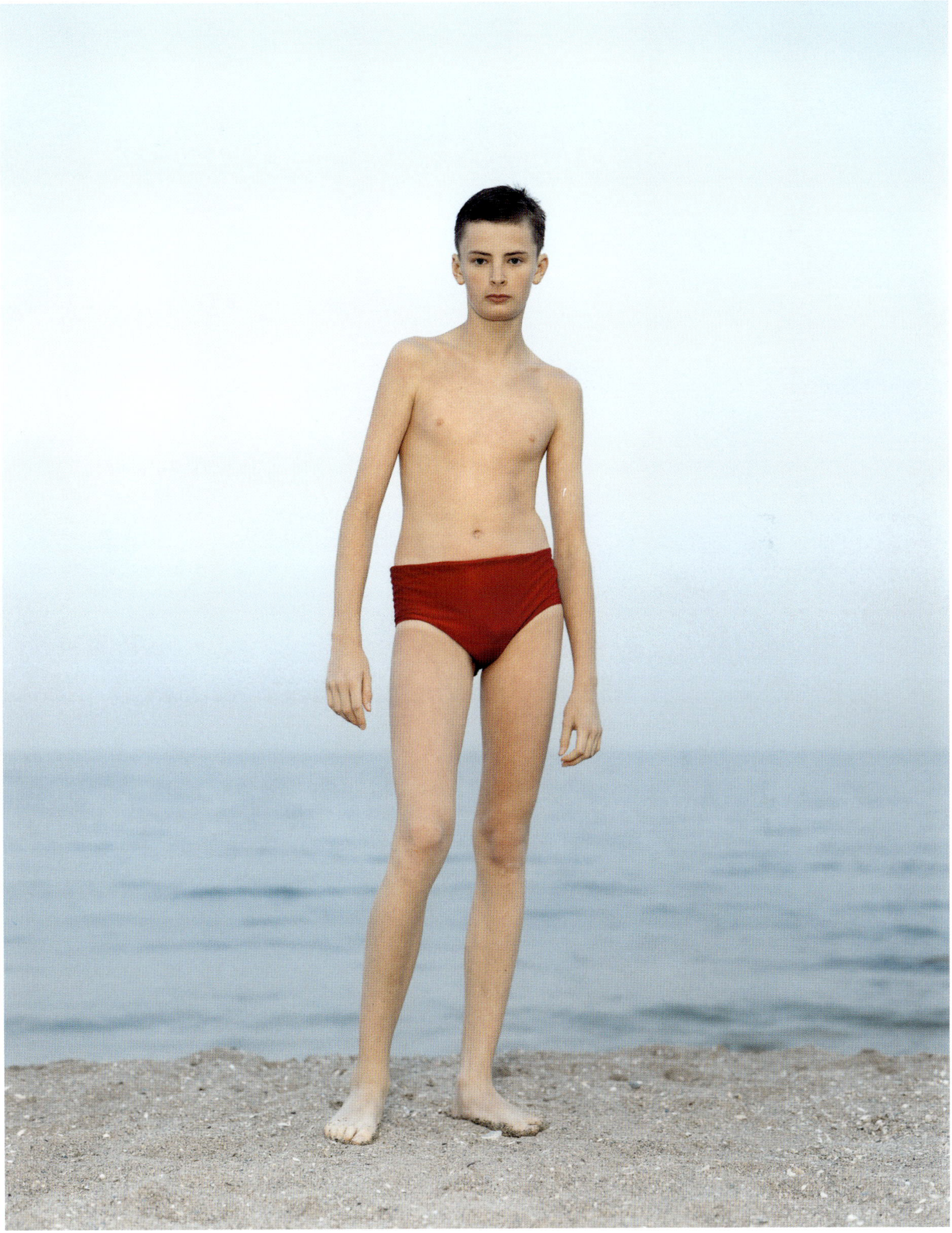

Odessa, Ukraine, 4. August 1993

36

ANTOINE D'AGATA

Der berühmte Robert Capa sagte einmal, wenn das Bild nicht gut sei, sei man nicht nah genug dran gewesen. Der französische Fotograf Antoine d'Agata ist extrem nah dran: »Ich wollte nie die Position des Beobachters akzeptieren, der nicht in die Situation involviert ist.«

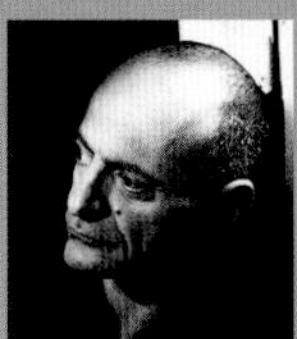

ANTOINE D'AGATA

1961 Geboren in Marseille, Frankreich.

1983 Verlässt Frankreich für zehn Jahre.

1990/91 Kurse bei Nan Goldin und Larry Clark am International Center of Photography in New York.

1991/92 Büroarbeit bei Magnum Photos in New York.

1993 Rückkehr nach Frankreich und vier Jahre Pause von der Fotografie.

1998 *Mala Noche*; *De Mala Muerte*.

1999 Marty-Forscher-Stipendium.

2001 Prix Niépce.

2003 *Insomnia*.

2004 Mitglied bei Magnum Photos.

2013 *Anticorps*; *Odysseia*.

2015 *Désordres*.

Antoine d'Agata geht extrem nah heran an die Menschen und Situationen, die er mit seiner Kamera aufnimmt – Menschen, mit denen er Stunden, Nächte, Tage, Monate verbringt, Drogen konsumiert und Sex hat. Verstörende Bilder verwischter, verschwommener und von langen Belichtungszeiten scheinbar zerstörter Körper sind das Markenzeichen der Fotografie von d'Agata. Die Körper erinnern an die Werke des englischen Malers Francis Bacon, die Fotografie an die Arbeit von Nan Goldin, die d'Agata zu seinen Vorbildern zählt, aber die sich neben ihm fast brav ausnimmt.

Und um sich noch mehr zu involvieren und auch Teil seiner eigenen Bildwelt zu werden, ist er nicht nur hinter der Kamera, sondern stellt die Kamera auf ein Stativ und fotografiert mit Selbstauslöser oder lässt andere den Auslöser drücken. Um diese Intensität zu erreichen, erspart d'Agata sich und dem Betrachter nichts. Packend, brutal, erschreckend, manchmal schwer erträglich sind seine obsessiven Bilder aus der dunklen Halbwelt und den Bordellen dieser Welt. Er macht keinen Unterschied zwischen Profession und privat und scheint wirklich alles zu fotografieren, was er, wie auch immer, erlebt. Das ist selten schön, aber Schönheit ist auch keine Kategorie, in der dieser Fotograf denkt. Es sind Bilder eines Getriebenen und Süchtigen, der noch in den Momenten zur Kamera greifen muss, in denen andere sie längst beiseitegelegt hätten. Und um sich noch tiefer in die jeweiligen Situationen hineinzustürzen, nutzte er alles, um die Dinge möglichst nicht zu kontrollieren: »Ich habe jede mögliche Methode probiert, die Kontrolle aufzugeben. Ich benutze, was immer ich zu fassen kriege – Alkohol, Drogen, Wut, Sex oder Angst –, um meine eigenen Grenzen auszudehnen und um sicherzustellen, dass das endgültige Bild nicht eine Illustration oder ein Bericht ist.«

Die Kamera war für d'Agata aber auch eine Art Rettungsanker, um in der Welt, in die er sich über Jahre begeben hat, nicht unterzugehen. Was ihm dabei gelang, ist, aus der Fotografie ganz neue Ausdrucksmöglichkeiten herauszuholen und Laien und Profis damit zu überraschen, zu bewegen und zu überzeugen. Antoine d'Agata scheint einen schier unendlichen Mitteilungsdrang zu haben, bildlich wie verbal – fast ein Zwang, alles, was ihn bewegt und treibt, zu zeigen, ja fast herauszuschreien, als würde es ihn sonst zerreißen. Manchmal fragt man sich als Betrachter, welchen Zweck d'Agata mit seinen Bildern verfolgt. Ist es eine Anklage an die Welt der ubiquitären Drogen- und Sexindustrie und ihrer Opfer, oder sind die Arbeiten Ausdruck seines Umgangs mit seinen eigenen Obsessionen und Dämonen und so eine künstlerische Eigentherapie? Wie dem auch sei, d'Agata zeigt eine eher unbekannte, düstere Welt, die irritiert, verstört und schockiert – wahrscheinlich auch deshalb, weil sie eben genau so existiert. Und das wiederum lässt einen Schluss auf uns zu, denn die Welt ist nicht, wie sie ist, sondern wie wir sind.

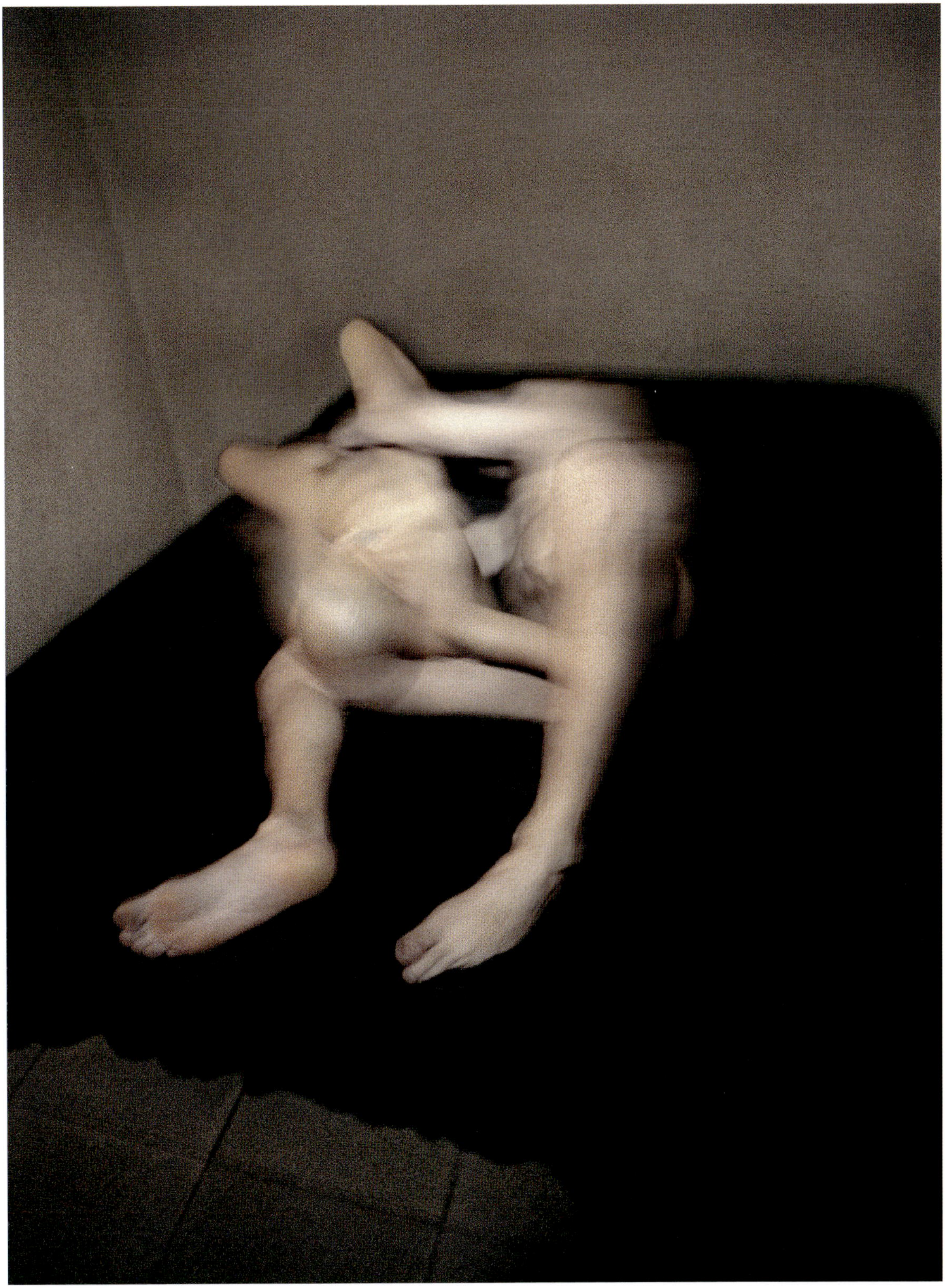

Phnom Penh, Kambodscha, 2008

37

DAYANITA SINGH

Es sind nur wenige Fotografen aus Indien in Europa und den USA bekannt, wie Raghu Rai und Raghubir Singh – und bei indischen Fotografinnen sind es noch weniger. Neben Sooni Taraporevala, die auch das Drehbuch zu *Salaam Bombay!* geschrieben hat, ist es vor allem Dayanita Singh, die seit Jahren international von sich reden macht.

Weil in den USA und Europa verhältnismäßig wenige indische Fotografinnen bekannt sind, steht Dayanita Singh diesbezüglich sehr im Mittelpunkt und fühlt sich manchmal in die »indische Schublade« gesteckt: »Schauen Sie bitte auf meine Arbeit und kümmern Sie sich nicht, ob ich Inderin oder Pakistani oder Schweizerin oder was auch immer bin. Warum spielt meine Nationalität eine solche Rolle?« Diese Frage stellt sie zu Recht, vor allem, wenn man bedenkt, dass sie 2013 bei der Biennale von Venedig Teilnehmerin des Deutschen Pavillons war und mit dem Chinesen Ai Weiwei, dem Deutschen Romuald Karmakar und dem Südafrikaner Santu Mofokeng gemeinsam im Französischen Pavillon ausstellte. Mehr Internationalität ist kaum möglich.

Nichtsdestotrotz spielen indische Themen in ihrer Arbeit eine wichtige Rolle. Sie machte Porträts und Reportagen über die indische Mittel- und Oberschicht, fotografierte in Goa und publizierte mit ihrem 2001 erschienenen Buch *Myself Mona Ahmed* einen 13 Jahre währenden fotografischen Bericht über einen Eunuchen, eine Hijra, die, von der Familie verstoßen, nach schicksalhaften Umwegen jetzt auf einem Friedhof in Delhi lebt. »Es ist die ultimative Geschichte von Verlust«, so die Fotografin, die mit Mona seit Langem eine enge Freundschaft verbindet.

Für ihr Buch *File Room* (2013) fotografierte Singh Archive in Indien, die von Akten in Papierform überzuquellen scheinen und im digitalen Zeitalter wie ein chaotischer Anachronismus wirken. In diesen Akten findet sich alles – von Geburten über Eheschließungen, Kinder und Steuern bis hin zum Tod. Es sind Archive über das Leben und dessen Geheimnisse und Dramen. Tatsächlich waren es aber weniger die Inhalte der Archive als vielmehr die Szenerien selbst, die Singh begeisterten – vielleicht auch deshalb, weil sie selbst ein riesiges Archiv ihrer Arbeiten hat, aus dem sie schöpft. Nach der Veröffentlichung ihres ersten Buches hatte ihr damaliger Verleger Walter Keller ihr geraten, sich ganz auf das Bildermachen zu konzentrieren, alles aufzunehmen, was sie wollte, und sich erst später mit Ausstellungen und Büchern zu beschäftigen. Das tat sie: »Ich könnte den Rest meines Lebens diese Bücher füllen, ohne ein weiteres Foto zu machen.«

Das hat sie schließlich zum Buchmachen geführt. Das Buch ist ihre Form. Eigentlich sollte man sich Dayanita Singhs Fotografien gar nicht einzeln ansehen – was allerdings auch schade wäre, denn die einzelnen Bilder strahlen viel Empathie für Menschen und Dinge aus und sind schlicht auch schöne, meist schwarzweiße Mittelformat-Fotos. Doch für Singh liegt die Kraft der Fotografie eben nicht im Einzelbild, sondern in der richtigen Reihung, und dafür ist ihr das Buch die passendste Präsentationsform. Konsequenterweise bezeichnet sie sich daher nicht mehr nur als Fotografin: »Büchermachen ist meine Vorliebe, Büchermachen ist meine Arbeit. Ich bin eine Büchermacherin, das ist meine Ausdrucksform.«

Für ihre Arbeit an den Büchern hat Singh in dem Verleger und Drucker Gerhard Steidl den idealen Partner gefunden. »Gerhard Steidl ist der wichtigste Mann in meinem Leben. Und nach Göttingen zu gehen ist das Mekka für mich. Wenn Sie mich fragen, wo meine wahre Heimat ist, würde ich sagen: die Düstere Straße in Göttingen. Dort sitzt Steidl, der Verleger meiner Bücher«, sagt Dayanita Singh.

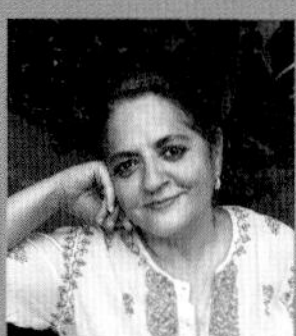

DAYANITA SINGH

1961 Geboren in Neu-Delhi, Indien.

1980–86 Studium Visuelle Kommunikation am National Institute of Design, Ahmedabad, Indien.

1986–88 Studium Dokumentarfotografie und Fotojournalismus bei Mary Ellen Mark am International Center of Photography, New York.

1986 *Zakir Hussain.* Arbeitet als Fotojournalistin.

2001 *Myself Mona Ahmed.*

2007 *Go Away Closer.*

2010 *Dream Villa.*

2014 *Museum of Chance;* Chevalier de l'Ordre des Arts et des Lettres, Frankreich.

www.dayanitasingh.com

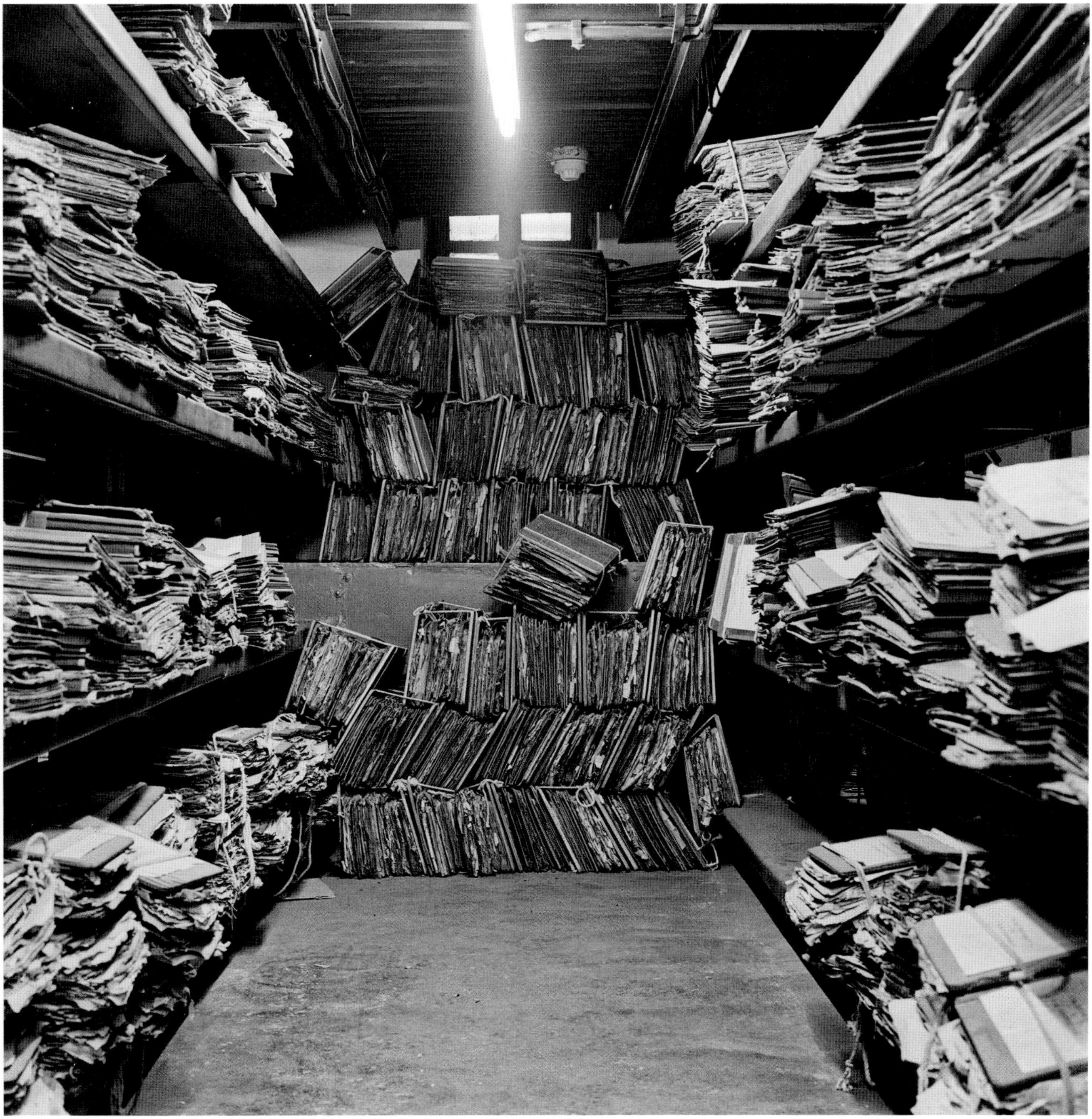

Aus »File Room«, 2013

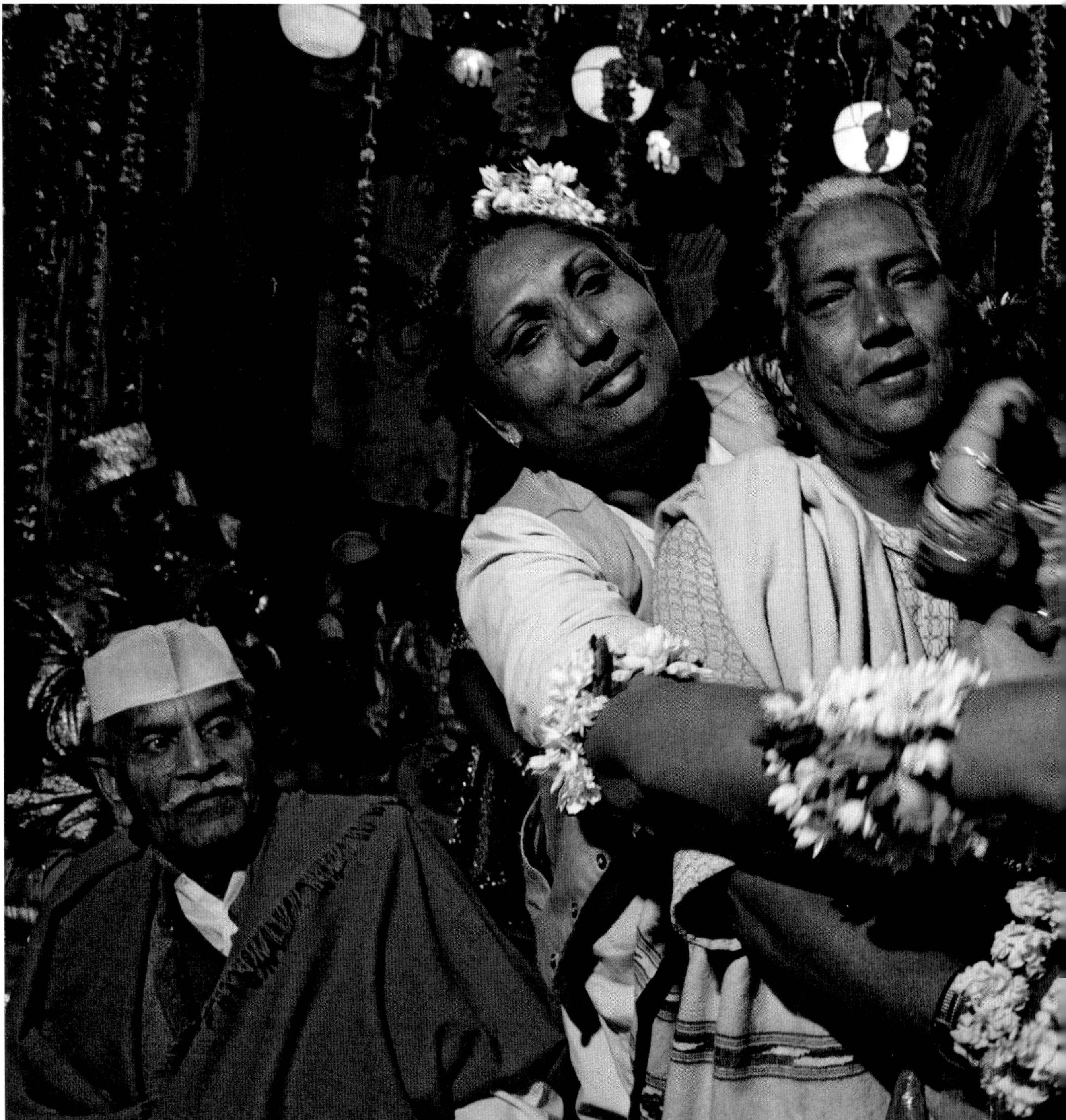

Bei seiner Ankunft wurde jeder Eunuch von mir mit einer Blumengirlande aus Jasminblüten begrüßt. Ayeshas erster Geburtstag (aus »Myself Mona Ahmed«), 1990

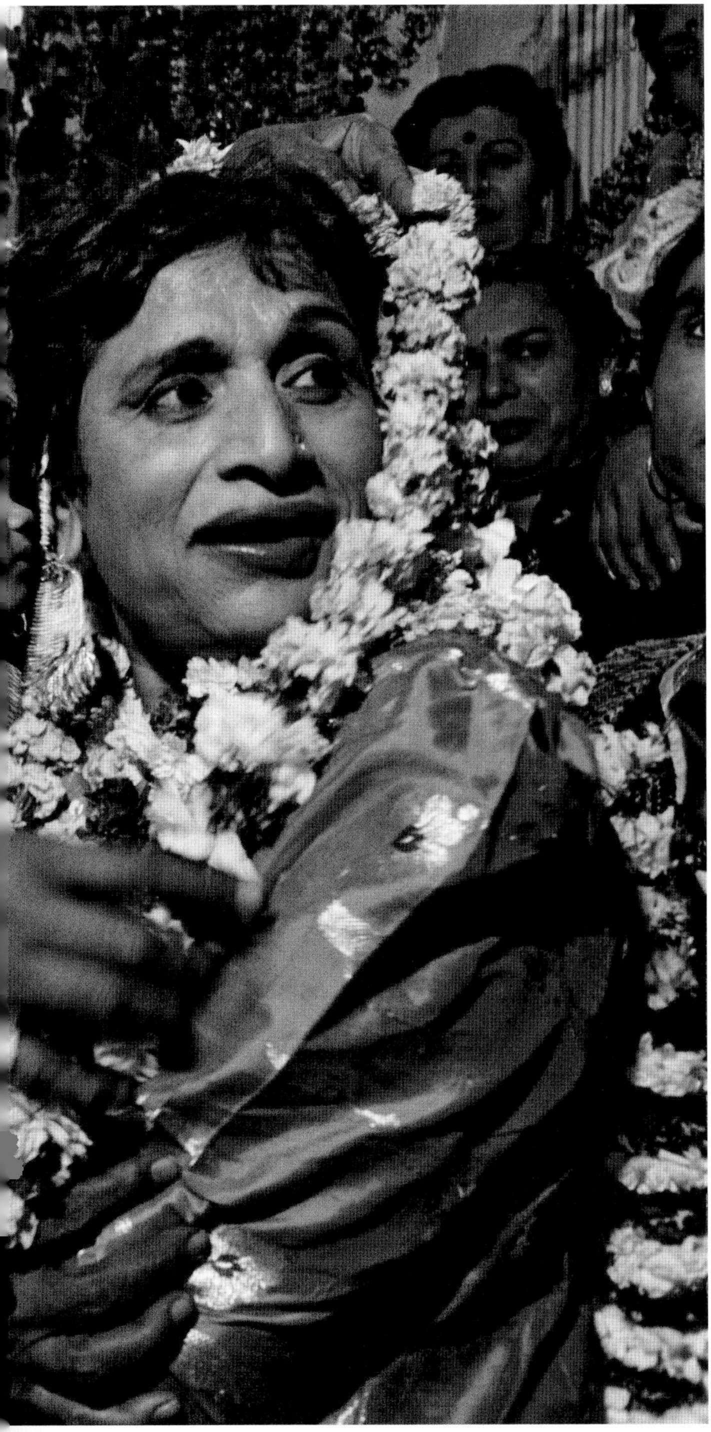

38

GREGORY CREWDSON

»Ich habe mich immer für Schönheit und Geheimnisse im Alltäglichen interessiert, für die psychologische Natur eines Bildes, dafür, wie meine Ängste und mein Begehren in meinen Fotografien aufscheinen. Die Bilder sind mein Mittel und mein Versuch, Sinn in der Welt zu finden.

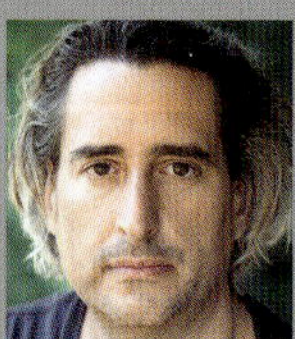

GREGORY CREWDSON

1962 Geboren in Brooklyn, New York.

Bis 1985
Studium der Fotografie an der State University of New York at Purchase und bis 1988 an der Yale University School of Art.
Lehraufträge an der Yale University School of Art, am Sarah Lawrence College, Bronxville, New York, u.a.

1995 *Hover.*

2002 *Twilight.*

2007 *Fireflies.*

2009 Deutscher Fotobuchpreis für *Beneath the Roses.*

Seit 2011
Professur an der Yale University School of Art.

2012 *Gregory Crewdson: Brief Encounters,* Regie: Ben Shapiro.

www.gagosian.com

Ob Gregory Crewdson den Sinn in der Welt schon gefunden hat, ist nicht zu sagen. Auch ist bei seinen Fotografien die Frage nach dem Sinn in gewisser Weise unsinnig, denn hier werden Geschichten, ganze Dramen erzählt, von denen man jedoch weder den Anfang noch das Ende kennt. Man ist als Betrachter den vielschichtigen Bildern ausgeliefert und muss sich selbst einen Reim darauf machen. Denn so aufwendig und detailreich sie auch gestaltet sind, eine Antwort gibt der Autor und Regisseur dieser fotografischen Inszenierungen nicht.

Ein Motelzimmer von außen, durch das Fenster sieht man eine weiße Frau mit einem schlafenden schwarzen Baby, draußen liegt Schnee, der Zimmerschlüssel steckt. Ein Taxi hält nachts mitten auf einer Vorortstraße, eine Frau steht barfuß auf der Straße, auf der hell erleuchteten Veranda des neben der Szene befindlichen Hauses steht eine Hollywoodschaukel. Ein Wohnzimmer steht komplett unter Wasser, aber noch nicht so weit, dass die Möbel herumschwimmen, auf dem Wasser treibt eine Frau auf dem Rücken, die ihre Hausschuhe ordentlich auf der Treppe abgestellt hat. Auf einem Parkplatz vor einem »Harry's Supermarket« – es ist früher Abend, nur ein paar Autos stehen auf dem Platz – belädt eine Frau ihren Kombi, das Kind sitzt schon im Wagen und wartet, bis sie losfahren … In seinen Bildern inszeniert Crewdson amerikanische Vorstadtidyllen, die in ihrer Akribie so echt erscheinen, dass es schon wieder surreal und vor allem unheimlich wirkt. Es sind Momente kurz vor oder kurz nach einer Handlung, die wir nicht kennen und deren Folgen abzuschätzen die Fotografien zu wenige Hinweise geben. Crewdson ist vom Beruf seines Vaters geprägt; der ist Psychoanalytiker, und diese Prägung spürt man in den Bildern. Der Fotograf zeigt die meist allein im Bild erscheinenden Personen in einem Moment der Reflexion, in einer Art inneren Monologs. Es sind intime Momente, die aus einer gewissen Distanz erzählt werden. Dabei bleibt immer etwas ungeklärt, denn, so Crewdson: »Jeder von uns birgt in sich eine Welt von Geheimnissen.«

Kein Geheimnis ist der enorme Aufwand, den Crewdson für seine Bilder treibt. Er ist beeinflusst vom Kino, vor allem von David Lynch, Orson Welles und Steven Spielberg. Wie bei einem großen Filmteam arbeiten auch bei seinen Fotoprojekten Location Manager, Ausstatter, Beleuchter und Setbauer zusammen. So entstehen, laut Crewdson, so genannte »single frame movies«, bei denen der Fotograf die Funktion eines Regisseurs hat, der darauf achtet, dass seine Bildideen genau umgesetzt werden. Eine wichtige Rolle spielt dabei die exakte Lichtregie, denn für Crewdson ist das Licht der wichtigste Faktor im Bild: »Das Licht erzählt die Geschichte.« Es beleuchtet den seelischen Zustand der Figuren, die emotionalen Aspekte der Geschichte; der Betrachter wird mehr oder weniger subtil durch die Feinheiten der Lichtsetzung geleitet.

Wie Joel Sternfeld oder Alec Soth setzt sich Crewdson mit dem Amerika der Klein- und Vorstädte auseinander, im Gegensatz zu jenen allerdings auf fiktive Weise und mit Bildinszenierungen, die an die Arbeit von Jeff Wall anknüpfen. Dabei ist die Einsamkeit der Menschen ein zentrales Thema, das Verhältnis von Nähe und Distanz, der Raum zwischen »nirgends und überall«: »Diese Spannung zwischen Distanz und Intimität ist der eigentliche Nerv der Arbeit.«

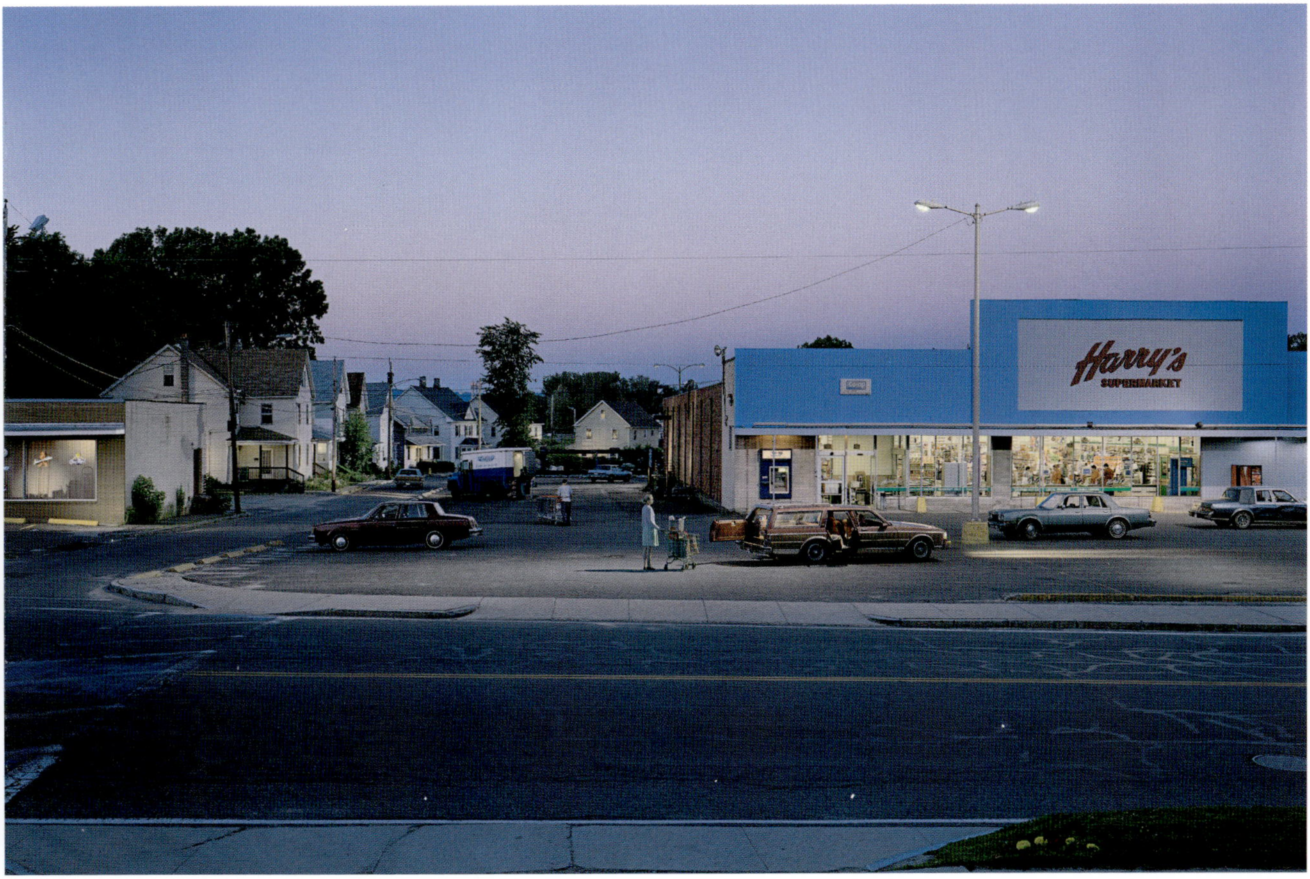

Untitled, 2003–05

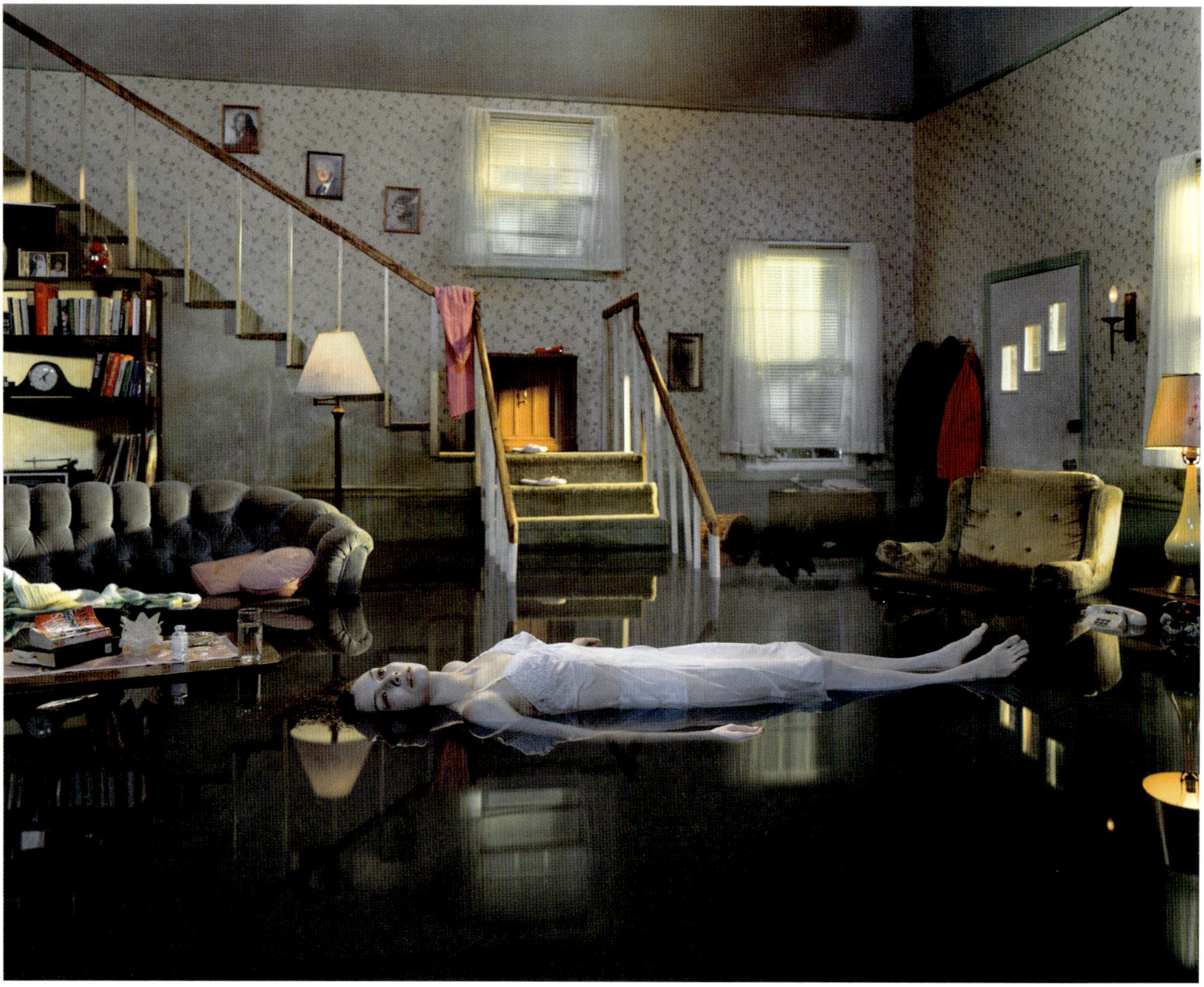

Untitled, 1998–2002

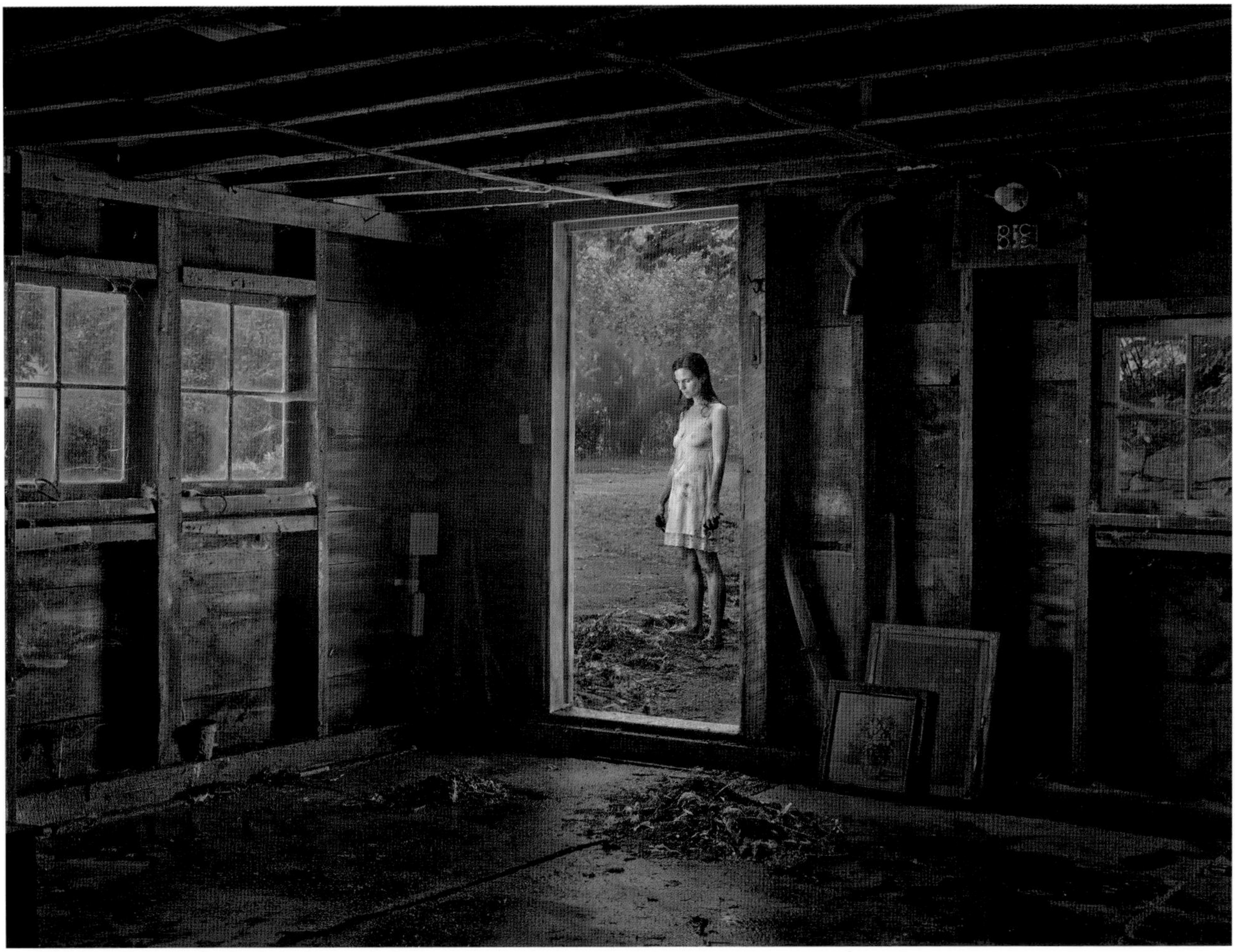

The Shed, 2013

39

NICK BRANDT

»Meine Bilder sind Klagelieder auf eine Welt, die tragischerweise verschwindet.« So beschrieb der britische Fotograf Nick Brandt seine epischen Tierporträts noch 2004. Inzwischen ist tatsächlich viel von dieser Welt verschwunden. Das zeigt er in seinen jüngeren Werken.

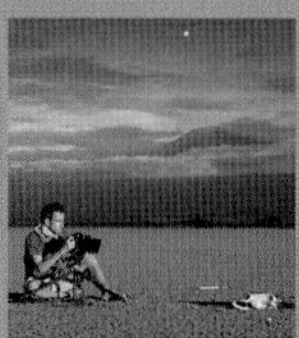

NICK BRANDT

1964 Geboren in London.
Studierte Malerei und Film an der Saint Martin's School of Art, London.

1985–2000
Arbeitet als Musikvideo-Regisseur.

1995 Videodreh u.a. in Tansania (Michael Jackson: »Earth Song«).

2000 Beginn der Arbeit an einer Buchtrilogie über die Natur in Afrika.

2005 *On This Earth.*

2009 *A Shadow Falls.*

2010 Gründung der Big Life Foundation.

2013 *Across the Ravaged Land.*

2016 *Inherit the Dust.*

www.nickbrandt.com

1995 kam Nick Brandt, erfolgreicher Regisseur von Musikvideos, das erste Mal nach Afrika – für den Videodreh zu Michael Jacksons »Earth Song«. Er war so fasziniert von der Landschaft und der Tierwelt, dass er beschloss, sich der Tierfotografie zu widmen. Er begann mit seiner Arbeit im Jahr 2000 und hat inzwischen eine beeindruckende Buchtrilogie *(On This Earth, A Shadow Falls, Across the Ravaged Land)* mit atemberaubenden Tierbildern geschaffen, die von paradiesisch wirkenden Naturaufnahmen bis zu Darstellungen der Zerstörung des Landes durch den Menschen reichen. Anders als die meisten heutigen Fotografen setzt er auf die analoge Technik, fotografiert im Mittelformat und scannt die Negative später ein. »Ich ziehe Film dem Digitalen vor, weil ich die Überraschungen und das Unperfekte liebe, das man mit Filmmaterial haben kann, das Unerwartete, wie das Licht mit dem Negativ interagiert; für Schwarzweiß und das, was ich fotografiere, finde ich digital zu klinisch, zu perfekt. Und technisch perfekt ist nicht notwendigerweise besser oder interessanter.«

Dazu kommt noch, dass Brandt keine Teleobjektive verwendet, denn er möchte nicht die üblichen Tierreportagen fotografieren, sondern Porträts der verschiedenen Tiere schaffen: »Ich versuche, die Tiere so, wie sie sind – ihre Persönlichkeit, ihre Seele –, einzufangen und sie genau so zu fotografieren, wie ich es bei Menschen auch tun würde, und das macht man auch nicht aus großer Distanz mit einem Teleobjektiv.« Seine Konzentration auf die Schwarzweißfotografie ist sowohl eine gestalterische als auch eine inhaltliche Entscheidung. Zum einen wird durch Reduzierung der Farben der Blick des Betrachters auf das Wesentliche, auf den Ausdruck des Tieres konzentriert, zum anderen haben die Bilder so eine zeitlose Wirkung. Denn für Brandt sind seine Werke schon jetzt Aufnahmen einer vergangenen Zeit. Es sind Fotografien einer untergehenden Welt, die mehr und mehr vom Menschen bedroht ist.

In seinem neuesten Projekt wird deutlich, wie viel von dieser Welt schon unwiederbringlich verschwunden ist. Es trägt den Titel *Inherit the Dust* und veranschaulicht in erschreckender Weise die rasante Entwicklung, die in vielen afrikanischen Gegenden vor sich geht. Mit Fotoabzügen von bisher unveröffentlichten Tierporträts in Lebensgröße, auf Aluminium- und Sperrholzplatten aufgezogen, reiste Brandt in Landstriche, in denen nur wenige Jahre zuvor Tiere wie diese in ihrer natürlichen Umgebung gelebt hatten. So stammt etwa das originale Bild eines Elefanten aus dem Jahr 2008; heute ist dort jedoch keine Wildnis mit reicher Fauna mehr zu finden, sondern Müllkippen, Straßen, Siedlungen und Industrie.

Nachdem Brandt verstärkt darauf aufmerksam wurde, dass immer mehr Elefanten und andere Wildtiere, die er fotografierte, wegen ihres Elfenbeins abgeschlachtet wurden, gründete er 2010 mit dem bekannten Naturschützer Richard Bonham die Big Life Foundation, die sich zum Ziel gesetzt hat, die Ausrottung der Tiere durch Wilderer im Grenzgebiet zwischen Kenia und Tansania zu verhindern. Mit inzwischen etwa 300 Rangern und über 40 festen und mobilen Außenposten leistet die Organisation einen wertvollen Beitrag zur Erhaltung der beeindruckenden Tierwelt.

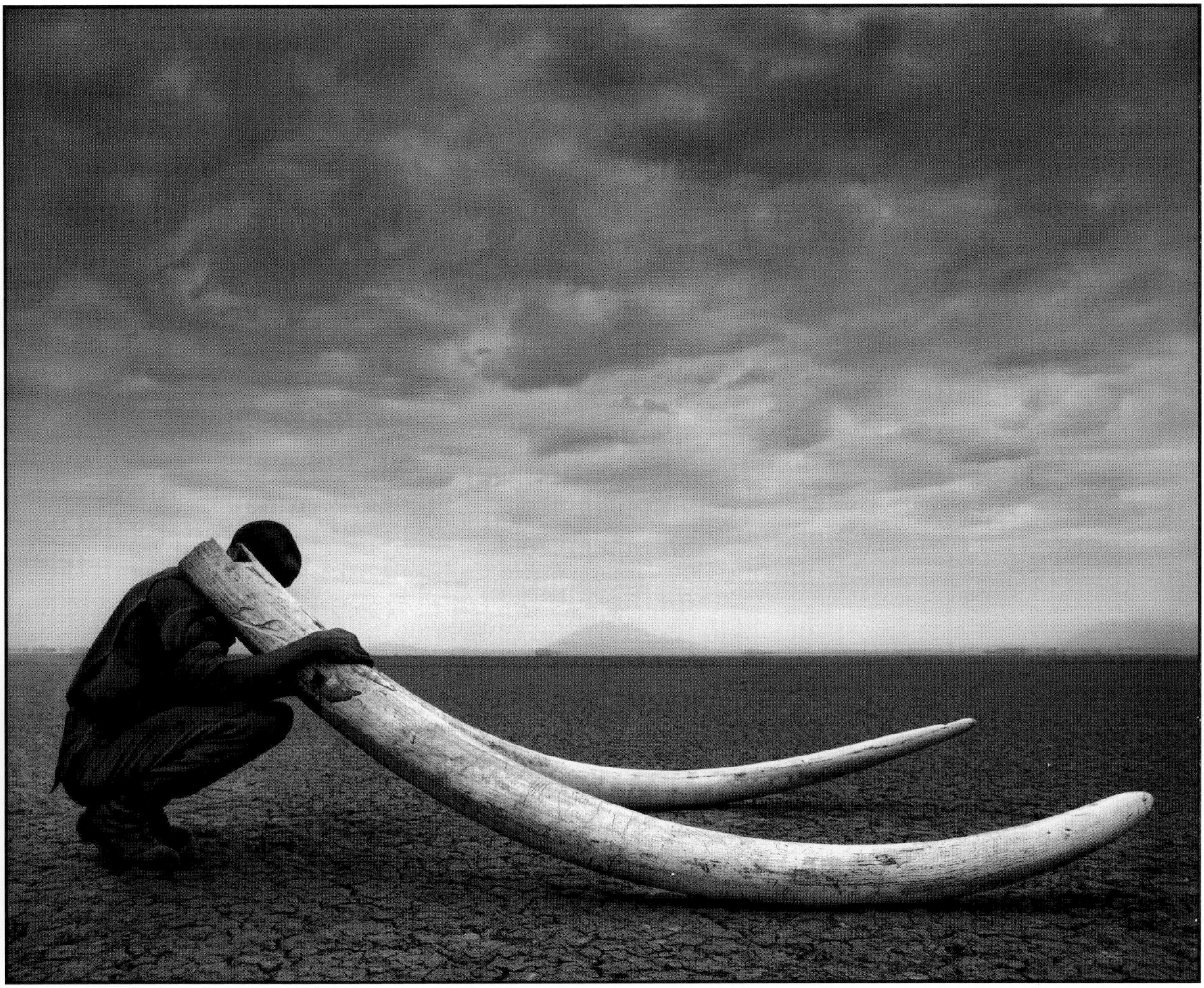

Ranger mit den Stoßzähnen eines Elefanten, der von Menschen getötet wurde, Amboseli, 2011

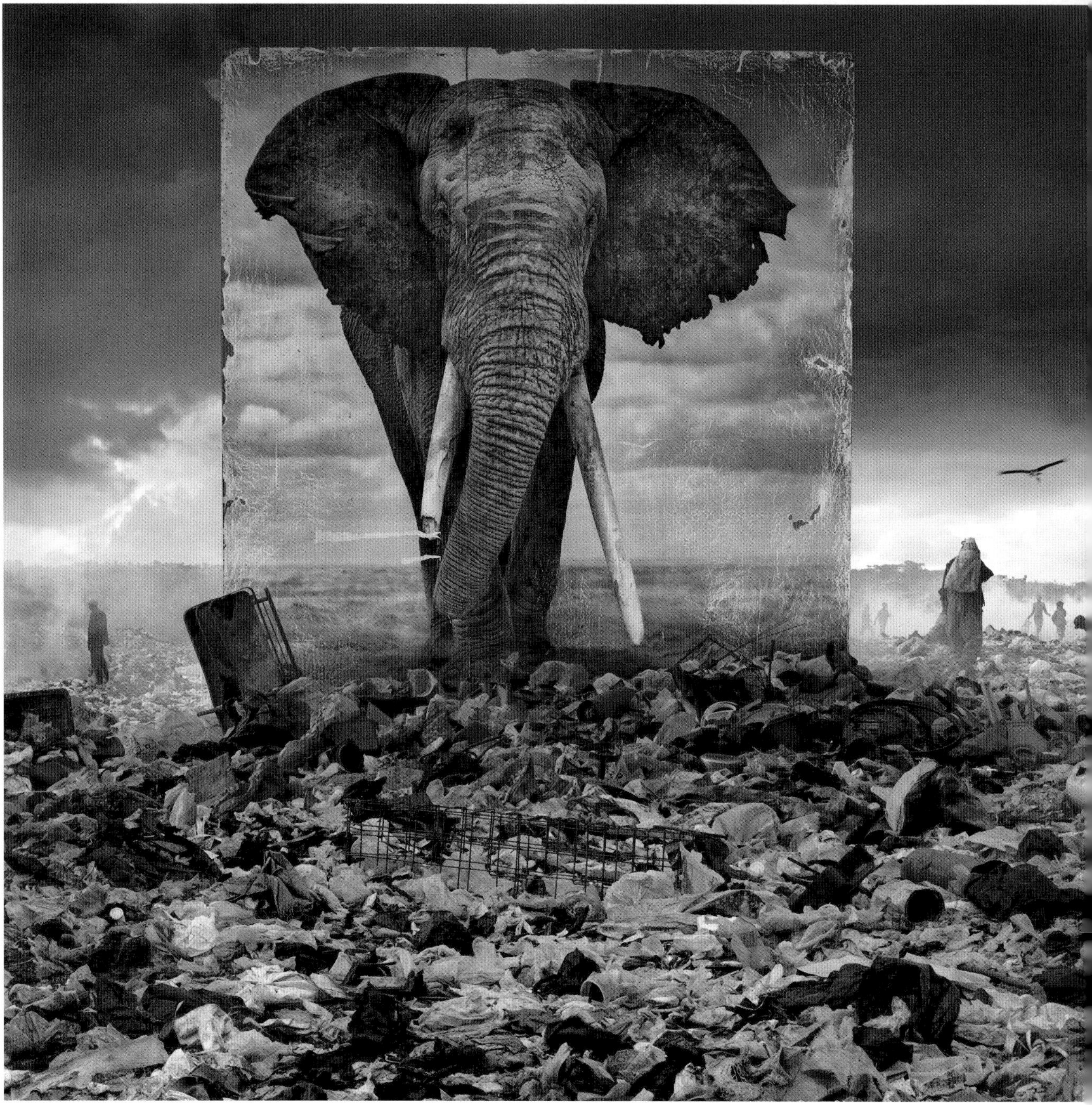

Schutthalde mit Elefanten, 2015

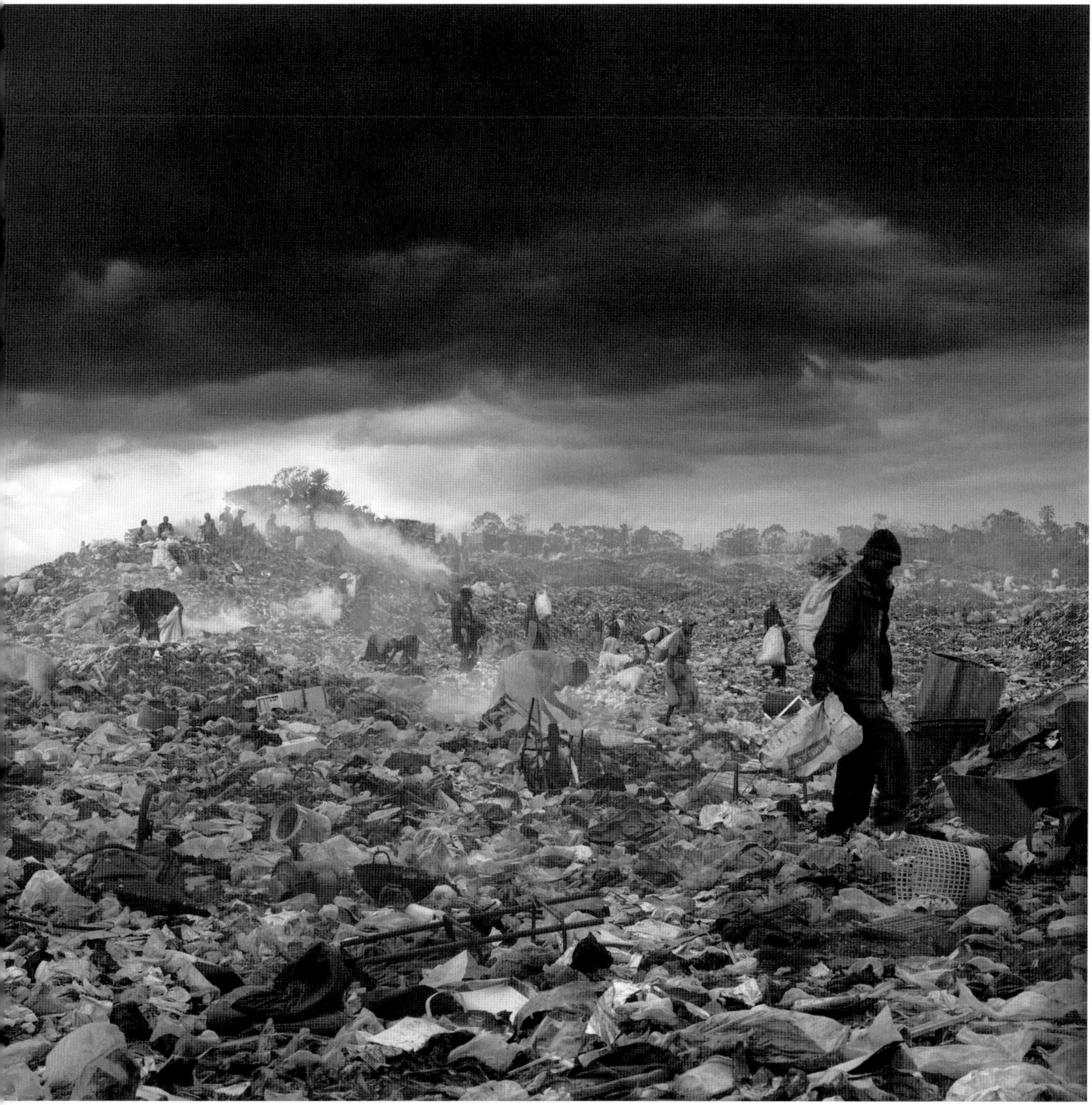

40

PAOLO PELLEGRIN

»Wenn ich meine Arbeit mache, und ich bin dem Leiden anderer ausgesetzt – ihrem Verlust, manchmal ihrem Tod –, ist es, als diente ich als Zeuge; das ist meine Rolle und Verantwortung: Aufzeichnungen für unser kollektives Gedächtnis zu schaffen.«

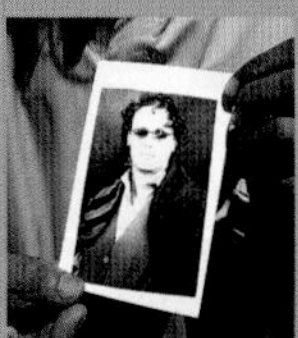

PAOLO PELLEGRIN

1964 Geboren in Rom, Italien.
Studiert Architektur an der Universität La Sapienza, Rom, und Fotografie am Istituto Italiano di Fotografia, Rom.

1991–2001
Fotografiert für die Agentur Vu.

1997 *Bambini.*

Seit 2005
Mitglied bei Magnum Photos.

2006 W.-Eugene-Smith-Preis; Robert Capa Gold Medal.

2007 *As I Was Dying* (European Publishers Award for Photography 2007; Deutscher Fotobuchpreis 2008).

2012 *Paolo Pellegrin.*

2013 Dr.-Erich-Salomon-Preis, Deutsche Gesellschaft für Photographie.

www.magnumphotos.com

Paolo Pellegrin fotografiert all die Krisen, Katastrophen und Kriege dieser Welt. Er ist Mitglied der Agentur Magnum und führt diese Tradition großer Fotografen konsequent mit berührenden und beeindruckenden Fotografien weiter. 1995 gewann er den ersten seiner bisher zehn World Press Photo Awards mit einer Reportage über Aids in Uganda. Er fotografierte die Konflikte im Kongo, das Gefangenenlager in Guantanamo, die Folgen der Kriege in Ex-Jugoslawien, amerikanische Truppen im Irak 2003, die humanitäre Katastrophe in Darfur 2004, die apokalyptische Landschaft in Nordjapan nach dem Tsunami 2011 und immer wieder die chronischen Konflikte in Israel und den palästinensischen Gebieten. Seine Arbeit ist ein düsteres Kaleidoskop von Grauen und Gewalt und deren Folgen, unter denen Menschen leiden.

Wie viele seiner Kollegen ist auch Pellegrin mit dem Vorwurf der Ästhetisierung dramatischer Ereignisse konfrontiert. Seine Bilder sind subjektiv, schwarzweiß und düster im Ton: »Ich lenke den Betrachter emotional in eine Richtung.« Er zieht suggestive, mitunter auch verwackelte und unscharfe Bilder vor, die in einem gewissen Sinne offen sind und so einen Austausch und Dialog ermöglichen. Es sind Fotos, die Fragen aufwerfen und den Betrachter fordern: »Fotografie ist erst mit der Teilnahme des Betrachters vollendet. Und die ist jedes Mal anders«, so Pellegrin. Seine Bilder sind Kunstwerke in dem Sinne, dass sie über den eigentlichen Sachverhalt einer geschilderten Szene hinausgehen und etwas über den Menschen und seine Art zu leben und zu handeln im Allgemeinen aussagen.

»Ich glaube nicht, dass ein schlechteres Bild einem Thema mehr gerecht wird, eine Geschichte besser wiedergibt als ein gutes. Ganz im Gegenteil.« In diesem Zusammenhang sieht Pellegrin auch die Fotoreportage durch die Möglichkeiten eines jeden, entsprechende Situationen mit dem Handy zu fotografieren und zu veröffentlichen, nicht gefährdet. Denn seine Rolle als Fotograf ist eine andere. Zum einen beschäftigt er sich intensiv und ausführlich mit den Themen, die er behandelt, und zum anderen hat er sich mit den künstlerischen Aspekten seiner Arbeit auseinandergesetzt und eine eigene Bildsprache entwickelt, die seine Arbeit und die vieler Kollegen eben von den Fotos des normalen Bürgers mit Kamera unterscheidet. Die Wucht und die eigenwillige Schönheit seiner Bilder ziehen den Betrachter in ihren Bann, und so schafft es der Fotograf, die Menschen vielleicht doch ein wenig mehr zum Nachdenken über die Dinge, die auf dieser Welt geschehen, zu bringen.

Seit einigen Jahren fotografiert Pellegrin auch Hollywood-Schauspieler und andere Berühmtheiten für die *New York Times*, was auf den ersten Blick überraschend erscheint. Dabei macht er jedoch nicht die üblichen Hochglanzporträts, sondern versucht auch hier, hinter die Kulissen, sprich: hinter die »öffentliche« Fassade der Celebrities, zu schauen und Fragen zu stellen, um seine subjektiven Bilder zu schaffen: »Ein Porträt ist nicht nur ein Close-up eines Gesichts … In allen meinen Arbeiten beschäftige ich mich mit der Idee, etwas über eine Sache zu sagen – sei es eine Person oder ein bestimmtes Thema.«

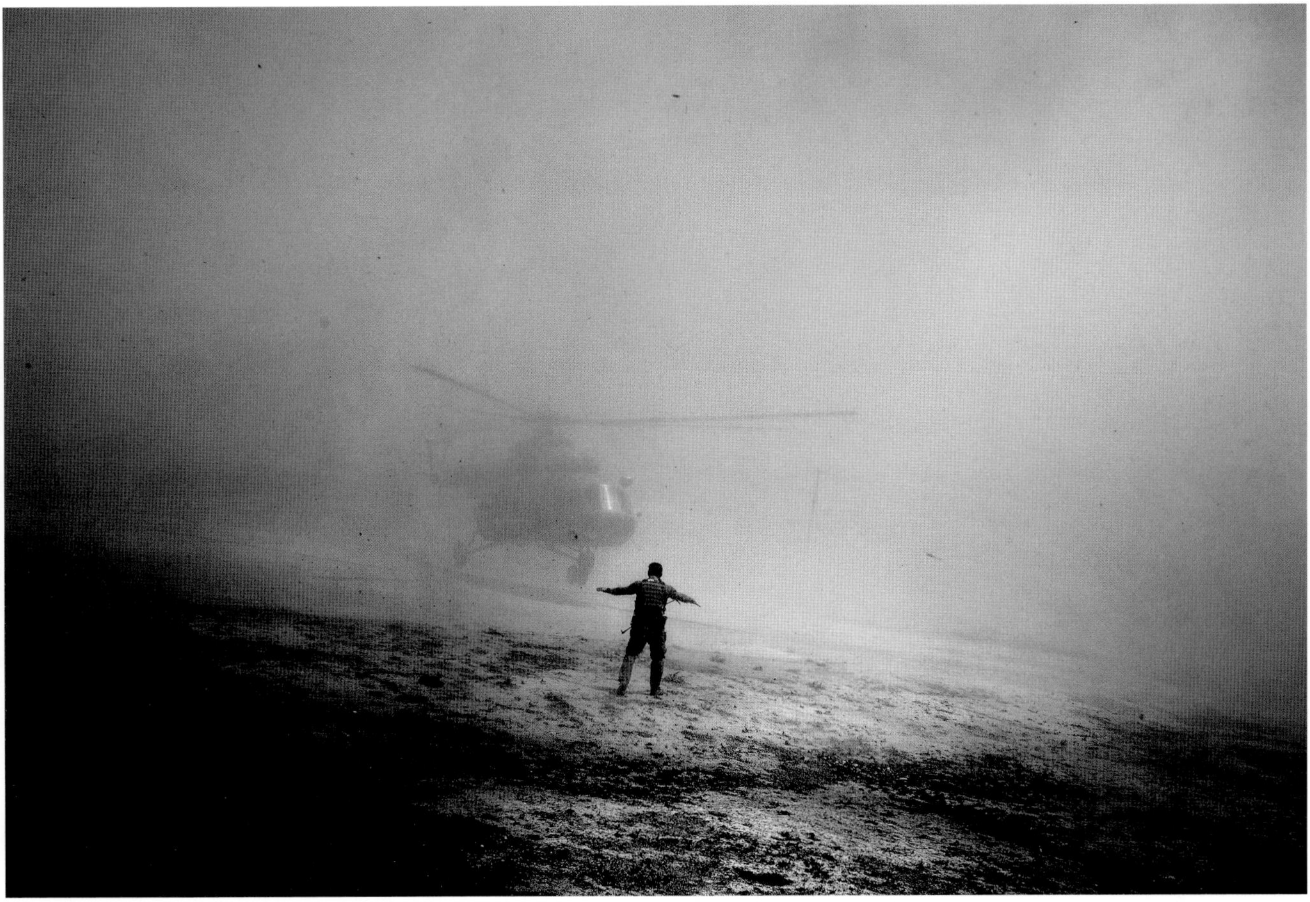

Ein Helikopter mit Mitarbeitern der Drug Enforcement Agency (DEA) und afghanischen Truppen an Bord beim Landeanflug, Kabul, Afghanistan, Mai 2006

41

JUERGEN TELLER

Mit seinen rohen, manchmal trashigen, nicht retuschierten Fotos setzt sich Juergen Teller deutlich von seinen Hochglanzkollegen der Modebranche ab. Er ist auf der Suche nach dem Eigentlichen der jeweiligen Person, ohne Glamour, ohne Maske. Er zeigt die Menschen, wie sie sind.

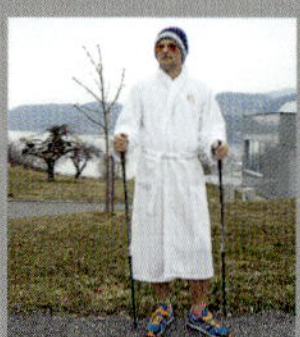

JUERGEN TELLER

1964 Geboren in Erlangen; aufgewachsen in Bubenreuth bei Erlangen.

1984–86 Ausbildung an der Bayerischen Staatslehranstalt für Photographie, München.

1986 Umzug nach London.

Fotografie für Musiker und Magazine.

1999 *Go-Sees.*

2001 *Tracht.*

2002 *More.*

2003 *Zwei Schäuferle mit Kloß und eine Kinderportion Schnitzel mit Pommes Frites.*

Ab 2014 Gastprofessur an der Akademie der Bildenden Künste Nürnberg.

2015 *Siegerflieger.*

juergenteller.tumblr.com

Nach seiner Fotografenausbildung in München zog Juergen Teller 1986 nach London und machte sich mit seinen auffällig nebensächlich wirkenden Fotos einen Namen. Er fand Zugang zur Musikszene und fotografierte Musiker wie Björk, Sinéad O'Connor, die ein Porträt Tellers als Cover für ihren Welthit »Nothing Compares 2 U« verwendete, oder die damals noch weitgehend unbekannte Band Nirvana, die er 1991 bei ihrer *Nevermind*-Tournee in Deutschland begleitete. Durch seine damalige Freundin und spätere erste Frau, eine Stylistin, bekommt er Kontakt zur Modebranche und fällt dort mit seinen alles andere als glamourösen Bildern sofort auf.

Teller hat einen schlichten, dokumentarischen Stil entwickelt, der sich voll auf den Moment des Fotografierens konzentriert und in dem es mehr um die eigentliche Erscheinung als um die in der Mode übliche Inszenierung geht. Schlichter Blitz von vorne, harte Schatten und oft zufällig wirkende Kompositionen, keine ungewöhnlichen Bildwinkel, keine ungewöhnlichen Brennweiten – aber ungewöhnliche Bilder. Teller unterläuft mit seinen Fotografien die Erwartungen, die man mit der Modebranche verbindet, und zeigt, was ist. Und das kann auch mal ein ungeschminktes Model sein, mit Pigmentflecken, Narben oder sonstigen natürlichen »Makeln«. Es ist, wie sein langjähriger Auftraggeber, der Designer Marc Jacobs, es ausdrückte, »die Imperfektion des Realen«. Teller interessiert sich hauptsächlich für die Personen, die er vor der Kamera hat, weniger für die Kleidung. Dafür braucht es allerdings auch Designer und Auftraggeber, die diesen Ansatz verstehen und unterstützen, wie Marc Jacobs, Helmut Lang oder Vivienne Westwood. Mit seiner Haltung lenkt Teller die Aufmerksamkeit von der Mode zurück auf den Menschen: »Ich habe es geschafft, die Person, die die Kleider trägt, zu humanisieren.«

Tellers Arbeit für die wichtigsten Magazine ist getragen von einer ambivalenten Haltung zur Mode- und Werbeindustrie, bei der er die fast schon surreal »perfekte« Modewelt hinterfragt. Selten sah man Models wie Claudia Schiffer, Kristen McMenamy oder andere von vielen Fotos bekannte Prominente »realer« als in seinen Aufnahmen.

Obwohl Teller seit Jahren in London und Cornwall lebt und arbeitet, hat er einen starken Bezug zu seiner fränkischen Heimat in der Nähe Nürnbergs. Immer wieder kommt er hierher zurück und setzt sich mit seiner Herkunft, Kindheit und Jugend auseinander. Das bekannte Bild, das Teller nackt, Bier trinkend und rauchend auf dem Grab seines Vaters zeigt, ist nur ein Beispiel für diese persönliche Auseinandersetzung, die sich auch in Büchern wie *Nackig auf dem Fußballplatz* (2004) niederschlägt. Teller macht keinen großen Unterschied zwischen Kommerz und Kunst. Er selbst ist oft Gegenstand seiner Bilder, ebenso sind es Prominente in durchaus ungewöhnlichen Situationen, wie beispielsweise Kate Moss in einer Schubkarre, Victoria Beckham in einer Einkaufstüte, Charlotte Rampling nackt im Louvre oder Vivienne Westwood nackt auf dem Sofa. Dass die Bilder trotzdem gut »funktionieren«, liegt daran, dass sich viele der Abgelichteten von ihm ungewöhnlich gut erkannt fühlen, dass er einen wiedererkennbaren Stil geschaffen hat – und dass er sich traut zu zeigen, was andere Fotografen durch Glamour und Perfektion zu überspielen versuchen.

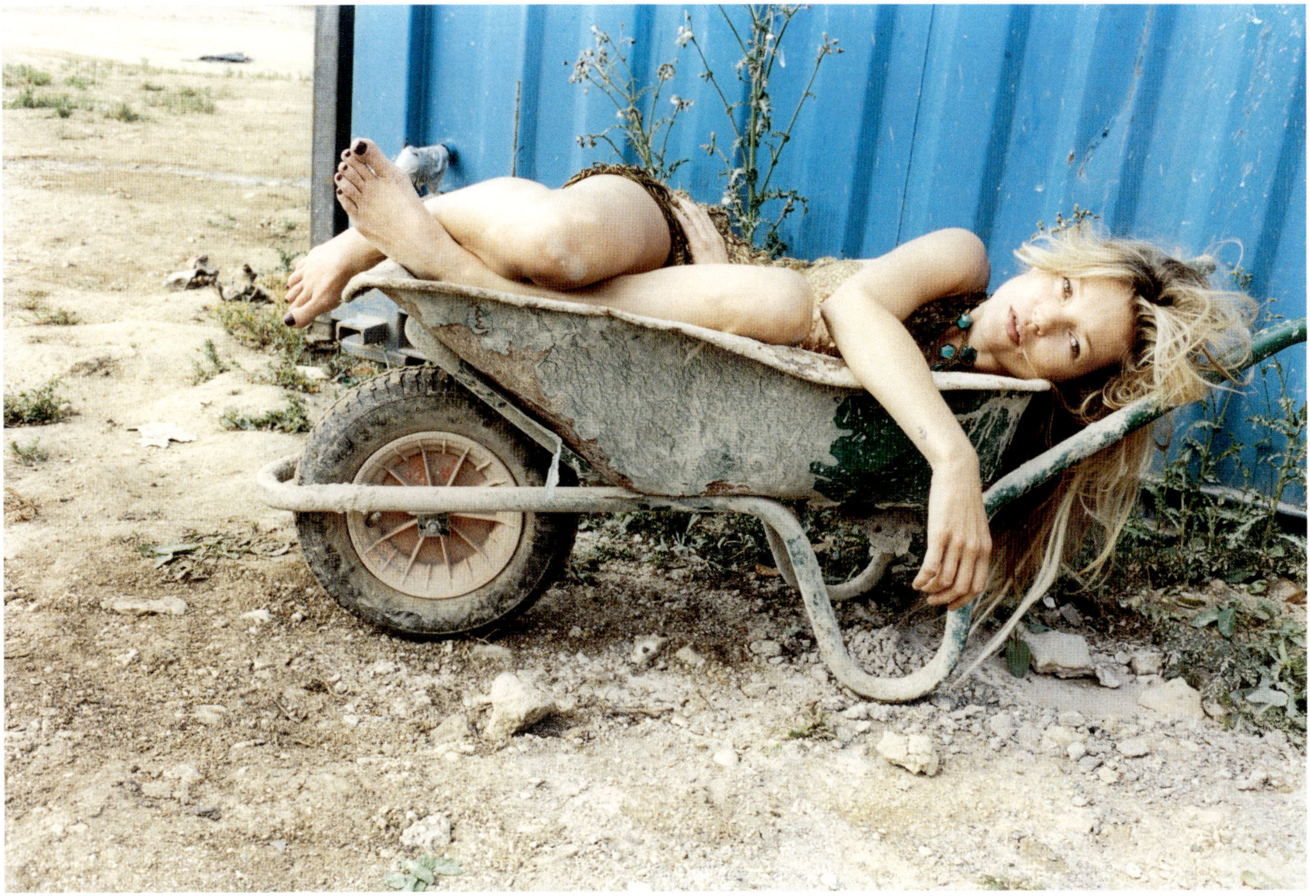

Kate Moss No. 12, Gloucestershire, 2010

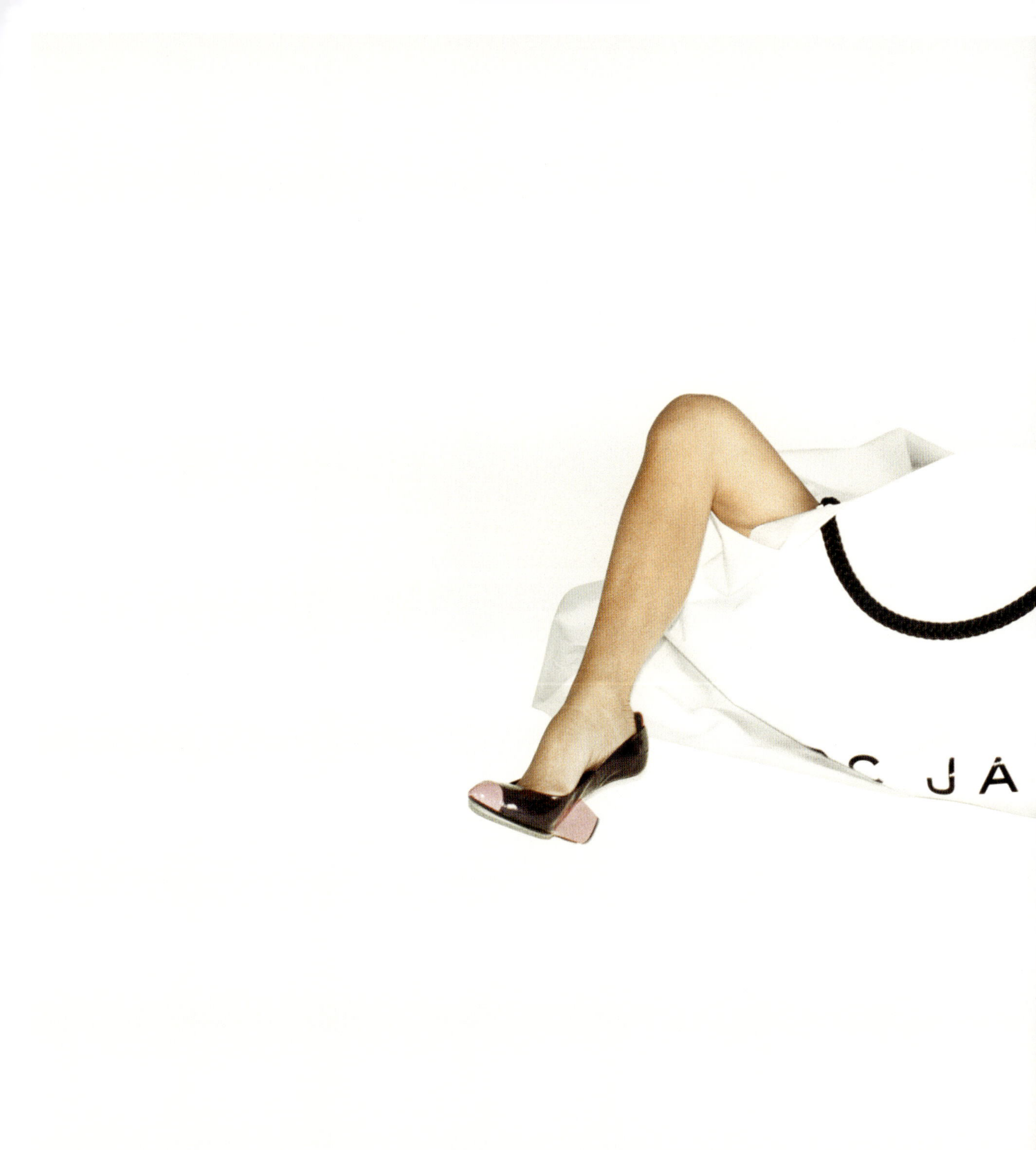

Victoria Beckham, Legs, Bag and Shoes, Marc Jacobs Spring-Summer 2008 Campaign, Los Angeles, 2007

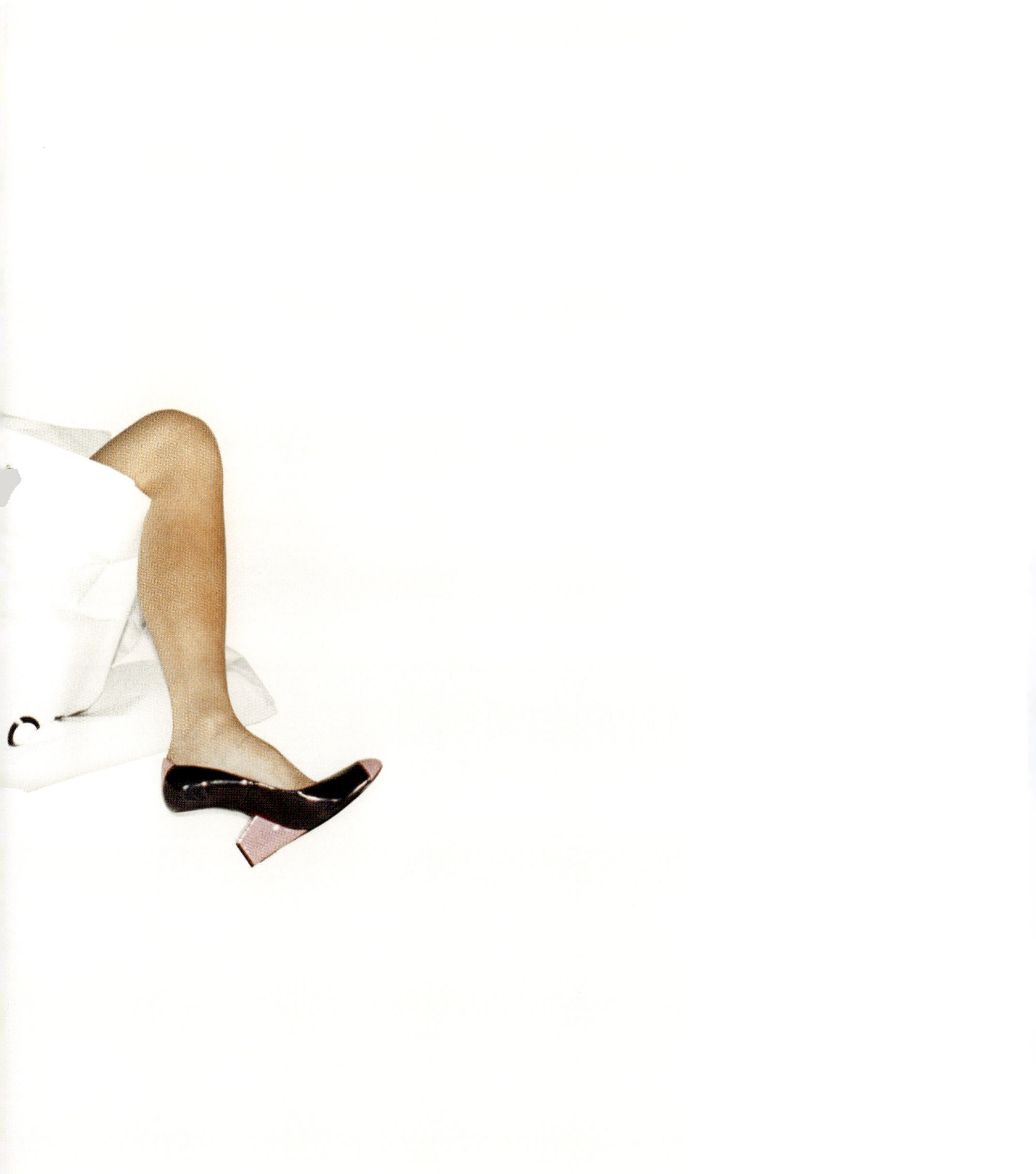

42

MARTIN SCHOELLER

»Mich interessiert die Idee, Gesichter unserer Zeit zu dokumentieren«, sagt der deutsche Fotograf Martin Schoeller, der in den USA schon lange ein Star der Szene war, bevor er auch in Deutschland bekannt wurde. Inzwischen gilt er als einer der interessantesten Porträtfotografen diesseits und jenseits des Atlantiks.

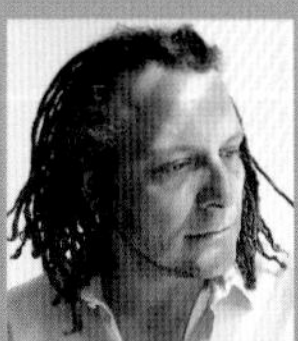

MARTIN SCHOELLER

1968 Geboren in München; aufgewachsen in Frankfurt am Main.

Bis 1992 Ausbildung am Lette-Verein, Berlin.

Seit 1993 Lebt und arbeitet in New York.

1993–1996 Assistent von Annie Leibovitz.

Ab 1996 Selbstständig als Fotograf tätig für diverse Zeitschriften (*National Geographic, Time Out, Vogue, GQ, Harper's Bazaar* etc.).

Seit 1999 Fotografiert für *The New Yorker*.

2005 *Close Up: Portraits* 1998–2005.

2008 *Female Bodybuilders.*

2012 *Identical: Portraits of Twins.*

2014 *Martin Schoeller: Portraits.*

Als Vorbereitung für seine Karriere hätte sich Martin Schoeller, der Fotograf aus Deutschland, wohl keinen besseren Job wünschen können als eine Assistentenstelle bei Annie Leibovitz, zumindest fachlich. 1996 begann er dann entsprechend gerüstet seine eigene Karriere, mit der er schnell zu einigem Erfolg kam. Schon 1999 bekam er einen Vertrag beim *New Yorker*, womit er auch die Nachfolge des wohl bedeutendsten Porträtfotografen, des 2004 verstorbenen Richard Avedon, antrat.

Den Durchbruch brachte ihm 1998 ein aus ungewöhnlicher Nähe fotografiertes Porträt der britischen Schauspielerin Vanessa Redgrave für die New Yorker Zeitschrift *Time Out*. Damit trat Schoeller mit der Art von Porträtfotografie an die Öffentlichkeit, mit der er sofort berühmt wurde: mit seinen »Close-Ups«. Hatte er 1998 nur fünf größere Aufträge, waren es im Jahr darauf schon über hundert. Seine Intention beschreibt Schoeller so: »Wie die meisten Porträtfotografen möchte ich den Moment aufnehmen, in dem die Person nicht darüber nachdenkt, fotografiert zu werden. Mein Ziel ist es, hinter den bewusst aufgesetzten Gesichtsausdruck zu kommen und etwas Ungeplantes zu erreichen.« Macht man sich klar, wie Schoellers »Close-Ups« entstehen, so scheint es tatsächlich schwierig, sich vorzustellen, wie man dabei nicht daran denken könnte, fotografiert zu werden: Links und rechts vor einem sind zwei lange Neonröhren aufgestellt, zwischen denen eine Mittelformatkamera steht, hinter der sich wiederum der Fotograf befindet, der wiederum meint, man solle nicht daran denken, fotografiert zu werden … Tatsächlich gelingt es Schoeller aber immer wieder, dass genau dies geschieht und er einen »ehrlichen« Moment, wie er es nennt, erwischt. Dazu kommt, dass sich nicht unbedingt sagen lässt, Schoellers »Close-Ups« seien schmeichelhaft – weit gefehlt. Sie sind in gewissem Sinne sogar eher gnadenlos, denn der Porträtierte hat keine Möglichkeit, irgendetwas zu verstecken, keine Rückzugsmöglichkeit. Bei Schoeller kommt alles ans Licht, das ganze Gesicht. Und zwar so nah und so klar, wie es sogar bei einem persönlichen Gegenüber selten der Fall ist. Der Betrachter hat nichts, was ihn ablenkt. Und er hat nichts, was ihm irgendeine Art von Erklärung zu dem abgebildeten Gesicht gibt. Insofern sind Schoellers Porträts tatsächlich »demokratisch«. Denn er macht keinen Unterschied, ob er mit dem US-Präsidenten Barack Obama oder der deutschen Bundeskanzlerin Angela Merkel zwei der mächtigsten Menschen der Welt vor der Kamera hat oder Obdachlose aus Los Angeles, die er seit 2015 für ein Wohltätigkeitsprogramm in West Hollywood fotografiert. Alle bekommen das gleiche Licht, den gleichen Abstand zur Kamera und den gleichen Ausschnitt. Was die Menschen in Schoellers »Close-Ups« unterscheidet, ist einzig die Tatsache, dass man die einen nicht kennt, während man die anderen zu kennen glaubt. Dabei sind nicht alle von ihrem Abbild begeistert, wie beispielsweise der Schauspieler Steve Buscemi, der sein Bild nicht zur Veröffentlichung freigab. Aber Schoeller macht nicht nur »Close-Ups«, sondern auch wunderbar inszenierte »funny and smart pictures«, wie er es ausdrückt, die immer wieder kleine Geschichten über den jeweiligen Menschen vor der Kamera erzählen.

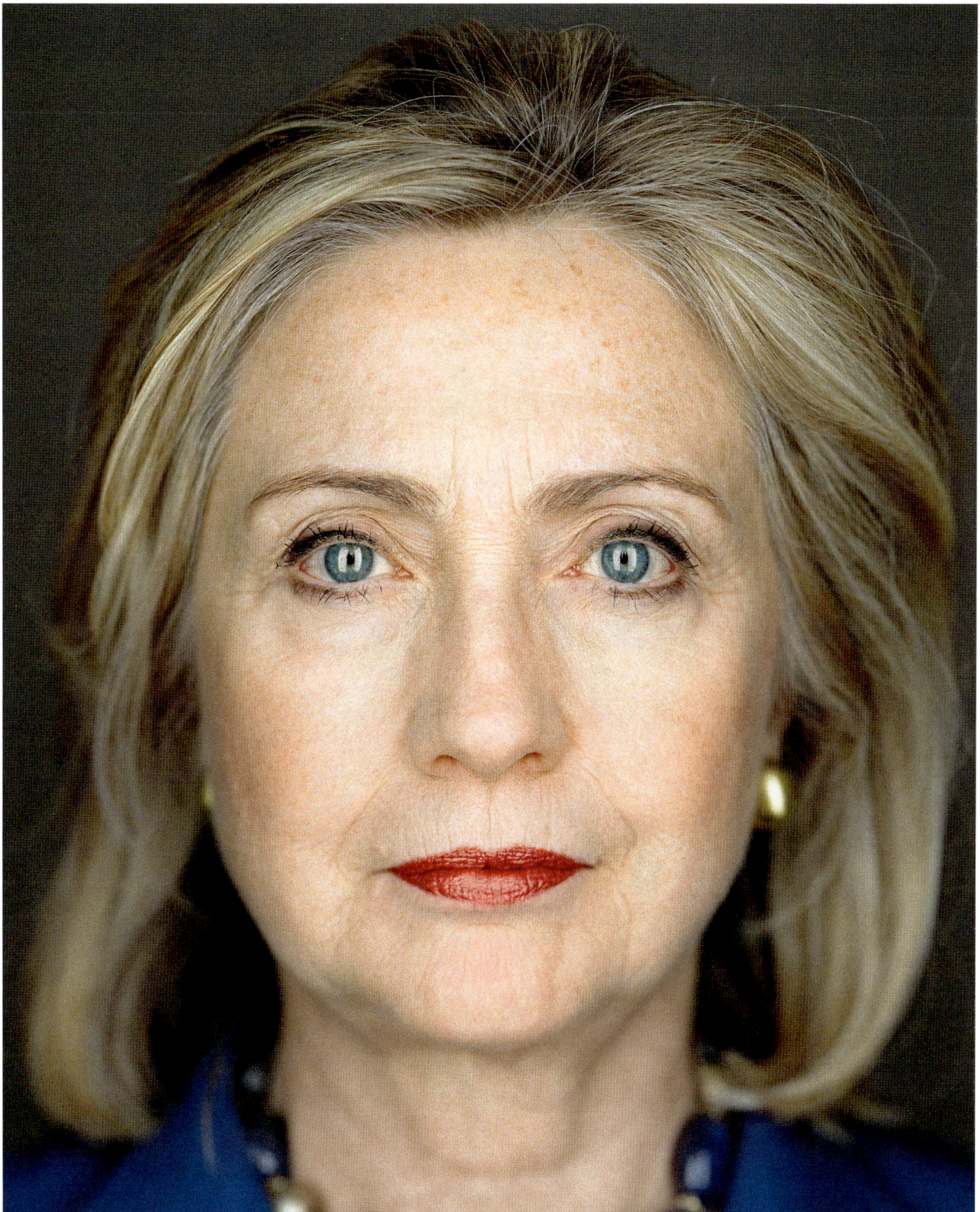

Hillary Clinton, 2015

43

WOLFGANG TILLMANS

Wolfgang Tillmans' Arbeiten reichen von der konventionellen Straßenfotografie bis zu abstrakten Dunkelkammerarbeiten. Damit hat er die künstlerische Palette der Fotografie entscheidend erweitert. Seine Vielseitigkeit und sein meisterhafter Einsatz von Licht und Farbe trugen ihm 2000 den renommierten Turner-Preis ein.

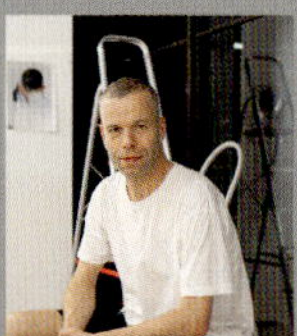

WOLFGANG TILLMANS

1968 Geboren in Remscheid, Deutschland.

1990–92 Studium der Kunst und Fotografie am Bournemouth and Poole College of Art and Design, England.

1993 Erste Einzelausstellung, Galerie Buchholz, Köln.

Um 1998 Erste abstrakte Arbeiten mittels fototechnischer Verfahren.

2000 Turner-Preis.

2015 Hasselblad Foundation Award.

Wolfgang Tillmans' Kunst umfasst eine eindrucksvolle Vielfalt von Stilen und Techniken. Der 1968 in Remscheid geborene Künstler wurde noch während seines Studiums in England international bekannt. Seine zu dieser Zeit entstandenen Fotos zeigen Szenen urbaner Jugendkultur und waren so spontan wie genau beobachtet. Zu seinen bekanntesten Arbeiten aus dieser Periode gehören farbenfrohe Stillleben mit Essensresten, dreckigem Geschirr, Aschenbechern und Obst, in denen er leicht ironisch das Chaos des Großstadtlebens in den Blick nimmt. Mit einer Serie von Aufnahmen in der Londoner U-Bahn begann Tillmans' Kunst sich in Richtung Abstraktion zu bewegen: Die Fotos zeigen lediglich Ausschnitte, etwa das kurzrasierte Haar eines Mannes vor dem Ärmel einer Jeansjacke oder eine vom T-Shirt freigegebene Achselhöhle. Tillmans selbst sagte über diese Bilder, man könne sie als »schlichte Studien von Oberflächenstrukturen« ansehen, doch zugleich machen sie auch etwas Soziales sichtbar: »die unglaubliche Intimität der Leute, ohne dass diese einander eigentlich nahekommen wollten«.

Gegen Ende der 1990er Jahre begann Tillmans, mit fototechnischen Prozessen zu experimentieren. Durch die Bearbeitung des Fotopapiers in der Dunkelkammer entstanden verblüffende Bilder. Eine der so geschaffenen Serien trägt den Titel *Freischwimmer* (2003–12): Die Arbeiten gleichen abstrakten Gemälden, bei denen zarte Linien und weiche Schemen auf dem Papier zu »schwimmen« scheinen.

Daneben experimentierte Tillmans auch mit unkonventionellen Präsentationsweisen, etwa indem er seine Fotos als Teil umfassender, collageartiger Arrangements präsentierte, zu denen Zeitungstexte, Verpackungsmaterial und Postkarten gehörten. Mit derartigen Installationen überwindet er die Grenze zwischen Fotografie und Konzeptkunst und eröffnet dem Betrachter die Möglichkeit, eigene Überlegungen zur »Absicht« des Künstlers oder zur »Bedeutung« des jeweiligen Werkes anzustellen.

Tillmans' Interesse an der Kunst erstreckt sich auch auf deren Vermittlung: 1998/99 war er Gastprofessor an der Hochschule für bildende Künste in Hamburg, von 2003 bis 2006 lehrte er an der Städelschule in Frankfurt. Im Jahr 2000 erhielt er als erster Fotograf – und erster Deutscher – den Turner-Preis. Diese Auszeichnung gibt einen Hinweis auf die kreative Kraft, mit der Tillmans zeigt, wie – in seinen eigenen Worten – »aus einem industriell gefertigten Blatt allein mit Hilfe von Licht ein Objekt von großer Schönheit und Bedeutung wird«.

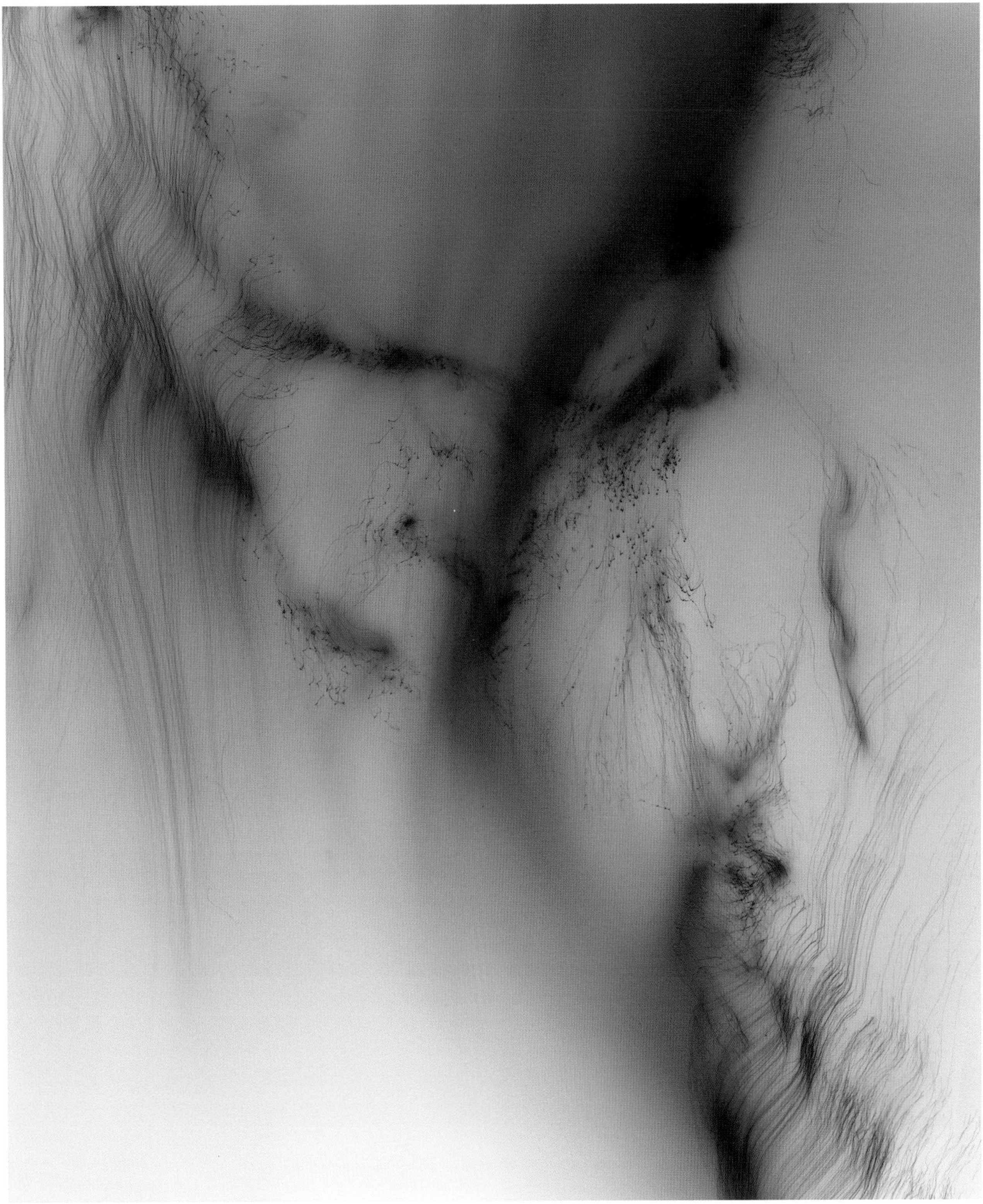

Freischwimmer 199, 2012

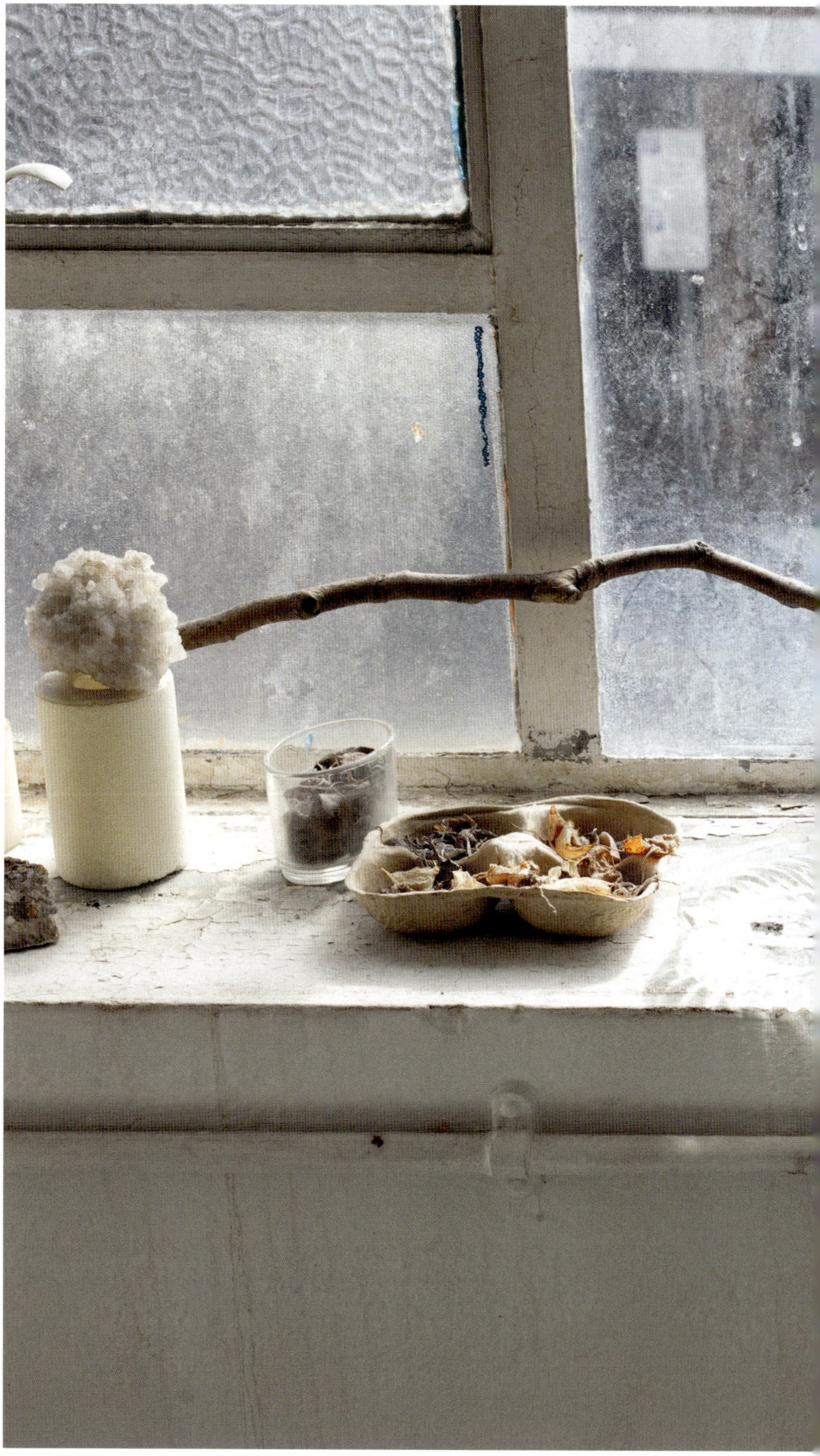

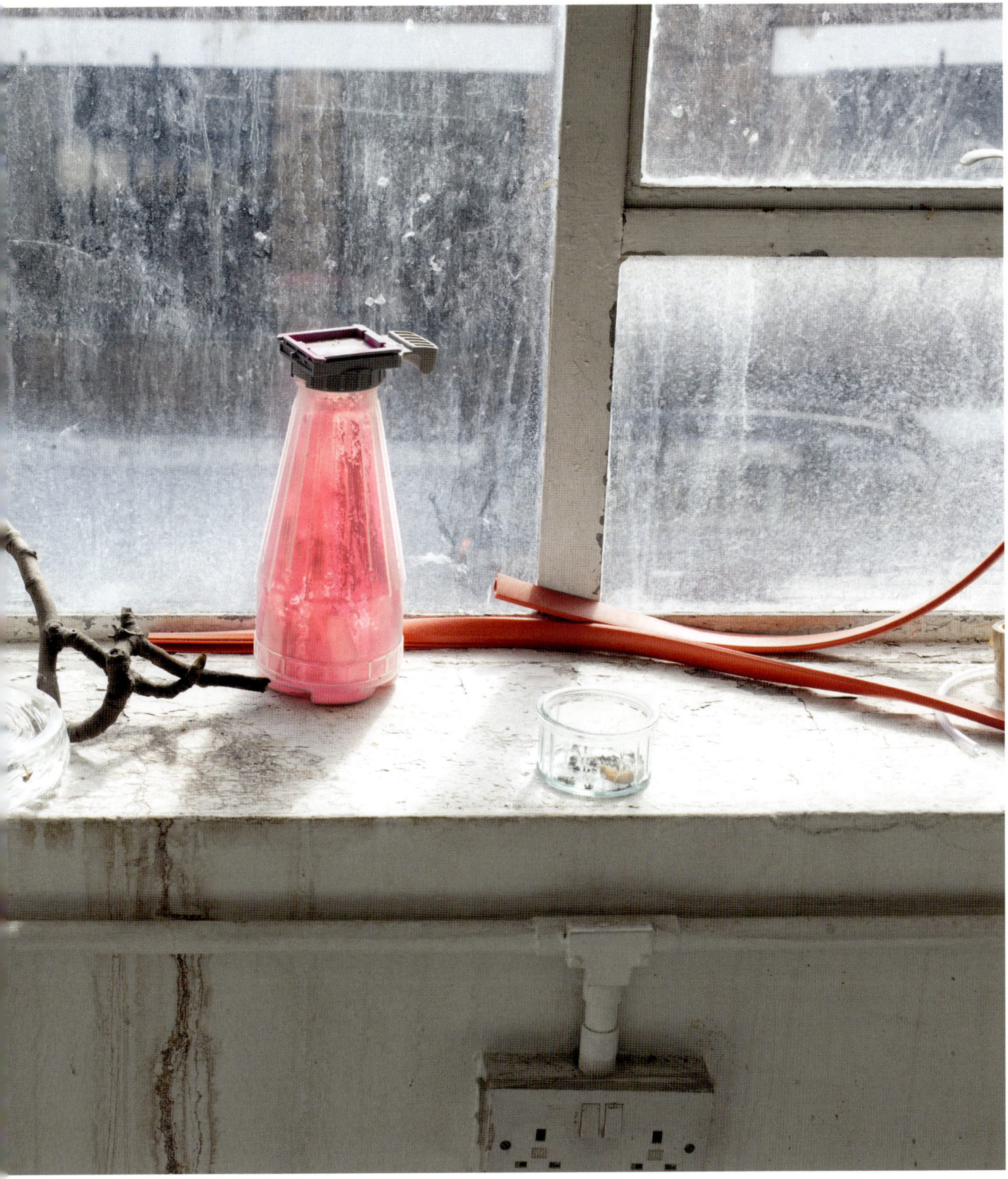

still life Cambridge Heath Road, left over, 2011

44

ALEC SOTH

Alec Soth steht in der großen Tradition jener amerikanischen Fotografen wie Walker Evans, Robert Frank, Stephen Shore oder Joel Sternfeld, die, jeder auf seine Weise, den »Great American Roadtrip« unternahmen und damit jeweils zu ihrer Zeit ein wichtiges Bild ihres Landes zeigten.

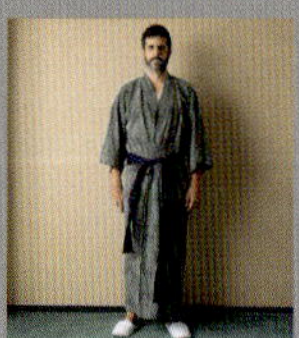

ALEC SOTH

1969 Geboren in Minneapolis, USA.

1992 Bachelor of Arts, Sarah Lawrence College, Bronxville, New York.

2004 *Sleeping by the Mississippi.*

2006 *Niagara.*

2008 Gründung des eigenen Verlagsprojekts »Little Brown Mushroom«; seit 2008 Mitglied bei Magnum Photos.

2010 *Broken Manual.*

2015 *Songbook.*

Alec Soth fotografiert auch für Magazine wie *The New York Times Magazine, Fortune, Newsweek* etc.

Lebt in Minneapolis.

www.alecsoth.com
www.magnumphotos.com

Es war schon immer Alec Soths Ziel, mit einem Van durch die Vereinigten Staaten zu fahren und dort Bilder zu machen, wo es ihm interessant erschien. Joel Sternfeld, bei dem Soth zwei Kurse belegte, warf die Frage auf, ob nicht das Reisen und die Suche nach den Motiven selbst die Kunst sei und die Fotos dann nur ein Nebenprodukt. Bei Soth jedenfalls sind die Fotos kein Nebenprodukt – ganz im Gegenteil. Wie viele seiner Kollegen arbeitet er auch in Serien beziehungsweise Projekten, für die er sich jeweils ein Konzept zurechtlegt, nach dem er vorgeht: »Ich denke erzählerisch, wie ein Autor in Büchern oder ein Filmemacher in Filmen denkt.« Dabei sieht Soth in der Fotografie ein Problem: »Fotos sind nicht gut im Geschichtenerzählen. Geschichten brauchen Anfang, Mitte und Schluss. Sie brauchen den zeitlichen Ablauf. Fotos halten die Zeit an.«

Alec Soth arbeitet oft mit einer 8x10-Inch-Laufbodenkamera. Für ihn ist die Wahl der Kamera ein wichtiger Punkt, denn natürlich arbeitet man mit einer Großformatkamera grundsätzlich anders als mit einer kleinen Digitalkamera. Seine ersten drei großen Bücher, *Sleeping by the Mississippi* (2004), *Niagara* (2006) und *Broken Manual* (2010), entstanden damit. Es ist ein langsamer Prozess, die Kamera aufzustellen, unter dem großen Tuch zu verschwinden, scharfzustellen. Ein wichtiger Moment ist die Betrachtung des Motivs auf der großen Einstellscheibe, auf der das Bild wie ein Gemälde erscheint, allerdings auf dem Kopf stehend. Mit einer solchen Kamera hat Soth ein anderes Verhältnis und eine gewisse Distanz zu den Porträtierten, was er so beschreibt: »Es ist oft ein Bild des Raumes zwischen uns.« Nicht zuletzt aufgrund dieser Technik schafft Soth eindringliche Fotografien und – dessen sind sich die Porträtierten auch sehr bewusst – intime Porträts; er selbst meint dazu: »Für mich ist die Verletzlichkeit das Schönste.« In seinen Arbeiten zeigt er sich als einfühlsamer und auch humorvoller Beobachter, der faszinierende, verstörende, eigenartig anmutende Situationen und Menschen findet. Er fotografiert die Einsamkeit und die Sehnsucht der Menschen. Einmal lässt er sie ihre Träume aufschreiben, ein anderes Mal fotografiert er ihre Liebesbriefe. In *Songbook* (2015), das er digital und komplett schwarzweiß fotografierte, bedient er sich als Leitfaden eines weiteren amerikanischen Mythos, des »Great American Songbook«, der maßgeblichen Sammlung der Musik der 1930er bis 1960er Jahre. Durch seine Reisen für seine Bücher wird Soth zum Chronisten eines Amerikas der Provinz zwischen New York und Los Angeles, die immer wieder Neues und Überraschendes bereithält, wenn man auf die Menschen zugeht – und genau dazu ist die Fotografie am besten geeignet.

Er kann aber auch anders: Als Soth von Martin Parr zur Teilnahme an der Fotobiennale in Brighton 2010 eingeladen wurde und wegen eines fehlenden Arbeitsvisums für Großbritannien nicht fotografieren durfte, gab er seiner damals sieben Jahre alten Tochter die Kamera. Die Bilder, die sie von Brighton machte, wurden ausgestellt, und niemandem fiel etwas Besonderes auf …

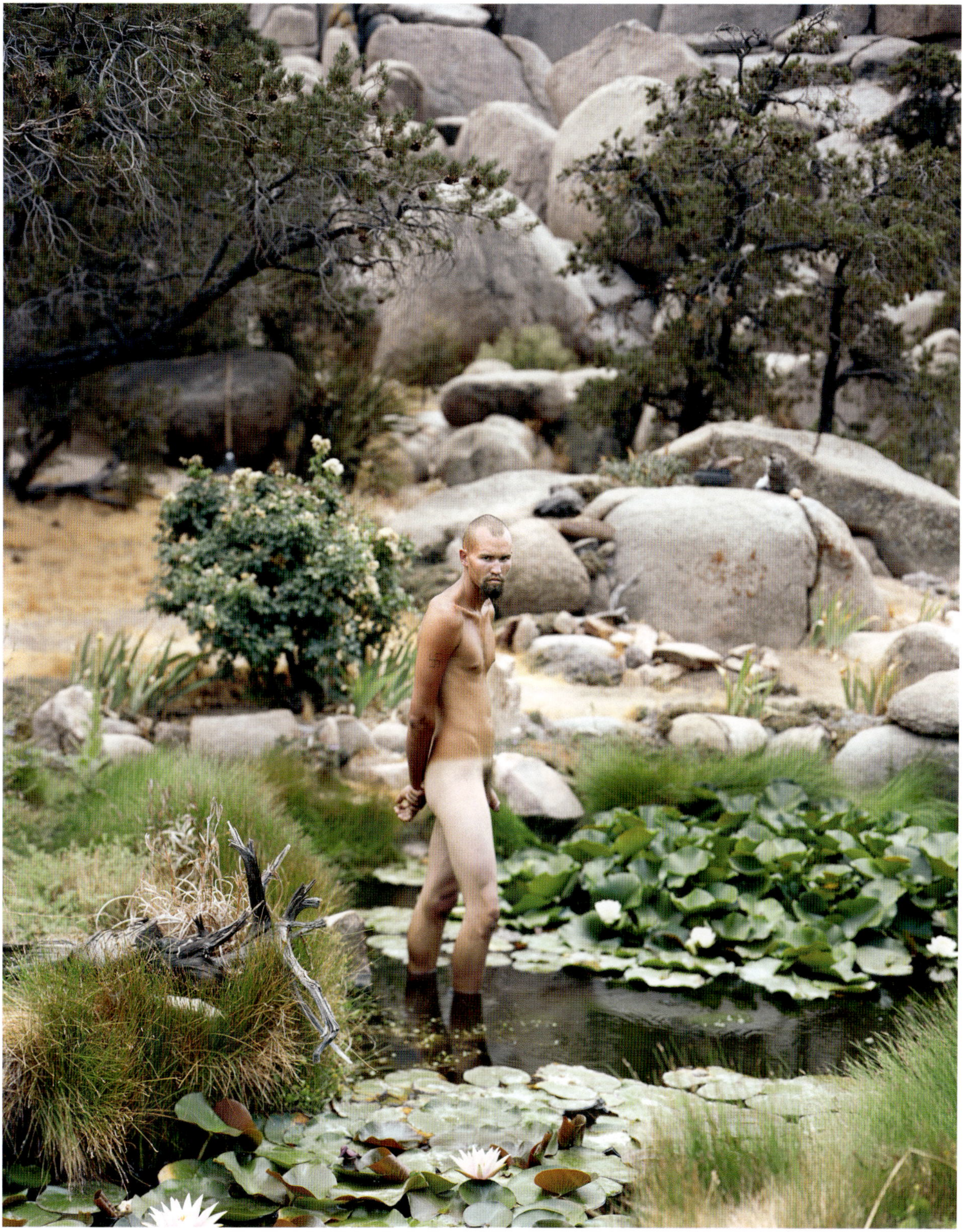

USA, 2008

45

RINKO KAWAUCHI

Wenn eine junge Fotografin mit drei Büchern gleichzeitig an die Öffentlichkeit tritt und damit sofort großen Widerhall in der Kunstwelt findet, muss es sich um etwas Besonderes handeln. Und das tut es bei der japanischen Fotografin Rinko Kawauchi.

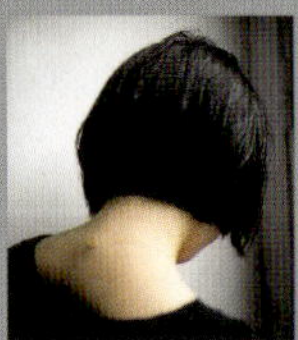

RINKO KAWAUCHI

1972 Geboren in Shiga, Japan.

Bis 1993
Studiert Grafikdesign und Fotografie an der Seian University of Art and Design, Shiga.

Arbeitet als Werbefotografin, bevor sie ihre Karriere als Künstlerin beginnt.

2001 *Utatane*, *Hanabi* und *Hanako* erscheinen gleichzeitig.

2002 Gewinnt den 27th Kimura Ihei Award für *Utatane* und *Hanabi*.

2004 *Aila*.

2009 Infinity Award, International Center of Photography, New York.

2010 Teilnahme an der Brighton Photo Biennial; *Murmuration*.

2011 *Illuminance*.

2012 Honorary Fellowship der Royal Photographic Society.

Lebt in Tokio, Japan.

www.rinkokawauchi.com

Die Bilder der 2001 erschienenen Bücher *Utatane*, *Hanabi* und *Hanako* haben, ebenso wie die Fotos der anderen Serien von Rinko Kawauchi, eine ganz eigene, besondere Ausstrahlung und Anziehungskraft. Ein Vogel im Moment des Abhebens, ein Tropfen Schweiß auf der Haut, ein Blick in einen Straßentunnel, die glimmende Spitze einer Zigarette oder eine aufbrechende Mohnblüte – das alles sind Motive Kawauchis, die sie in ihren Büchern gleichsam zu optischen Poemen zusammenfügt. Und genau wie in der Poesie sind auch in Kawauchis Fotografien die Assoziationsmöglichkeiten mannigfaltig und keineswegs von den Bildern oder ihrer Reihung vorgegeben. »In der Lyrik löst man auch kleine Fragmente aus der Wirklichkeit«, erklärt die Künstlerin. »Jedes Wort ist ein Bild, und die werden auf eine ganz eigene Weise verbunden. So sehe ich auch meine Fotos, nicht als Einzelbilder, sondern als Teile einer Serie, die erst geschlossen ein neues Ganzes ergeben.« Dabei ist das Buch Kawauchis bevorzugtes Medium, denn es lässt eine gewisse Nähe und Intimität zwischen Bildern und Betrachter zu.

Es sind kleine Beobachtungen alltäglicher Details, Reflexionen, Impressionen, die sie in leichten, nuancenreichen Farben zeigt. Trotz ihrer Farbigkeit erinnern die Fotos in ihrer Zartheit, aber auch in ihrer Bestimmtheit, ein Motiv intuitiv zu erfassen, an Sumi-e, die japanische Tuschemalerei. In der Kunst des Sumi-e wird, wie in der Poesie oder der Fotografie Kawauchis, mehr angedeutet als ausgesprochen. In den ersten Serien Kawauchis werden die Bilder äußerlich durch die strenge Form des Quadrates zusammengehalten, das von der Verwendung einer Rolleiflex-Kamera herrührt. Diese äußere Strenge betont die innere Freiheit der Bilder. Lange Zeit bevorzugte die Fotografin das quadratische Format, da es, wie sie sagt, eine »Welt, die weder vertikal noch horizontal ist«, zeigt. 2010 wurde Kawauchi von dem damaligen Gastkurator Martin Parr zur Brighton Photo Biennial eingeladen und fotografierte dort zum ersten Mal digital. Damit löste sie sich vom Quadrat, das ihren Bildern eine formale Bestimmtheit verlieh, und lockerte die äußere Form.

Es ist etwas Schwebendes in ihren Fotografien und mitunter etwas Düsteres. »Das Dunkle ist eine wichtige Metapher und ein Schlüssel zu meinem Werk«, meint sie. »Die Dualität – Helligkeit, Dunkelheit, Leben und Tod – ist ein Kernpunkt meiner Arbeit. Es kann kein Licht geben ohne Dunkelheit – und umgekehrt.« Es lassen sich mit ihren Bildern fundamentale Fragen über den Kreislauf des Lebens assoziieren, die sich an ihren Detailbeobachtungen und den damit verbundenen Gedanken entzünden, oder, wie es die Fotografin schlicht ausdrückt: »Ich möchte verstehen, was es bedeutet, am Leben zu sein.«

Rinko Kawauchi, deren Lieblingsfarbe nebenbei bemerkt Blau ist, ist auch insofern etwas Besonderes in der aktuellen Fotoszene, als sie sich mit etwas beschäftigt, von dem man manchmal denken könnte, es sei kein Platz mehr dafür in der modernen Fotografie: Schönheit.

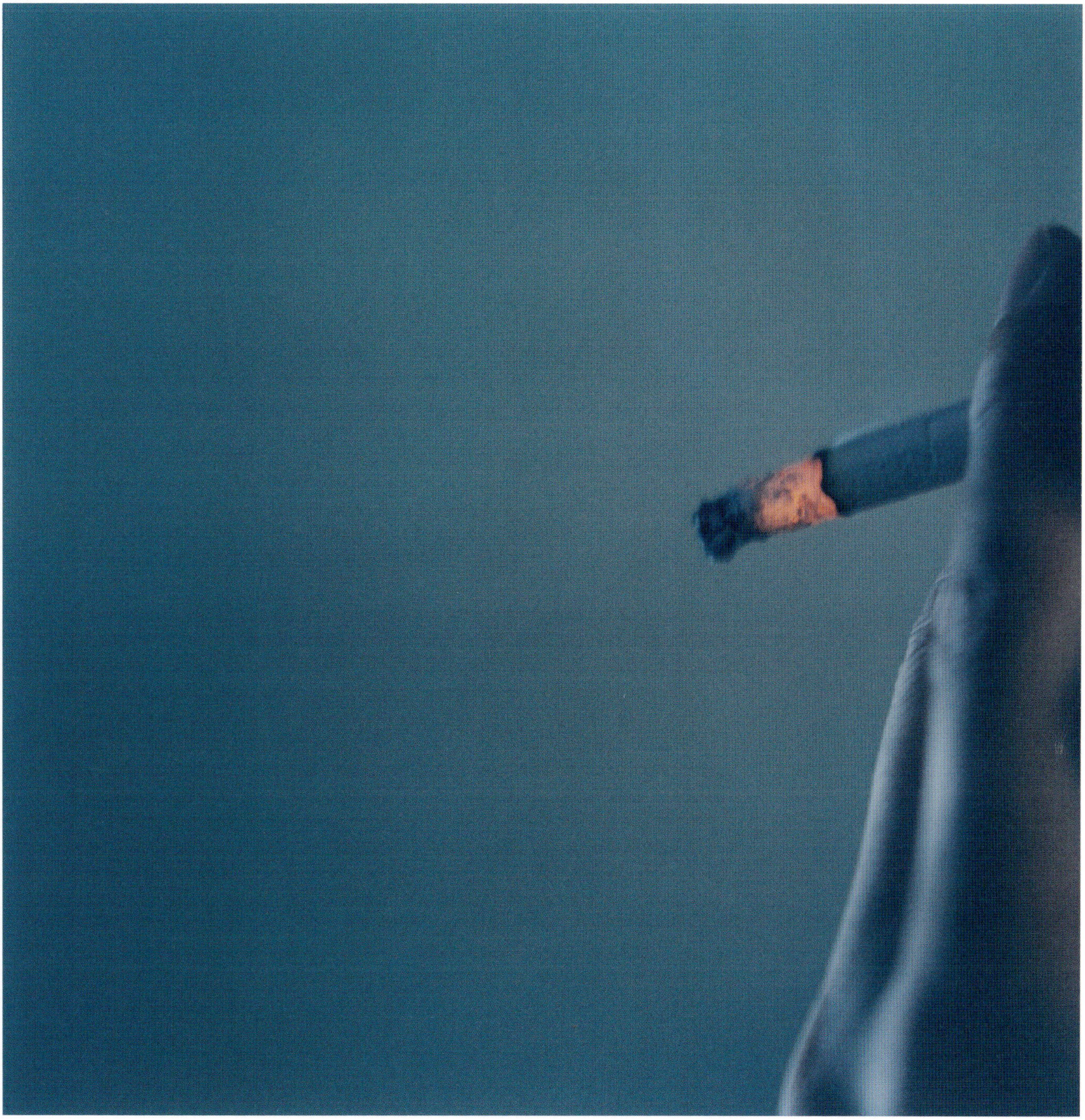

Untitled (aus »Illuminance«), 2009

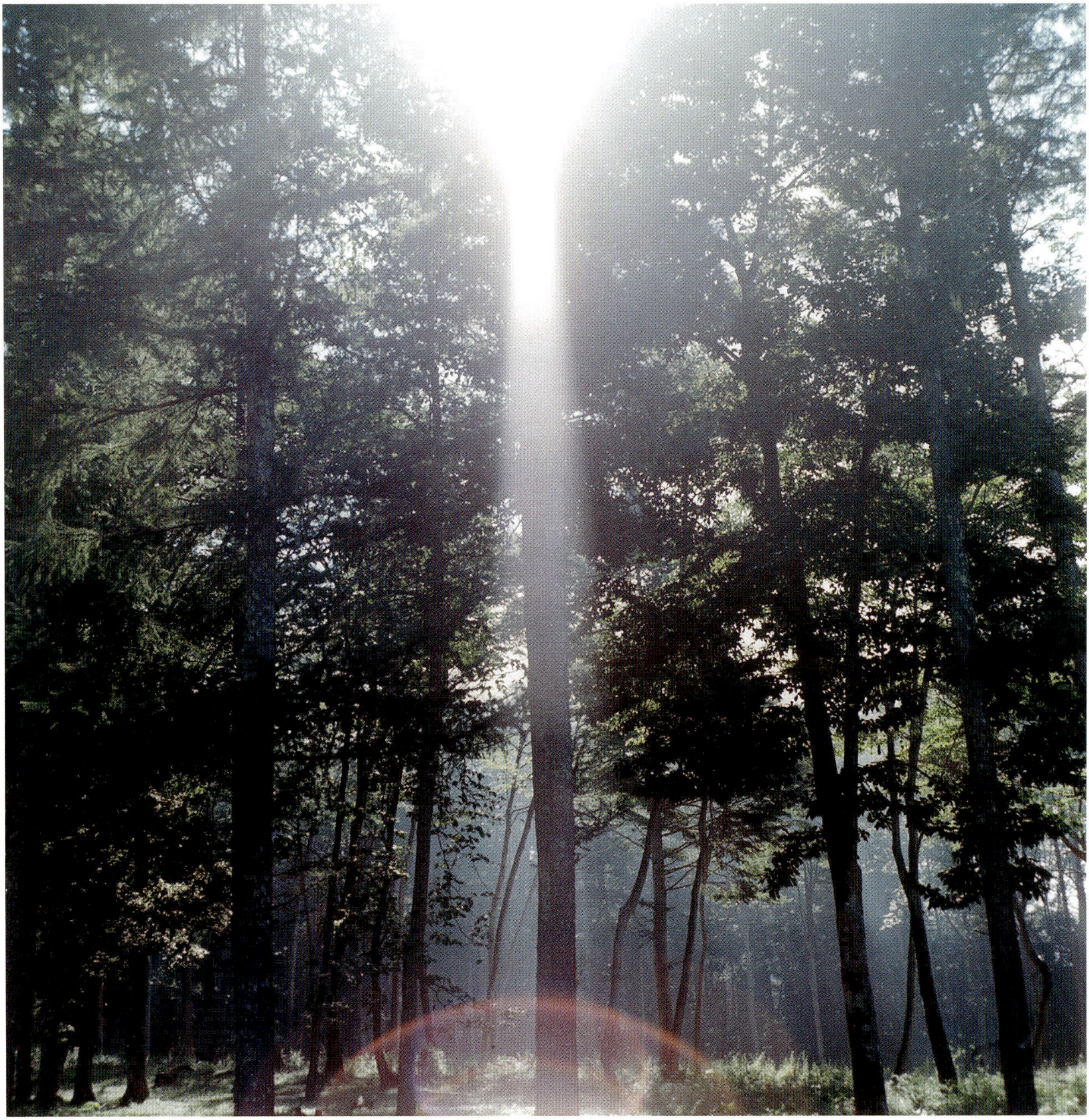

Untitled (aus »Illuminance«), 2009

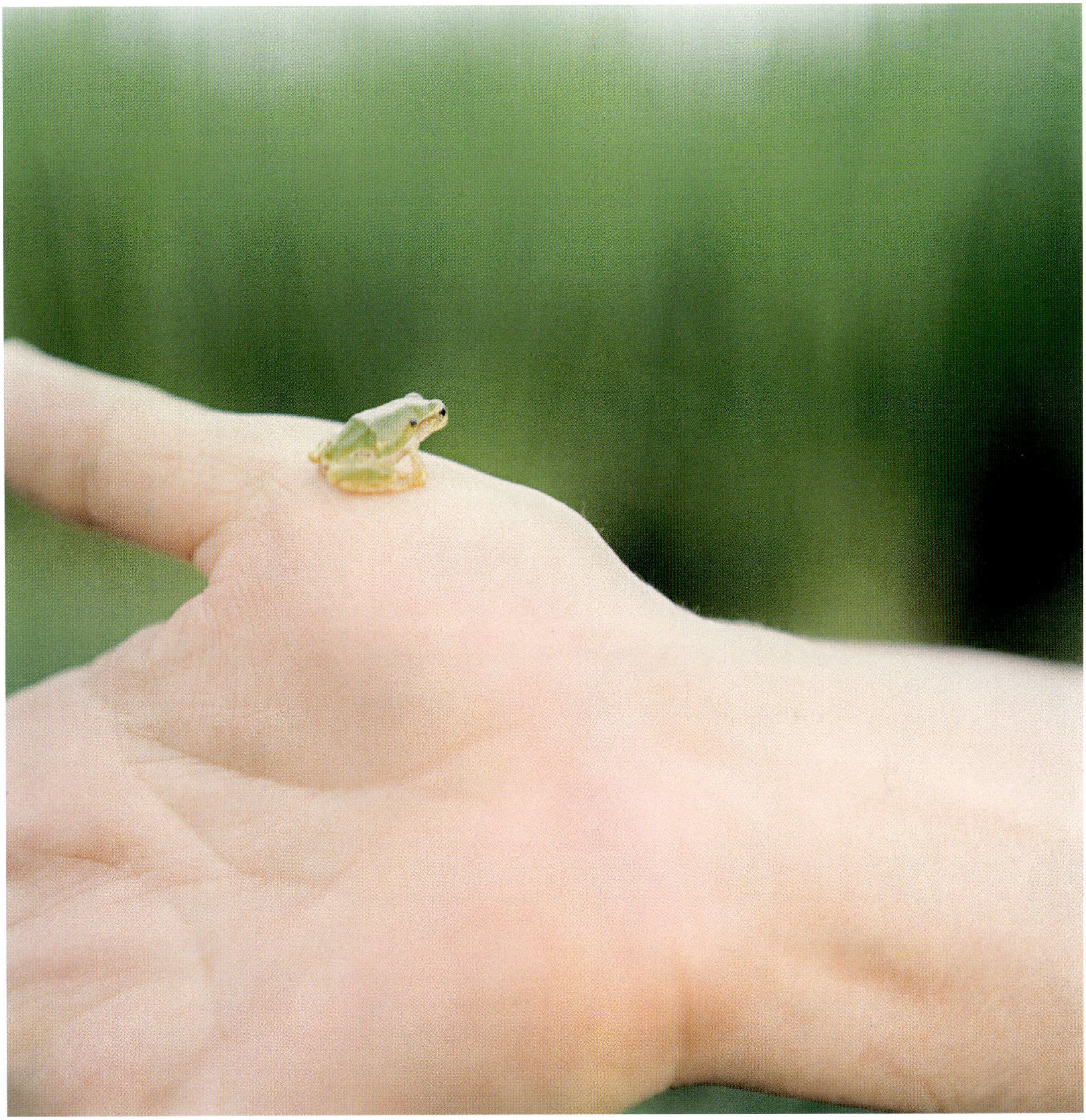

Untitled (aus »Illuminance«), 2009

46

ZANELE MUHOLI

Die südafrikanische Fotografin Zanele Muholi ist die wichtigste Porträtistin der schwarzen LGBT-Community (Lesben, Schwule, Bisexuelle und transgeschlechtliche Menschen) ihrer Heimat. In vielen ihrer tiefgründigen und intensiven Bilder inszeniert sie sich selbst und kämpft so für ihre künstlerischen und sozialen Ziele.

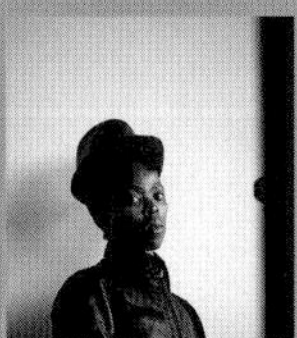

ZANELE MUHOLI

1972 Geboren in Umlazi, Durban, Südafrika.

2003 Abschluss in Fotografie, Market Photo Workshop, Johannesburg.

2004 Erste Einzelausstellung.

2009 Master of Fine Arts, Ryerson University, Toronto.

2009 Ausstellung *Faces and Phases.*

2010 Koregisseurin des Dokumentarfilms *Difficult Love.*

2013 Ernennung zur Honorarprofessorin an der Hochschule für Künste Bremen.

»Konfrontiert mit den alltäglichen Problemen unserer Community, habe ich mich für einen visuellen Aktivismus entschieden, um auf diese Weise die schwarze Queer-Bewegung sichtbar zu machen. *Faces and Phases* handelt von unserer Geschichte und unseren Kämpfen. Mit *Faces* ist der Einzelne gemeint, mit *Phases* der Übergang von einer Phase der Sexualität beziehungsweise des Ausdrucks der Geschlechtlichkeit und der Gendererfahrung zu einer anderen. *Faces* bezeichnet zudem die Begegnung von Angesicht zu Angesicht zwischen mir als Fotografin/Aktivistin und den vielen Lesben, Frauen und Transgendern, denen ich an verschiedenen Orten begegnet bin.«

Zanele Muholi präsentiert in ihrer Arbeit eine Gemeinschaft, die lange ins Abseits gedrängt wurde. Als schwarzer, lesbischer Südafrikanerin geht es Muholi darum, die Lebensbedingungen der Lesben, Schwulen, Bisexuellen und Transgender zu verbessern, die in ihrer Heimat unverändert unter gesellschaftlicher, wirtschaftlicher und sogar gewalttätiger Diskriminierung leiden. Die Gewalt gegen Lesben umfasst nicht zuletzt sogar Vergewaltigungen, die die Frauen von ihrer »abartigen« sexuellen Orientierung »heilen« sollen. Zu Muholis bekanntesten Arbeiten gehören ihre eindrücklichen Selbstporträts, die sie zumeist als starkes, engagiertes und selbstbewusstes Individuum zeigen. Ein typisches Beispiel dafür ist das hier abgebildete Schwarzweißfoto von 2011. Der Blick der Künstlerin erscheint gleichzeitig herausfordernd und einfühlsam und lädt den Betrachter zur Reflexion über das Leben der Dargestellten ein, über ihre Kindheit während der Apartheid und ihr Engagement in Organisationen, die verfolgten lesbischen Südafrikanerinnen Schutz und Ausbildung bieten. Das Selbstporträt gehört zu einem umfassenderen Projekt mit dem Titel *Faces and Phases* (seit 2006), das zahlreiche Menschen aus der Community vorstellt, die sich ähnlich wie Muholi engagieren und anders nie die verdiente öffentliche »Sichtbarkeit« erhalten würden.

In ihren jüngeren Arbeiten stellt Muholi Rituale dar, die den Zusammenhalt ihrer Gemeinschaft untereinander stärken. In der Ausstellung *Of Love & Loss* (2014) präsentierte sie Fotos von Hochzeiten und Beerdigungen in der südafrikanischen LGBT-Community und zeigte so Schmerz und Freude nebeneinander. In den Arbeiten scheint sich die innere Zerrissenheit Südafrikas widerzuspiegeln. Als einer der ersten Staaten weltweit legalisierte das Land gleichgeschlechtliche Ehen, und doch scheint der Kampf für die vollständige Gleichberechtigung kaum voranzukommen.

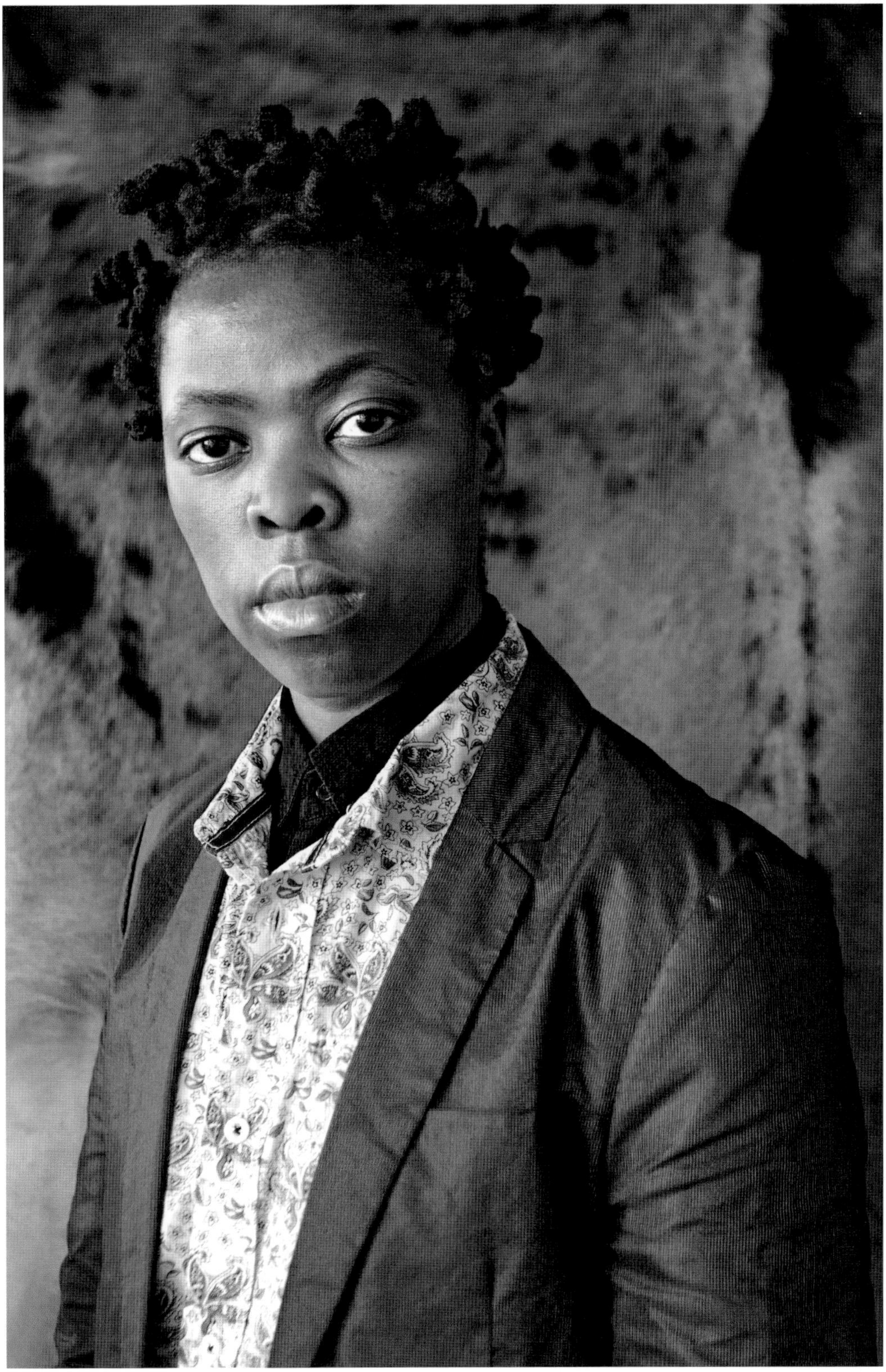

Zanele Muholi, Vredehoek, Cape Town, 2011

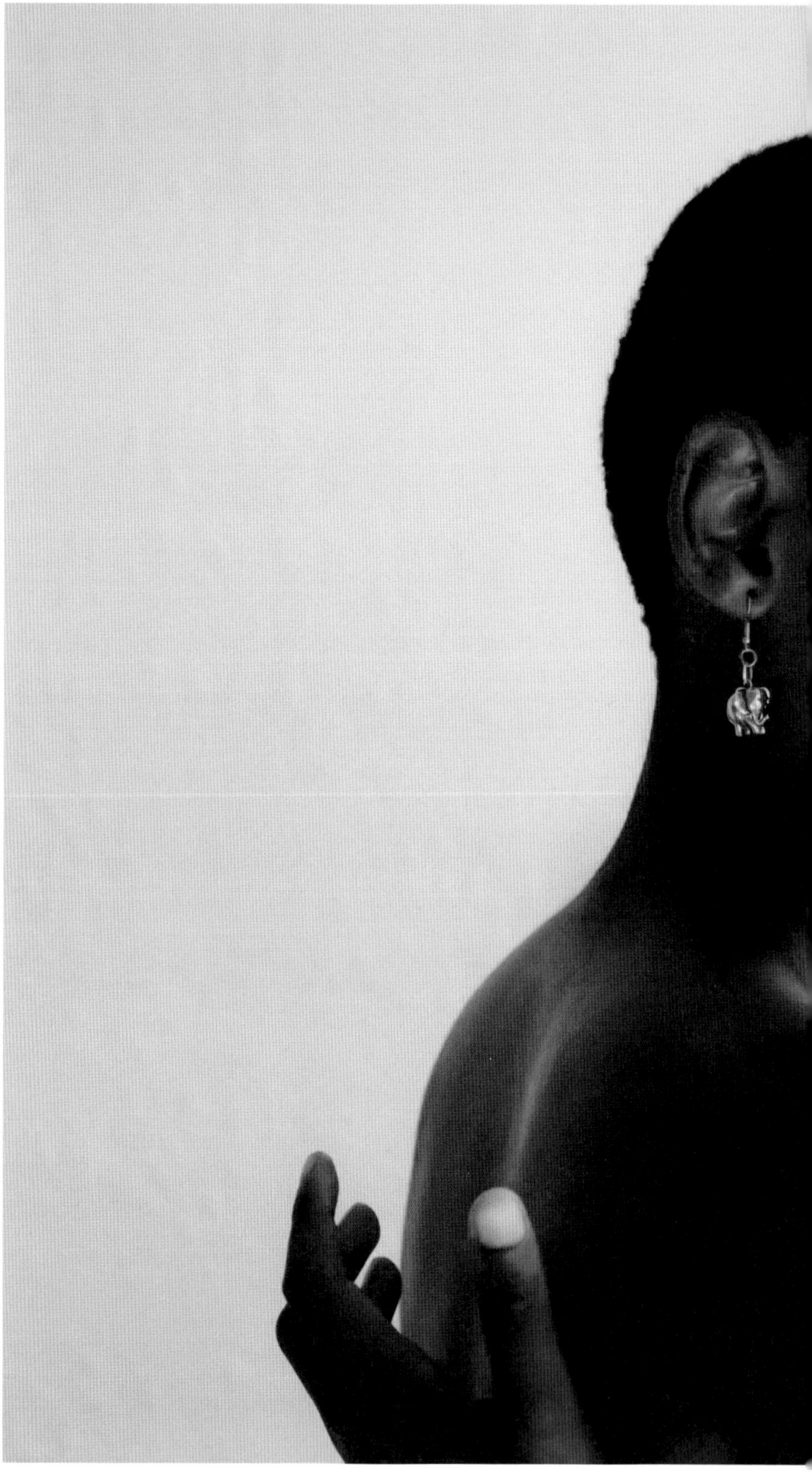

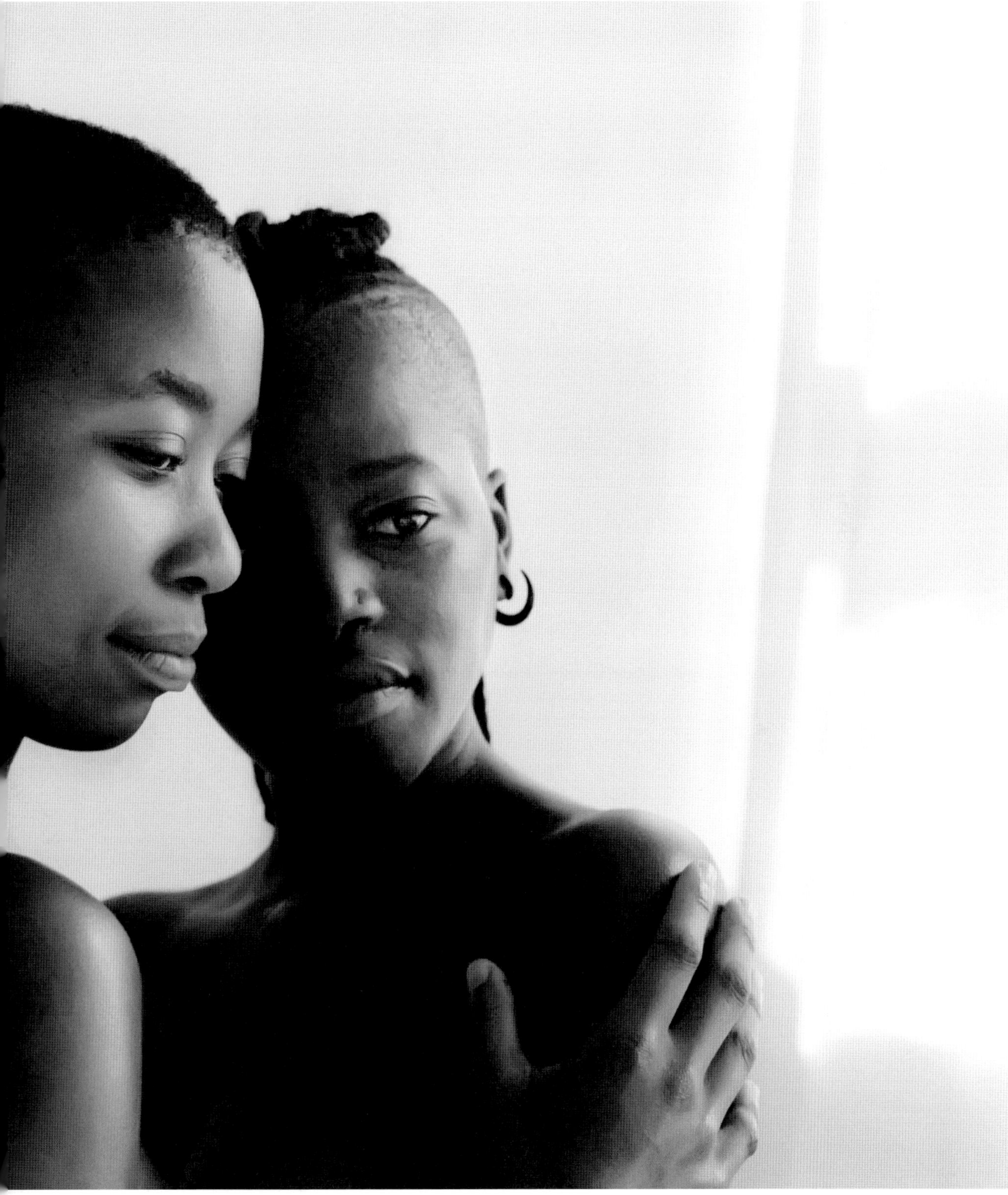

Zinzi and Tozama II, Mowbray, Cape Town, 2010

47

VIVIANE SASSEN

Es ist immer wieder interessant, in welch unterschiedlichen Ausprägungen sich die Modefotografie zeigt; natürlich so abwechslungsreich wie die Mode selbst, aber oft doch mit einer seltsam kritischen Distanz zu dem Zweck, dem sie eigentlich dient.

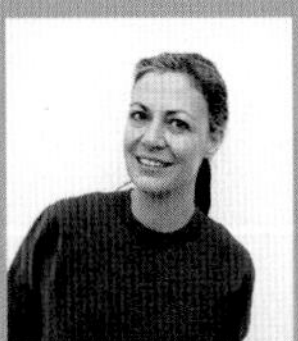

VIVIANE SASSEN

1972 Geboren in Amsterdam, Niederlande.

1974–76 Mit den Eltern in Kenia.

1990–97 Studium von Modedesign, Fotografie und Kunst in Arnheim und Utrecht.

2008 *Flamboya.*

2011 *Parasomnia.*

2011 Infinity Award (Applied/Fashion/Advertising Photography), International Center of Photography, New York.

2013 Deutscher Fotobuchpreis Gold für *In and Out of Fashion.*

2016 Deutscher Fotobuchpreis Gold für *Umbra.*

www.vivianesassen.com

Modefotografie ist immer ein Kompromiss zwischen den kommerziellen Ansprüchen der Kunden und Auftraggeber und den künstlerischen Ansprüchen und Vorstellungen der Fotografen. Manchmal stehen die Models so im Vordergrund, dass sie die Mode fast vergessen lassen, wie beispielsweise bei Peter Lindbergh, manchmal erscheint die Modefotografie nur als Vorwand, die Branche kritisch zu hinterfragen, wie bei Juergen Teller, und manchmal steht die Mode so im Vordergrund, dass die Modelle, die sie präsentieren, geradezu zu einem weiteren »Material« der Kleidung zu werden scheinen, wie bei der niederländischen Fotografin Viviane Sassen: »Für mich ist der Körper ein Werkzeug. Es ist der Lehm, das Material, das ich in eine interessante Form bringen kann.« Und in der Tat sehen viele Bilder Sassens aus, als hätte jemand ein Stück Mensch geformt und irgendwo liegenlassen, welches sie dann achtsam fotografiert. Dabei ist ihr sanfter und humorvoller Blick auf Frauen und Männer weniger von Geschichten, die sie etwa in ihren Bildern erzählen will, als vielmehr von formalen Kriterien bestimmt. Helles, manchmal fast grelles Licht, harte Schatten, starke Farben, skulpturale Posen, Strukturen und Grafisches sind die formalen Elemente ihrer Fotografien. Dazu kommen wiederkehrende Bildmotive, wie lange, dünne Beine, auf verschiedenste Art verschlungene oder verbundene Menschen oder auch Spiegel, die für Sassen eine Tür zur »anderen Seite« auftun und für einen Schritt in ein Paralleluniversum stehen – wie auch traditionell für Eitelkeit, die in der Mode ohnehin omnipräsent ist.

Es sind meist keine Bilder, auf denen die Models einfach mal schön aussehen – sofern man ihre Gesichter überhaupt einmal erkennen kann. Denn Sassen versucht das weitgehend zu vermeiden, um nicht in die Nähe der Porträtfotografie zu gelangen. Trotzdem wirkt das Ganze meist humorvoll, leicht und spielerisch. Als hätte ein Bildhauer Ideenskizzen fotografiert für Skulpturen, die noch entstehen werden, was ja bei Sassen nicht ausgeschlossen erscheint. Man sieht also oft skurril verdrehte Körper und Torsi, die zwischen Pflanzen stehen, pietàgleich in Tüchern hängen oder scheinbar einfach so auf dem Boden liegen wie hingefallen. Oder ein Model wird zu einer riesigen blau-gelben Blüte inmitten eines rosafarbenen Tulpenfeldes. Man muss nichts denken bei diesen Bildern. Sassen will nichts Erzählerisches, keine Botschaften vermitteln. Es sind Spielereien mit Körpern und Licht. Sie selbst erklärt: »Mit der Mode verbindet mich eine Hassliebe, sie ist für mich einfach nur eine Plattform für meine Fotografie, für meine Kreativität. Ich sehe es mehr als Kindergarten, ein Spielfeld für meinen Forscherdrang.«

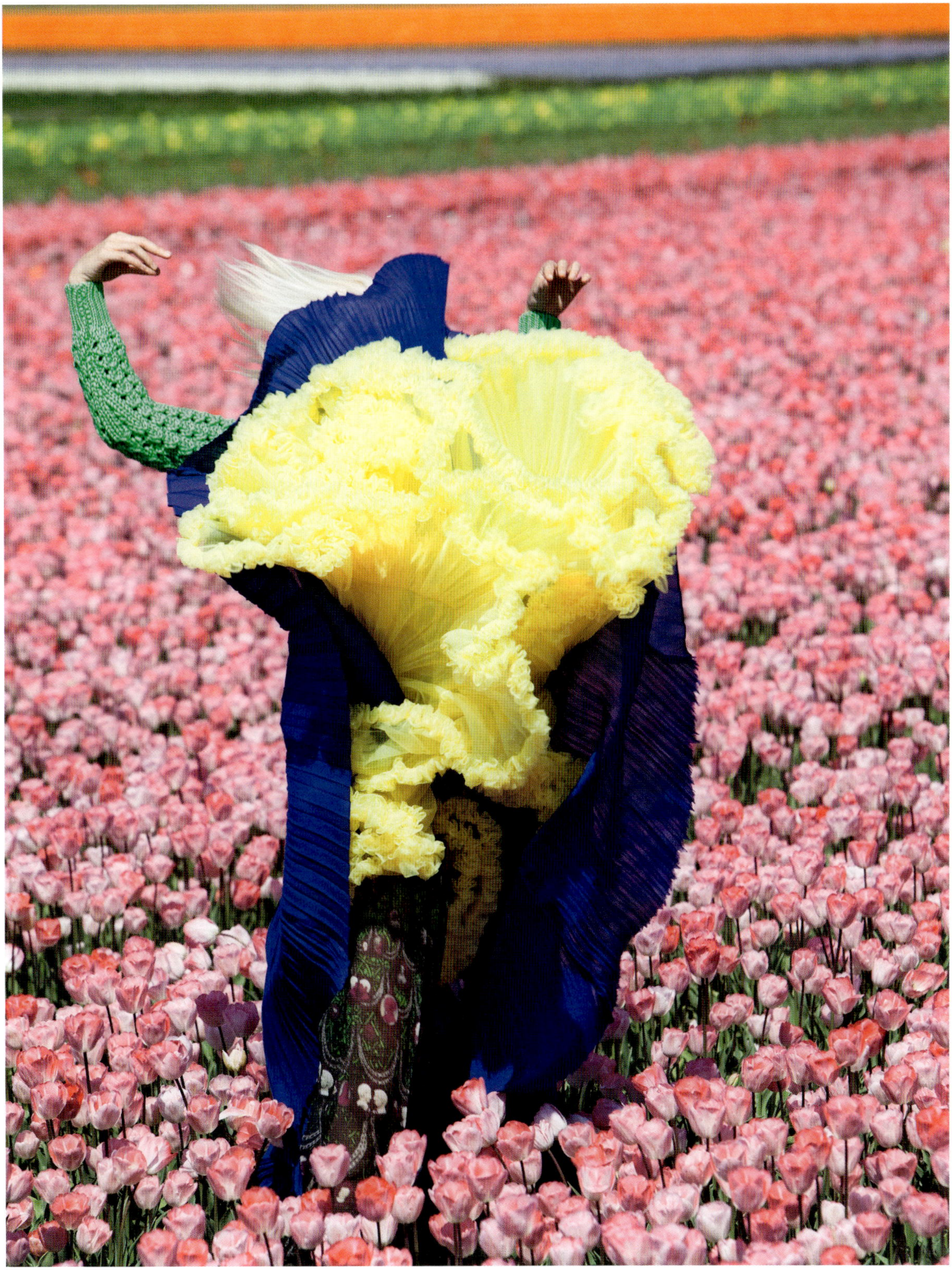

In Bloom (aus »In and Out of Fashion«), 2011

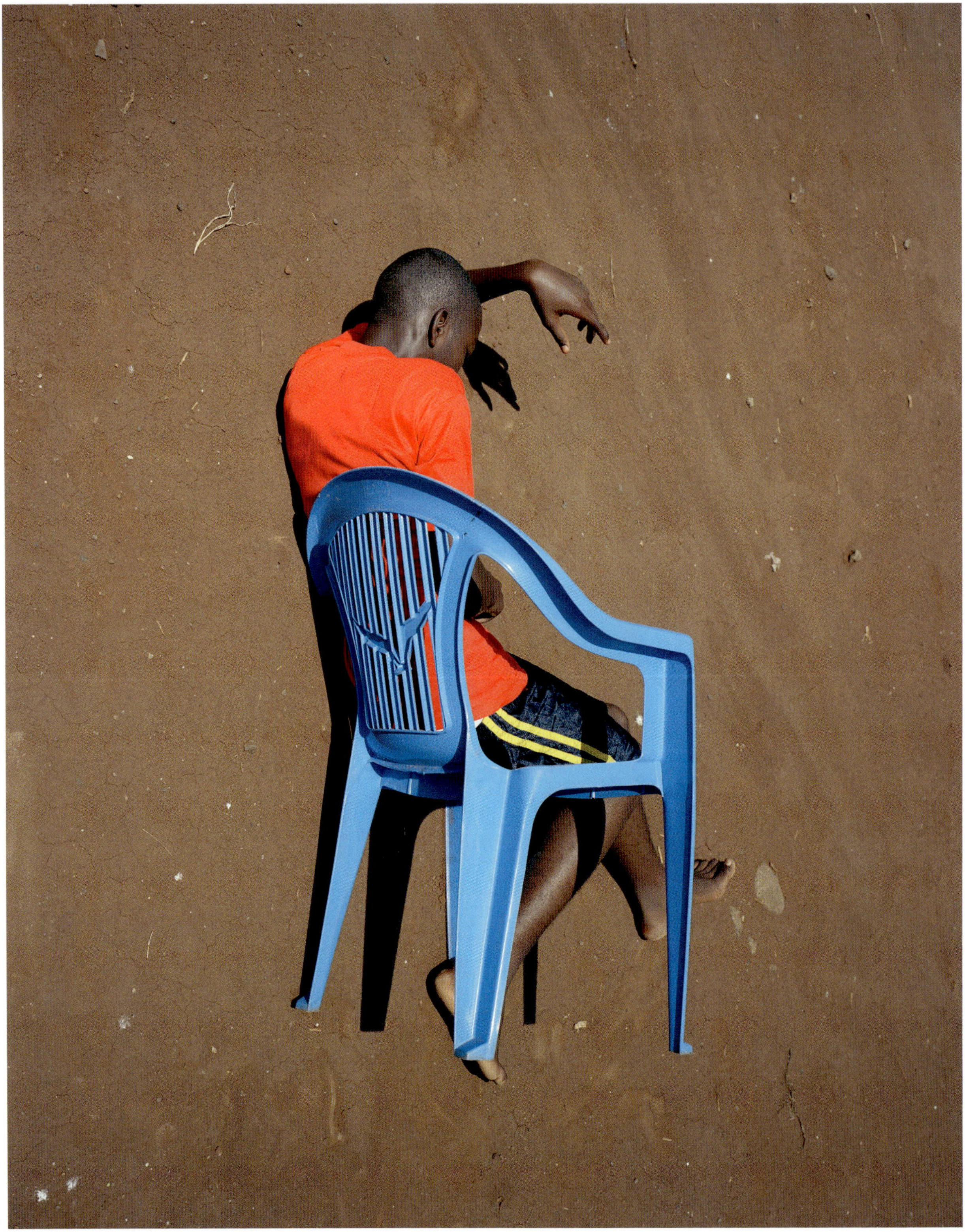

Parasomnia (aus »Parasomnia«), 2010

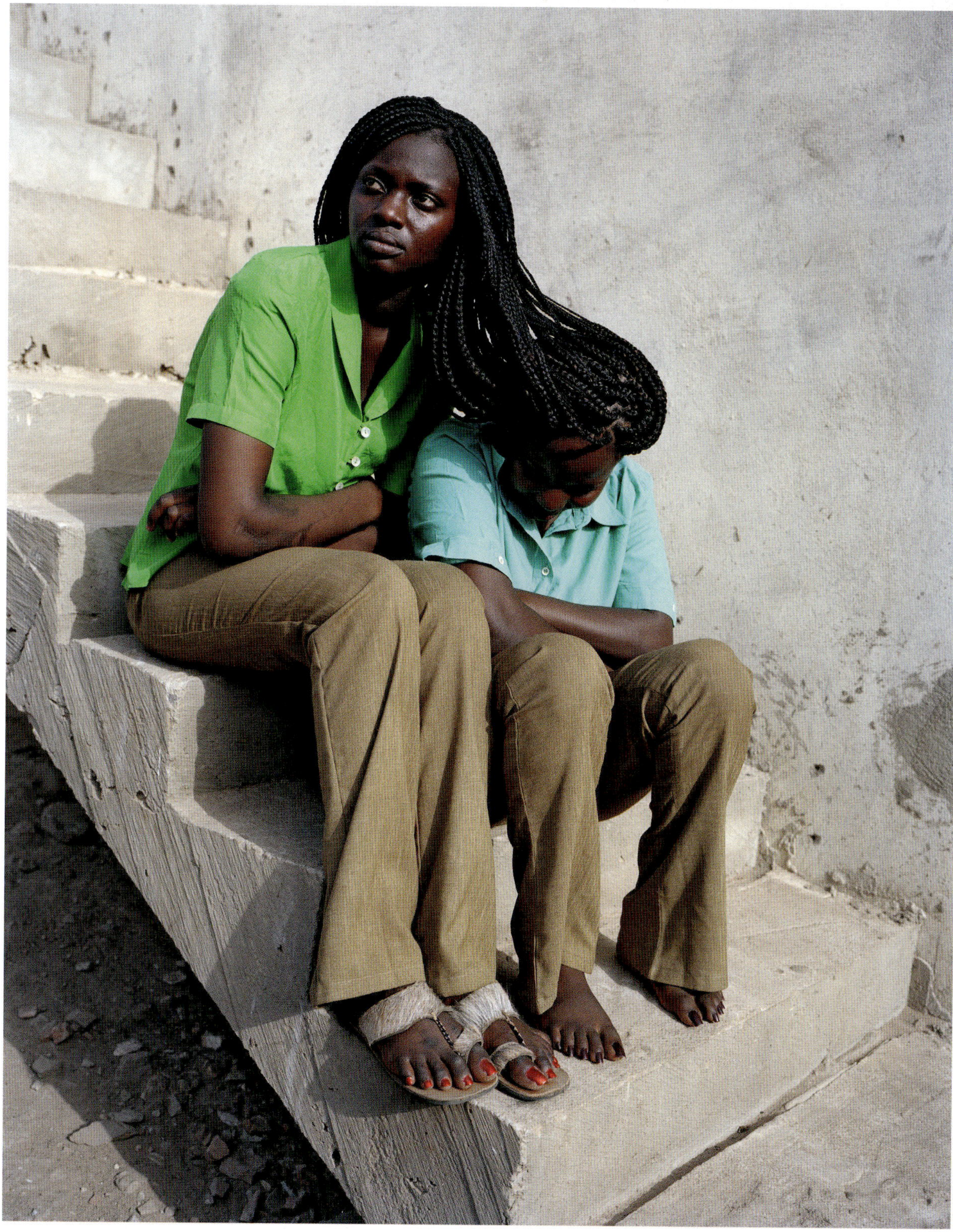

Darkuman Junction (aus »Flamboya«), 2007

48

PIETER HUGO

»Afrika ist meine Heimat, doch ich bin weiß. Ich fühle mich als Afrikaner, aber wenn du irgendjemanden in Südafrika fragst, ob ich Afrikaner bin, wird er das höchstwahrscheinlich verneinen. Ich passe nicht in die soziale Topografie meines Landes, und das hat mich dazu angetrieben, Fotograf zu werden.«

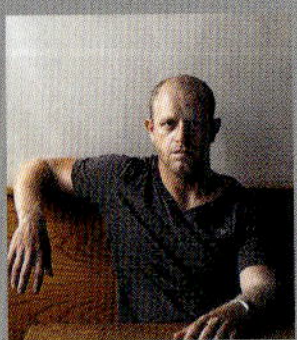

PIETER HUGO

1976 Geboren in Johannesburg, Südafrika.
Als Fotograf Autodidakt.

2002/03 Fabrica Research Center, Treviso, Italien.

2006 *Looking Aside*; World Press Photo Award.

2007 *The Hyena & Other Men.*

2009 *Nollywood.*

2011 *Rwanda 2004: Vestiges of a Genocide*; *Permanent Error.*

2012 *There's a Place in Hell for Me and My Friends.*

2014 *Kin.*

www.pieterhugo.com

Diese Andersartigkeit war schon immer ein Thema in Pieter Hugos Leben und ist auch ein wichtiges Thema in seinen Arbeiten. Als Fotojournalist, der bei manchen Jobs besser weniger auffällt, ist in Südafrika ein fast zwei Meter großer Weißer nicht ganz so geeignet. Also begann er, sich von der klassischen Reportage zu lösen und eine andere Art der künstlerischen Dokumentation für sich zu entwickeln, bei der er mit Mittel- und Großformatkameras ohnehin auffällt und sich so auf seine Motive konzentrieren kann. Er beschäftigt sich mit Außenseitern und Menschen, die am Rande der Gesellschaft stehen. Bekannt wurde Hugo durch seine Serie der Hyänen-Männer, die er 2005–07 fotografierte. Sie sind eine Mischung aus Schaustellern, Medizinmännern und Gauklern, die in den Vororten von Abuja, der Hauptstadt Nigerias, mit Hyänen, Pavianen und Schlangen auftreten und Tinkturen, Kräuter und Amulette verkaufen. Die Bilder zeigen eine archaische Welt, die mit der modernen Wirklichkeit zusammentrifft. Interessant dabei ist die unterschiedliche Rezeption: Während in Europa und den USA vor allem nach dem Tierschutz gerufen wird, reagieren die Menschen in Afrika mehr auf die Lebensumstände der Hyänen-Männer. Eine andere vielbeachtete Serie, *Looking Aside*, entstand 2003–06 und zeigt unter anderem Albinos, weißhäutige Schwarze, die abseits der Gesellschaft einen schweren Stand haben, oft verfolgt und diskriminiert werden.

Permanent Error (realisiert 2009/10) ist ein Projekt über die Lebensbedingungen auf der weltgrößten Müllhalde für Elektroschrott in Agbogbloshie, einem Vorort von Accra, der Hauptstadt Ghanas. Hier besteht die tägliche Arbeit der Menschen darin, die wertvollen Rohstoffe aus den alten Computern und Handys zu brechen und zu brennen. Die Menschen von Agbogbloshie versuchen ihren Lebensunterhalt mit den Resten der Konsumgesellschaft zu verdienen und werden krank von den giftigen Dämpfen unseres Wohlstandsmülls. Hugo zeigt das jedoch nicht in journalistischer Weise, sondern in Form konzentrierter Porträts, in denen er das Wesentliche festhält. Von Oliviero Toscani, mit dem er in dessen »Fabrica« in Treviso zusammenarbeitete, lernte er eine Maxime der Bildökonomie: »Wenn es nicht wesentlich für das ist, was du zeigen willst, lass es aus dem Bild.« Hugos Blick auf die Menschen am Rande der Gesellschaft wird bisweilen auch als Voyeurismus kritisiert, er selbst dagegen meint: »Ich finde das Hinsehen interessant. Ich möchte genau hinsehen, aber ohne mich entschuldigen zu müssen. Und ich möchte, dass mein Blick ebenso intensiv erwidert wird. Wenn das bei der Aufnahme gelingt, entsteht eine Energie.«

In einem 20 Jahre nach dem Ende der Apartheid immer komplexer und differenzierter gewordenen Südafrika versuchen Künstler und Fotografen wie Pieter Hugo neue Möglichkeiten und Ausdrucksweisen zu finden, sich mit den immer noch brisanten Themen wie Politik, Heimat und Rassenzugehörigkeit auseinanderzusetzen. In seinem jüngsten Projekt, *Kin* (Familie, Sippe), einem intensiven Porträt seines Heimatlandes, beschäftigt sich Hugo mit den dortigen Lebensbedingungen und stellt erneut die Frage, in welchem Zustand sich die südafrikanische Gesellschaft befindet und wo sein Platz darin ist.

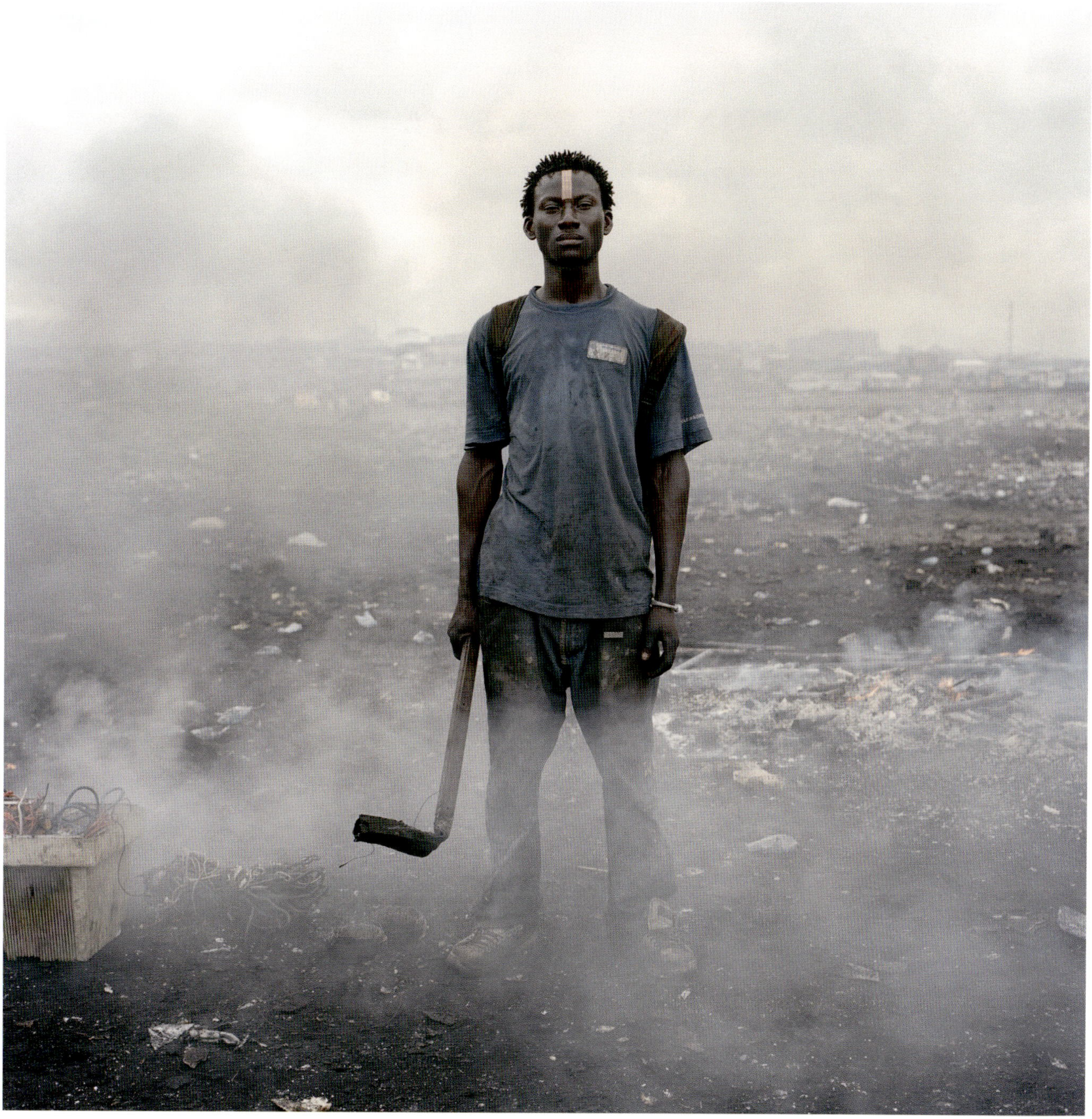

Aissah Salifu, Agbogbloshie Market, Accra, Ghana, 2010

49

RYAN MCGINLEY

Ryan McGinley avancierte um die Jahrtausendwende zu einem der wichtigsten Chronisten seiner Generation. Seine farbenfrohen, vitalen Fotografien der New Yorker Jugendszene trugen ihm bereits in seinen Zwanzigern mehrere bedeutende Auszeichnungen und Ausstellungen ein. Bis heute ist er gleichermaßen in der Kunstwelt und der Populärkultur zu Hause.

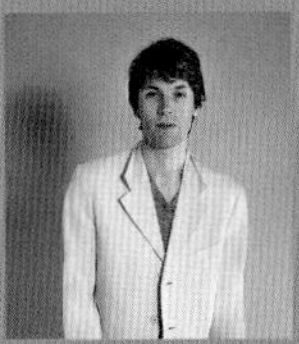

RYAN MCGINLEY

1977 Geboren in Ramsey, New Jersey, USA.

1997–2000 Studium an der Parsons School of Design, New York.

2003 Einzelausstellung im Whitney Museum of American Art, New York.

2003 Ernennung zum Photographer of the Year durch das Magazin *American Photo*.

2010 Ausstellung *Everybody Knows This Is Nowhere* (Aktaufnahmen).

2013–15 Präsentation der umfangreichen Ausstellung *Yearbook* in verschiedenen nordamerikanischen und europäischen Museen.

»Jeder beginnt im Grunde mit Schwarzweißaufnahmen oder Bildern von seinem Essen oder seiner Familie oder mit irgendeinem dokumentarischen Projekt. Am Anfang probiert man alles aus, und nach und nach verabschiedet man sich von den Sachen, die einem nicht gefallen. Ich selbst habe gesehen, dass ich am liebsten Fotos von den Menschen mache, mit denen ich mich identifiziere, Künstlern, die gegen Autoritäten rebellieren und aus der Skaterszene kommen. [...] Irgendwann wurde mir klar, dass Bewegung für mich das Wichtigste ist, was sich mit meinen Wurzeln in der Skate- und Snowboardszene erklären lässt. Ich bin auch gerne tanzen und feiern gegangen und versuche nun, dieses Gefühl in meine Arbeit zu integrieren, indem sich die Leute auf meinen Fotos bewegen, als wären sie auf einer Tanzfläche.«

Ryan McGinleys Leidenschaft für Bewegung, Natur und Gegenkultur war die Grundlage für seinen außergewöhnlich dynamischen, unverwechselbaren Stil. Schon in seinen ersten Jahren in New York, und noch während seines Studiums an der Parsons School of Design, fing er das wilde Leben seiner Freunde in Fotografien ein, die er später in dem Buch *The Kids Are Alright* zusammenfasste. Seine Modelle sind Grenzgänger – sie sprühen Graffiti, entblößen sich öffentlich und hängen sich außen an Gebäude. McGinleys Bilder fangen auf brillante Weise dieses spannungsgeladene, spontane Leben ein und halten die Dargestellten häufig verschwommen mitten in der Bewegung fest. Sie zeigen eine neue Generation, die um die Jahrtausendwende erwachsen wurde; dennoch sieht der Fotograf hier auch eine Kontinuität: »Meine frühen Fotos reihen sich in eine Geschichte von Aufnahmen aus Downtown New York ein, die schon existiert hat. Von Allen Ginsberg und den Beatniks über die Warhol-Clique bis David Armstrong, Nan Goldin oder Jack Pierson haben alle in New York ihre jeweilige Szene fotografiert, und ich stehe definitiv in ihrer Tradition.« McGinley konnte es an Berühmtheit bald mit seinen Vorläufern aufnehmen: Im Jahr 2003 widmete ihm das Whitney Museum of American Art eine Einzelausstellung – als einem der jüngsten Künstler in der Geschichte des Museums.

Das Bild *Tree #1*, das in dieser Zeit entstand, verdeutlicht die Dynamik und Exzentrik der Bilderwelten McGinleys. Die nackten Feiernden scheinen, von einem dunstigen Schleier umhüllt, in der Tiefe des Geästs zu verschwinden. Das grelle Licht auf den vorderen Zweigen vermittelt, trotz des »natürlichen« Settings, den Eindruck einer Theaterbühne, mit den ausgelassenen Nackten als Darstellern. In jüngerer Zeit entstanden viele von McGinleys Arbeiten in ländlicher Umgebung, vornehmlich in Upstate New York. Diese Bilder verraten ein zunehmendes Interesse des Künstlers an leuchtenden, digital produzierten Farben. McGinley verbreitet seine Arbeiten auch auf digitalem Weg und nutzt dazu ausgiebig sein Instagram-Konto #ryanmcginley.

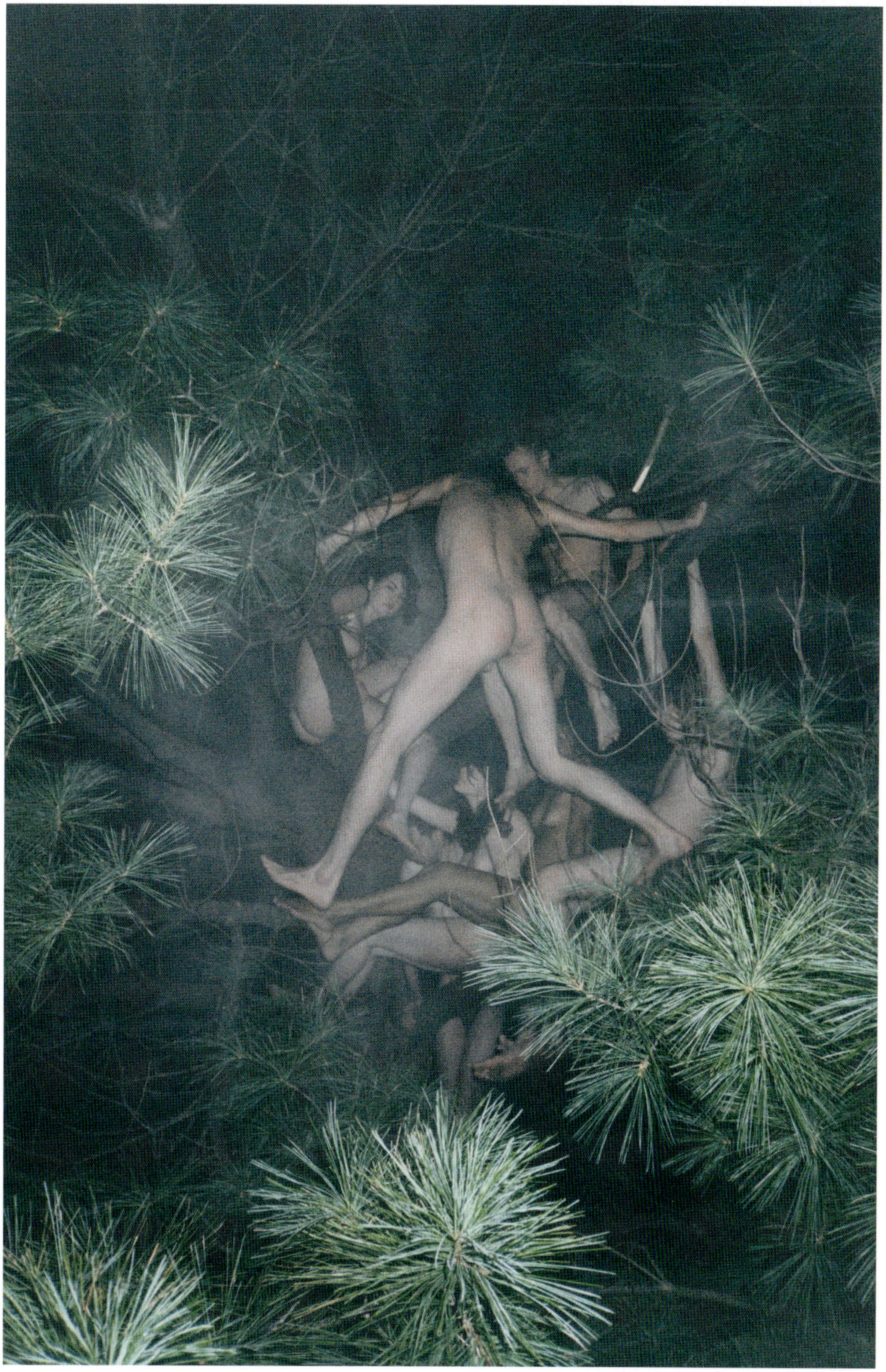

Tree #1, 2003

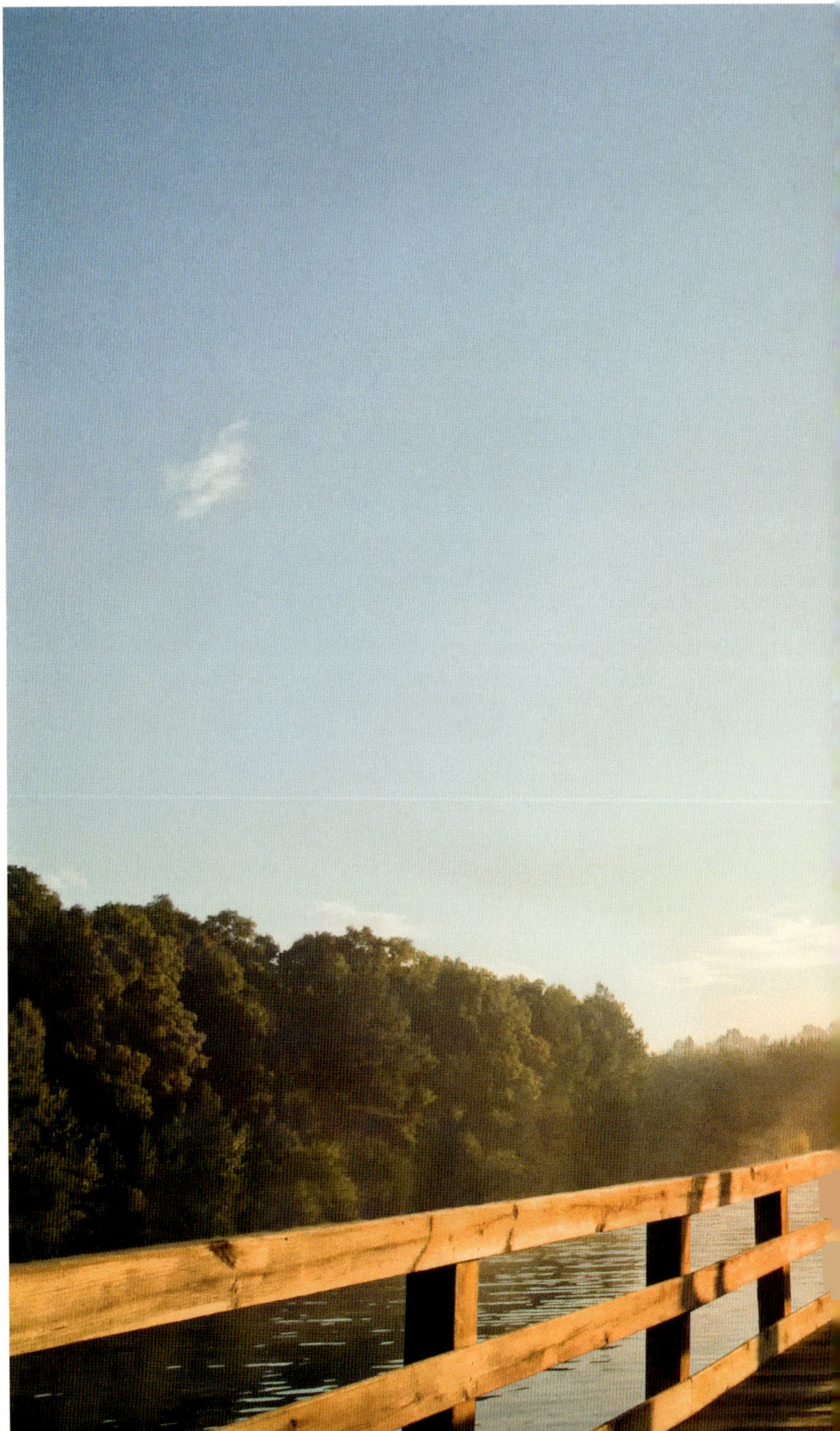

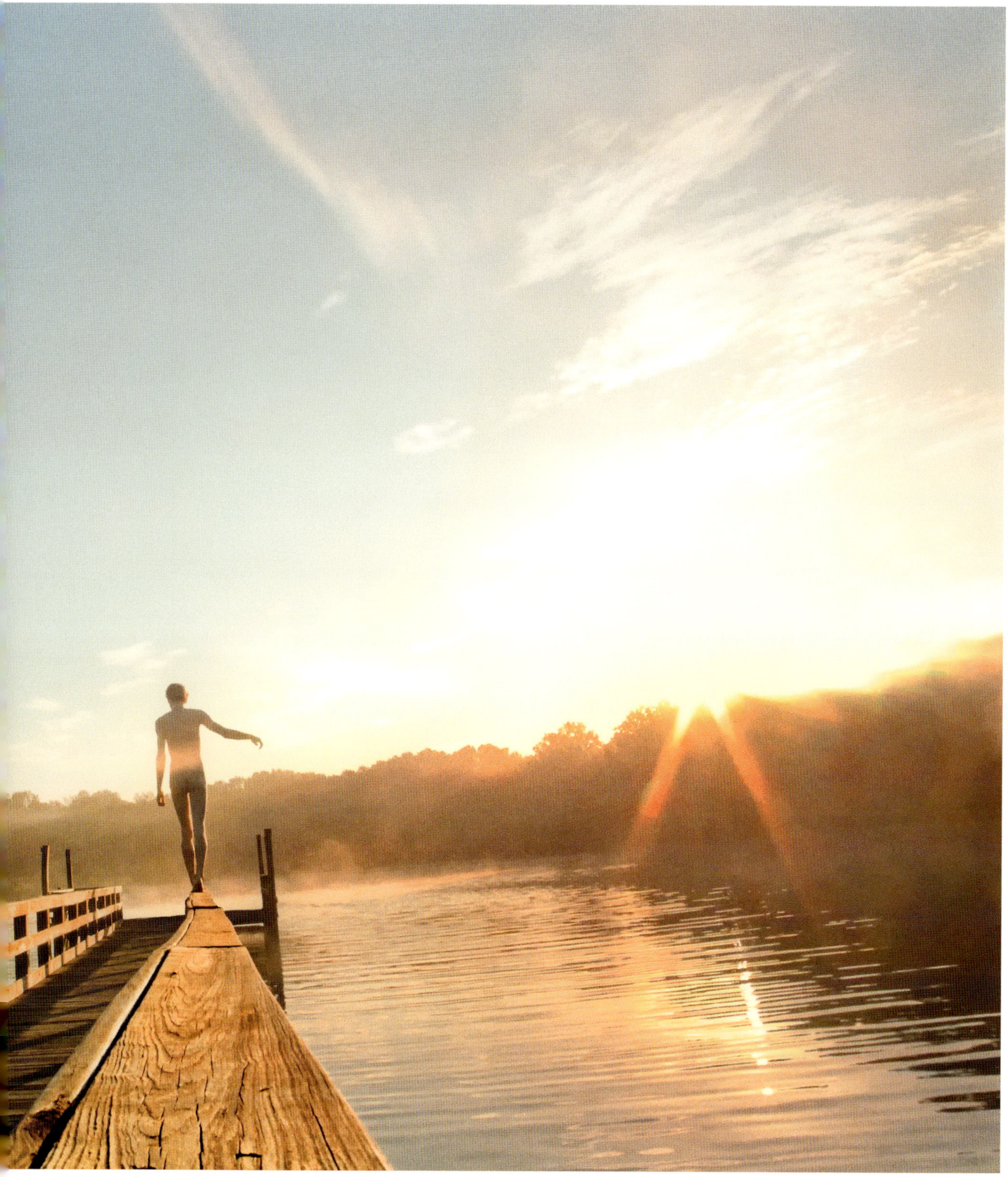

Dock, 2013

50

RICHARD MOSSE

Richard Mosse ist kein Kriegsfotograf im herkömmlichen Sinne. Mit außergewöhnlichen Mitteln versucht er, zwei Welten zusammenzubringen – die des Krieges und die der Kunst: »Ich glaube, dass Schönheit das schärfste Werkzeug im Werkzeugkasten ist.«

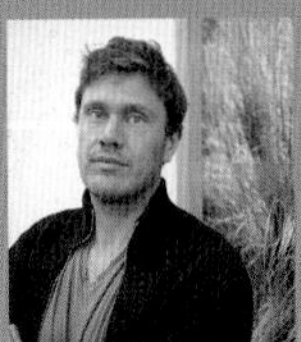

RICHARD MOSSE

1980 Geboren in Kilkenny, Irland.

Bis 2001
Studium der Englischen Literatur, King's College London.

Bis 2003
Studium der Kulturwissenschaften, London Consortium.

2005 Diplom in Fine Art, Goldsmiths, University of London.

2008 MFA Fotografie, Yale University School of Art.
Reportagen in Haiti, Iran, Pakistan.

2011 *Infra.*

2013 *The Enclave* (Film und Buch); Teilnahme an der Biennale von Venedig mit *The Enclave* (Videoinstallation).

Seit 2015
Nominiertes Mitglied bei Magnum Photos.

www.richardmosse.com

Die Frage, wie man Kriege und andere politische und militärische Konflikte angemessen dokumentieren, vielleicht aber auch nur kommentieren kann, beschäftigt Fotografen seit den ersten Aufnahmen des Krimkrieges der 1850er Jahre. Der irische Fotograf Richard Mosse hat für den jahrelangen Konflikt im Kongo eine sehr eigene Antwort gefunden. Immer auf der Suche nach neuen Möglichkeiten, erfuhr Mosse 2009 von Kodaks Vorhaben, die Produktion seines Farbinfrarotfilms Aerochrome einzustellen. Aerochrome ist ein spezielles Filmmaterial, das auch für das nicht sichtbare infrarote Licht sensibilisiert ist, das beispielsweise von grüner Vegetation reflektiert wird. Pflanzen werden auf solchen Aufnahmen daher nicht grün, sondern pink bis rot wiedergegeben. Das Aerochrome-Material wurde in den 1940er Jahren zur militärischen Aufklärung entwickelt, um feindliche Stellungen in Waldgebieten aufspüren zu können. In den 1960er Jahren wurde der Film wegen seiner psychedelischen Wirkung oft von Fotografen der Musikszene eingesetzt. Mosse erwarb große Mengen an Restmaterial und reiste in den Kongo, um den dort seit 1998 andauernden Krieg zu dokumentieren, der bislang über 5,4 Millionen Opfer forderte und von der westlichen Öffentlichkeit weitgehend unbeachtet stattfindet. Er entschloss sich zu einem künstlerisch-dokumentarischen Experiment: Mit seiner 8x10-Inch-Kamera und dem Infrarotmaterial fotografierte er Landschaften ebenso wie Milizen, einzelne Soldaten, Opfer. Es entstanden überraschend andere Dokumentarfotos, die den Konflikt in neuem Licht erscheinen lassen – in diesem Fall sogar im wörtlichen Sinne: »Diese Idee, das Unsichtbare sichtbar zu machen, hat mich fasziniert. Ich nutze diesen Film, um den unsichtbaren Konflikt, die vergessene Katastrophe sichtbar zu machen. Außerdem ist die Farbpalette dieses Films äußerst überraschend, sehr kitschig. Die Leute haben Krieg noch nie so gesehen. Also, so hoffe ich, schauen sie zweimal hin.«

Durch die Rotfärbung entrückt Mosse seine Motive aus der dokumentarischen Normalität und übersteigert sie ins Surreale, auch ins Schöne. Was auf den ersten Blick irritierend wirkt, ergibt bei näherer Beschäftigung einen tieferen Sinn auf mehreren Ebenen: »Wenn man den Betrachter dazu verleiten kann, ästhetischen Genuss beim Betrachten einer Landschaft zu empfinden, in der am laufenden Band Menschenrechtsverletzungen stattfinden, dann versetzt man ihn damit in eine sehr problematische Lage. [...] Er ist gezwungen, darüber nachzudenken, wie Bilder über Konflikte entstehen.«

Die künstlerische Herangehensweise passt zu der verwirrenden Komplexität dieses militärischen Konflikts. Auch die Tatsache, dass dieser »ungesehene« Krieg mit Material zur militärischen Aufklärung zurück in die Öffentlichkeit gebracht wird, ist eine Besonderheit. Auf der Suche danach, die Grenzen der Dokumentation zu erweitern, gelingt es Mosse, auf dem schmalen Grat zwischen Kunst und Dokumentation zu wandeln und den Betrachter durch die Diskrepanz zwischen Grauen und Schönheit zu fesseln. 2012 erarbeitete Mosse die filmische Dokumentation *The Enclave*, die er mit 16-mm-Aerochrome realisierte und die 2013 als irischer Beitrag auf der Biennale von Venedig gezeigt wurde. Mosse spricht von einer verborgenen Realität, die er mit seinen Aufnahmen wieder ins Bewusstsein der Menschen bringen wolle. Mit seinen außergewöhnlichen Fotografien gelang es ihm, weltweit viel Aufmerksamkeit zu erregen, die damit nicht nur seiner Arbeit, sondern auch dem eigentlichen Konflikt zuteilwird.

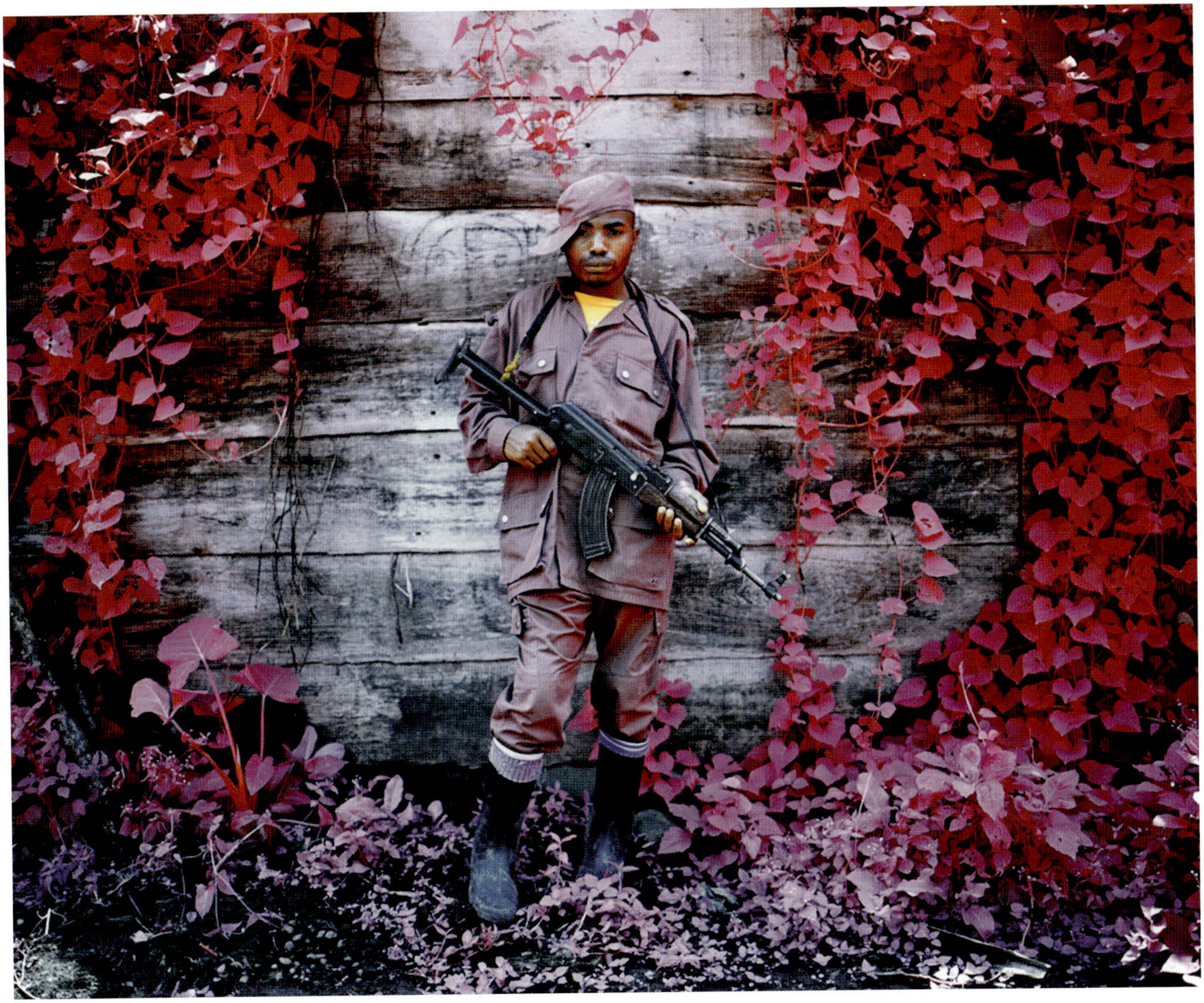

Dead Leaves and the Dirty Ground II, 2011

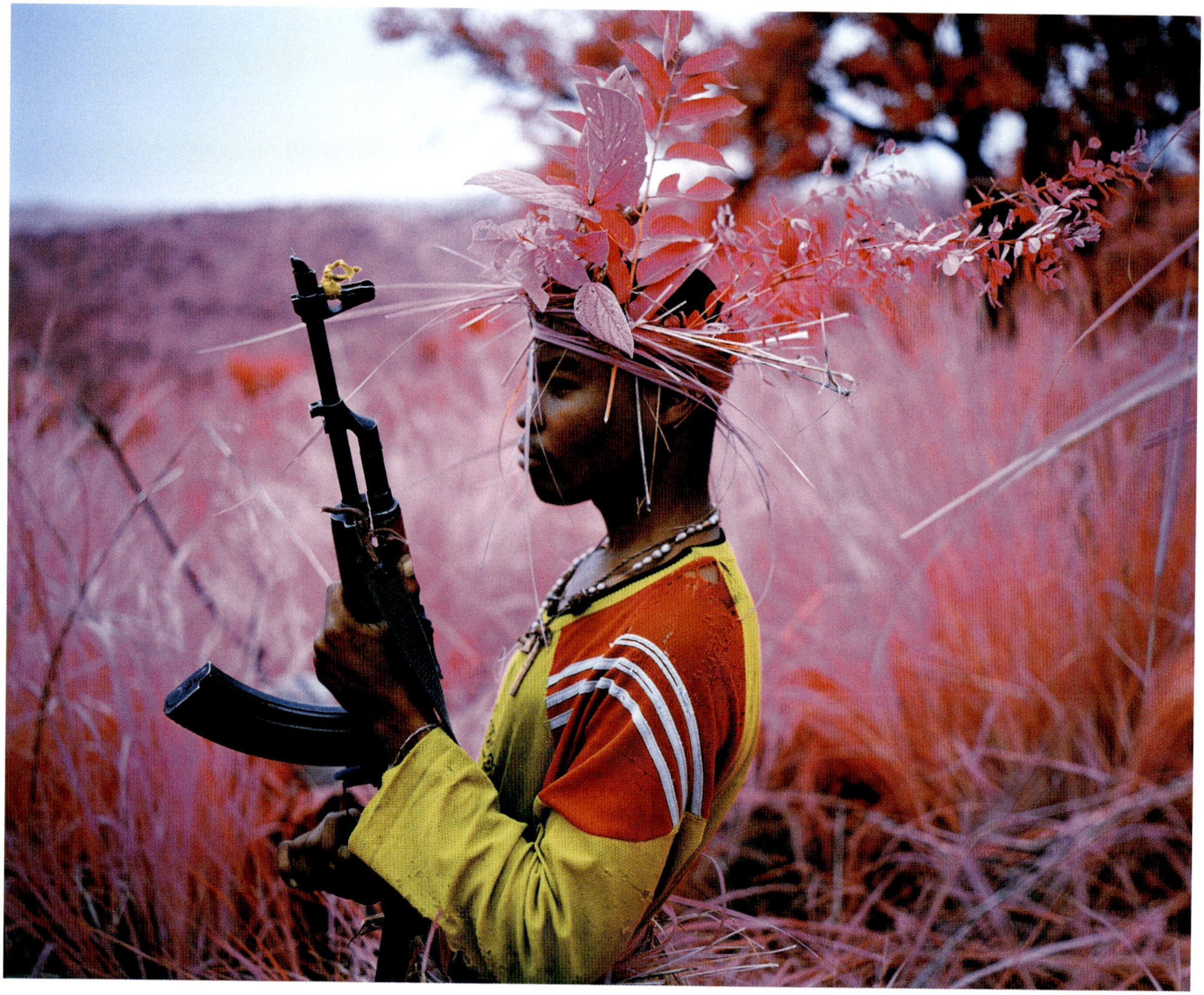

Safe from Harm, 2012

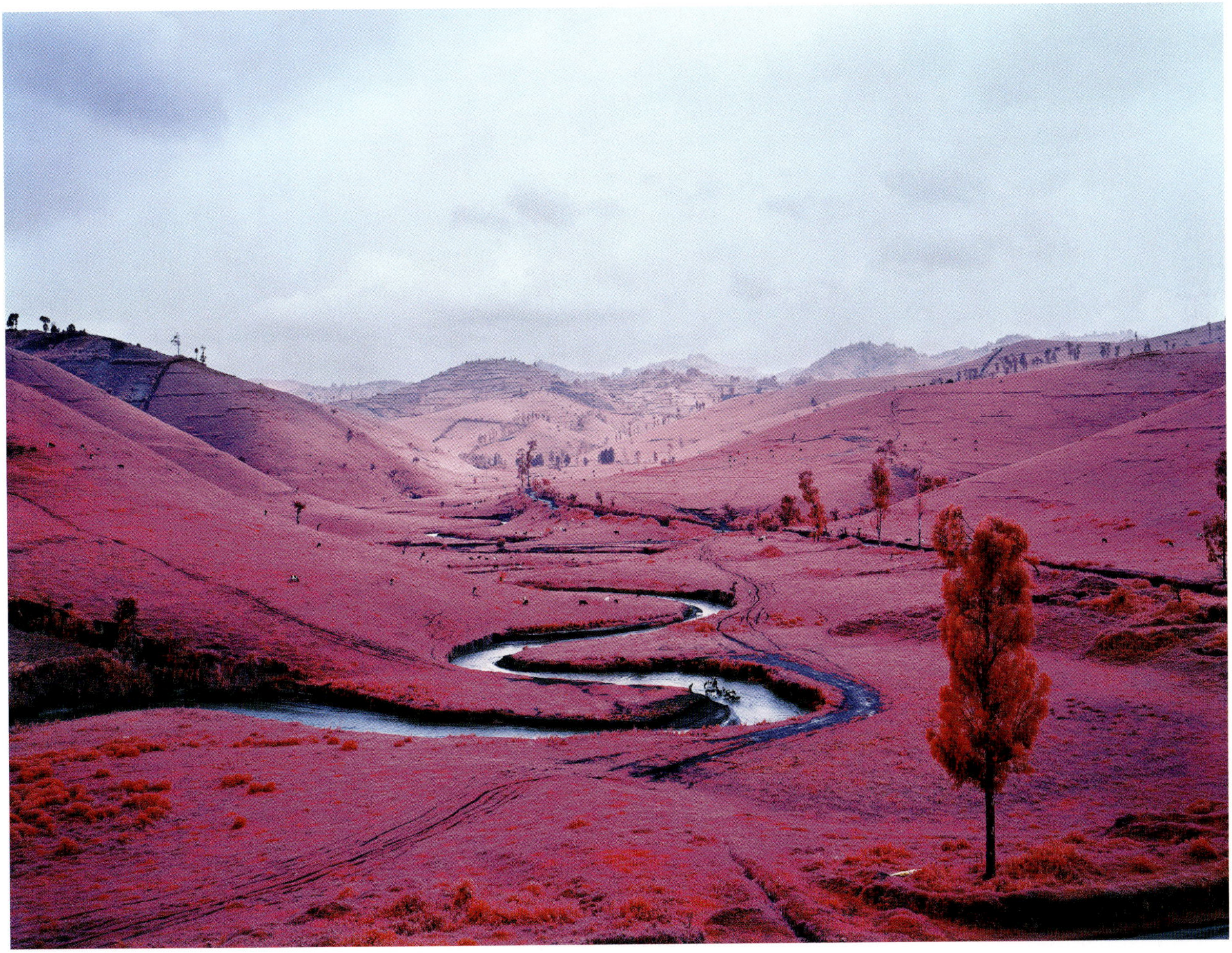

Platon, 2012

PORTRÄTABBILDUNGEN

01 DAVID BAILEY
Self-Portrait, 2013
© David Bailey
02 JOSEF KOUDELKA
Josef Koudelka, Paris, 2015
© Antoine d'Agata / Magnum Photos / Agentur Focus
03 JOEL MEYEROWITZ
© Joel Meyerowitz
04 BORIS MIKHAILOV
© Boris Mikhailov / Galerie Barbara Weiss, Berlin
05 DAIDO MORIYAMA
Daido Moriyama, Japan, 2006
© Raymond Depardon / Magnum Photos / Agentur Focus
06 WILLIAM EGGLESTON
William Eggleston, Paris, 2007
© Raymond Depardon / Magnum Photos / Agentur Focus
07 NOBUYOSHI ARAKI
© Stuart Isett / Polaris / laif
08 SARAH MOON
Sarah Moon bei einer Ausstellungseröffnung, Mailand, 2006
© Piero Oliosi / Polaris / laif
09 CANDIDA HÖFER
© Foto Ralph Müller
10 SEBASTIÃO SALGADO
Sebastião Salgado, Berlin, 2015
© 2015 Thomas Müller / Agentur Focus
11 TINA BARNEY
© Tina Barney, Courtesy of Paul Kasmin Gallery
12 ELI REED
Eli Reed im »The Salt Lick«, Texas, 2013
© Bruno Barbey / Magnum Photos / Agentur Focus
13 JEFF WALL
© Courtesy of the artist
14 STEPHEN SHORE
Foto: Carlos Lopes © Stephen Shore, Courtesy 303 Gallery, New York
15 SUSAN MEISELAS
Susan Meiselas, New York City, 2002
Foto: Meryl Levin © Susan Meiselas / Magnum Photos / Agentur Focus
16 HIROSHI SUGIMOTO
Distorted Universal Vision (Self-Portrait), 2003
© Hiroshi Sugimoto
17 ANNIE LEIBOVITZ
Annie Leibovitz bei einem Booklaunch, Los Angeles, 2014
Foto: Steve Granitz / WireImage © Getty Images
18 ROGER BALLEN
Roger Ballen, 2015
© Marguerite Rossouw
19 STEVE MCCURRY
Steve McCurry, 2012
© Bruno Barbey / Magnum Photos / Agentur Focus
20 PHILIP-LORCA DICORCIA
Porträt, 2011
© Courtesy of the artist, Sprüth Magers and David Zwirner
21 SALLY MANN
Foto: Liz Ligouri © Courtesy Gagosian Gallery
22 MARTIN PARR
Martin Parr, Hamburg, 2014
© 2014 Thomas Müller / Agentur Focus
23 ALEX WEBB
Alex Webb, Madrid, 2011
© 2011 Eduardo Dieguez / Contacto / Agentur Focus
24 SOPHIE CALLE
Sophie Calle, Paris, 2007
© Rip Hopkins / VU / laif
25 NAN GOLDIN
Nan One Month after Being Battered, 1984
© Nan Goldin, Courtesy Matthew Marks Gallery
26 MICHAEL KENNA
© Tsuyoshi Kato
27 CINDY SHERMAN
© Augusto Brazio / Kameraphoto / Picturetank / Agentur Focus
28 THOMAS STRUTH
© Annette Koroll
29 ELLEN VON UNWERTH
© Ellen von Unwerth
30 EDWARD BURTYNSKY
© www.birgit-kleber.de
31 ANTON CORBIJN
© Stephan Vanfleteren
32 ANDREAS GURSKY
© Ullstein Bild – ddp
33 PAUL GRAHAM
© Courtesy the artist and carlier I gebauer
34 THOMAS RUFF
© Thomas Ruff, 2011
35 RINEKE DIJKSTRA
Bei der Preisverleihung des Prix Pictet, London 2014
© Getty Images
36 ANTOINE D'AGATA
Antoine d'Agata, Frankreich, 2015
© Gilles Pandel / magnum collection / Magnum Photos / Agentur Focus
37 DAYANITA SINGH
© Dayanita Singh
38 GREGORY CREWDSON
Foto: Daniel Karp © Gregory Crewdson, Courtesy Gagosian Gallery
39 NICK BRANDT
© Nick Brandt
40 PAOLO PELLEGRIN
Paolo Pellegrin, Selbstporträt, 2006
© magnum collection / Magnum Photos / Agentur Focus
41 JUERGEN TELLER
The Clinic No. 60, 2015
© Juergen Teller
42 MARTIN SCHOELLER
© Kathy Ryan
43 WOLFGANG TILLMANS
© Karl Kolbitz
44 ALEC SOTH
Alec Soth in Bademantel und Hauspantoffeln des Park Hyatt Hotel, Schauplatz des Films *Lost in Translation*, Tokio, 2015
© Alec Soth / Magnum Photos / Agentur Focus
45 RINKO KAWAUCHI
© Arnoldas Kubilius
46 ZANELE MUHOLI
Porträt, 5. Februar 2015
© Zanele Muholi, Courtesy of Stevenson Cape Town and Johannesburg
47 VIVIANE SASSEN
© Flo Kohl
48 PIETER HUGO
© Pieter Hugo, Courtesy of Stevenson Cape Town and Johannesburg
49 RYAN MCGINLEY
© Ryan McGinley
50 RICHARD MOSSE
Foto: Bjoern Behrens © Courtesy of the artist and Jack Shainman Gallery, New York

Coverbild: Richard Mosse, Platon, 2012, siehe Seite 155
Frontispiz: Ryan McGinley, Dock, 2013, siehe S. 150/151

Texte von Brad Finger auf den Seiten: 20, 28, 32, 38, 42, 86, 100, 128, 138, 148

Texte von Florian Heine auf den Seiten: 8, 10, 12, 16, 18, 22, 24, 30, 36, 46, 48, 50, 52, 56, 60, 62, 66, 68, 70, 74, 78, 82, 88, 90, 92, 96, 102, 104, 106, 110, 114, 116, 118, 122, 126, 132, 134, 142, 146, 152

in der Verlagsgruppe Random House GmbH
Neumarkter Straße 28 · 81673 München

Der Verlag weist ausdrücklich darauf hin, dass im Text enthaltene externe Links vom Verlag nur bis zum Zeitpunkt der Buchveröffentlichung eingesehen werden konnten. Auf spätere Veränderungen hat der Verlag keinerlei Einfluss. Eine Haftung des Verlags ist daher ausgeschlossen.

Projektleitung: Adeline Henzschel, Claudia Stäuble
Lektorat: Monika Wiedenmann
Übersetzung: Sven Scheer
Bildredaktion: Andrea Weißenbach
Cover: Sofarobotnik
Gestaltung: normal industries
Satz: Wolfram Söll
Herstellung: Astrid Wedemeyer
Repro: Reproline Mediateam
Druck und Bindung: Druckerei Uhl

Papier: Primaset

MIX
Papier aus verantwortungsvollen Quellen
FSC www.fsc.org FSC® C004229

Verlagsgruppe Random House FSC® N001967

Printed in Germany

ISBN 978-3-7913-8260-9

www.prestel.de

ZEITLEISTE

1930er

DAVID BAILEY
*1938

JOSEF KOUDELKA
*1938

JOEL MEYEROWITZ
*1938

BORIS MIKHAILOV
*1938

DAIDO MORIYAMA
*1938

WILLIAM EGGLESTON
*1939

1940er

NOBUYOSHI ARAKI
*1940

SARAH MOON
*1941

CANDIDA HÖFER
*1944

SEBASTIÃO SALGADO
*1944

TINA BARNEY
*1945

ELI REED
*1946

JEFF WALL
*1946

STEPHEN SHORE
*1947

SUSAN MEISELAS
*1948

HIROSHI SUGIMOTO
*1948

ANNIE LEIBOVITZ
*1949

1950er

ROGER BALLEN
*1950

STEVE MCCURRY
*1950

PHILIP-LORCA DICORCIA
*1951

SALLY MANN
*1951

MARTIN PARR
*1952

ALEX WEBB
*1952

SOPHIE CALLE
*1953

NAN GOLDIN
*1953

MICHAEL KENNA
*1953

CINDY SHERMAN
*1954

THOMAS STRUTH
*1954

ELLEN VON UNWERTH
*1954

EDWARD BURTYNSKY
*1955

ANTON CORBIJN
*1955

ANDREAS GURSKY
*1955

PAUL GRAHAM
*1956

THOMAS RUFF
*1958

RINEKE DIJKSTRA
*1959